U0943561

国家自然科学基金面上项目：
失败是成功之母吗？
——创业失败经历与后续创业的联系研究（71572208）

环渤海地区创业生态指数报告(2015)

——企业创新与创业成长

HUANBOHAIDIQUCHUANGYESHENGTAI ZHISHUBAOGAO

林嵩 陈金亮 刘小元◎著

中国社会科学出版社

图书在版编目（CIP）数据

环渤海地区创业生态指数报告．2015：企业创新与创业成长/林嵩等著．—北京：中国社会科学出版社，2018.5

ISBN 978－7－5203－2370－3

Ⅰ．①环…　Ⅱ．①林…　Ⅲ．①环渤海经济圈—创业—研究报告—2015　Ⅳ．①F249.214

中国版本图书馆 CIP 数据核字（2018）第 076165 号

出 版 人　赵剑英
责任编辑　王　曦
责任校对　孙洪波
责任印制　戴　宽

出　　版　中国社会科学出版社
社　　址　北京鼓楼西大街甲 158 号
邮　　编　100720
网　　址　http：//www.csspw.cn
发 行 部　010－84083685
门 市 部　010－84029450
经　　销　新华书店及其他书店

印　　刷　北京明恒达印务有限公司
装　　订　廊坊市广阳区广增装订厂
版　　次　2018 年 5 月第 1 版
印　　次　2018 年 5 月第 1 次印刷

开　　本　710×1000　1/16
印　　张　15
插　　页　2
字　　数　218 千字
定　　价　69.00 元

目　　录

第一章　环渤海地区创业生态指数设计

一　研究背景和调研方案

创新和创业已经成为当前我国经济管理活动中的热点词汇。社会各界人士普遍认为创新和创业是解决当前我国经济转型和社会发展的有力工具。在各个高校不断在创新和创业教育方面进行探索和尝试的同时，各个地区的孵化器、科技园、众创空间也都得到了迅速的发展，创业活动已经席卷整个中国大地。

自 2011 年开始，我们每两年进行一次创业活动调查，目的是观察现实中的创业活动的活跃程度，以及外部支持创业活动发展的要素水平。我们的调研回答造成区域创业活动发展差距的原因是什么，以及如何改进区域的创业活动发展状况。

2011 年 9 月到 12 月，我们在北京进行了大样本的创业生态调查。我们的创业生态指数分为创业种群活跃指数、多重创业生态情境指数、区域空间环境指数。研究结论显示北京市创业生态指数达到 3.76，在 0—5 的区间处于中等偏高的水平，但还有很大的提升空间。

北京市创业种群活跃指数总体上不算太高，只是略高于中位数，其中，新创企业的成长性低于中位数，而社会人群的创业倾向则高于中位数。因此，从评价结果来看，就所抽取的样本而言，北京市普通人群的创业热情较高，但是已经创立的企业成长性不足。

北京市多重创业生态情境指数总体上位于中位数附近，其中，商业情境和制度情境都高于中位数，但是家庭和社会情境显著低于中位数，因此，从评价结果来看，就所抽取的样本而言，北京创业者和普通人群的家庭和社会情境对于创业活动的支持程度较低。但他们所感知到的商业情境和制度情境总体上是有利于创业活动的。

北京市区域空间环境指数处于很高水平。这一水平在全国范围内排到了前列，这说明北京市的区域空间环境总体上是最有利于创业活动的开展的。

在2011年调研的基础上，2013年我们将调研范围拓展到整个京津冀地区。京津冀城市群由首都经济圈的概念发展而来，京津冀协同规划作为国家级区域规划，其目标在于实现京津冀优势互补、促进环渤海经济区发展。我们面向京津冀地区开展创业生态调查和研究，也旨在观测这一地区在创业活动的发展方面存在哪些优势和不足。这也就为京津冀地区的创业政策提供了充分的依据。

2013年下半年，我们在北京、天津、石家庄、唐山和保定五个城市开展创业生态系统的问卷调查。同2011年北京市创业生态调研一样，我们的调查对象分为两类，其中一类是成立时间在8年以内的新创企业，我们要求调查人员面向2005年到2012年在北京创业的创业者发放调查问卷，这一年龄标准是现有国内外创业研究所常用的。在调查中，调查员将在不同的城市选择创业活动较为集中的某些区域，例如科技园区、孵化器等，在其中随机抽取某些企业进行上门入户调查。调查员将面向创业者本人进行面对面的访谈。

2013年的调查结果显示，在创业活跃方面，新创企业的成长性低于普通人群的创业倾向。这说明就北京市和京津冀地区的样本来看，普通人群选择创业的意愿较高，但是实际企业的成长情况并不算太好。在支持创业活动的各项创业情境中，可以看到创业者和普通人群的家庭和社会情境对于创业活动的支持程度较低（都低于3），其中社会情境的得分尤其低，2013年北京市和河北省的抽样人群的得分甚至低于1。因为家庭和社会情境对于创业活动的影响是最近和最直接的，这说明创业者及普通社会人群最容易接触到的外部环境其实并不是很有利于创业活动的产生和发展。

从纵向的比较结果来看，调研结果显示，就北京市的抽查样本而言，2011 年和 2013 年的情况基本持平。在区域创业活动程度方面，虽然新创企业的成长性有所下降，不过社会人群的创业倾向则有所上升，这可能与这几年国家越来越重视大众创业的宣传和鼓励有关。在影响创业活动的创业情境方面，社会情境、商业情境、区域情境都略有下降，其中，社会情境的下降是最明显的。这说明影响创业活动发展的外部网络关系实际上是趋弱的。

从京津冀的横向比较来看，在创业活动活跃程度中，在新创企业成长情况中，河北的企业是最优秀的，而在普通人群的创业倾向中，北京市的个体是最高的。相对而言，天津市在这两项上都没有优势。在创业情境的各项维度中，北京市的优势在于商业情境、制度情境、区域情境，其中尤以空间情境特别明显。天津市的优势在于制度情境、区域情境，这两个维度上的得分仅次于北京市。河北优势则主要体现在家庭情境上，在这一维度上的得分明显高于北京市和天津市。

2015 年下半年，在前期环渤海创业生态调查的基础上，我们在环渤海地区开展创业生态调查，涉及北京、天津、河北、山东、辽宁五个地区，共完成创业者调研 759 人次。不同于之前的创业生态调研，在 2015 年的调研中，我们主要以新创企业作为调研对象，不再关注普通社会人群。同时，在 2015 年的调研中，我们重点调研了企业的创新活动，并且将创新作为本年度报告的一个特色模块。

在调查中，同之前的做法一样，调查员将在不同的城市选择创业活动较为集中的某些区域，例如科技园区、孵化器等，在其中随机抽取某些企业进行上门入户调查。调查员将面向创业者本人进行面对面的访谈。

二　创业生态指数设计

同之前的做法一样，我们所考察的创业生态指数分为三个层面，其中，最为核心的是创业种群的活跃指数，中间层是支持或限制创业种群的多重创业生态情境指数。最外层的是区域空间环境指数。

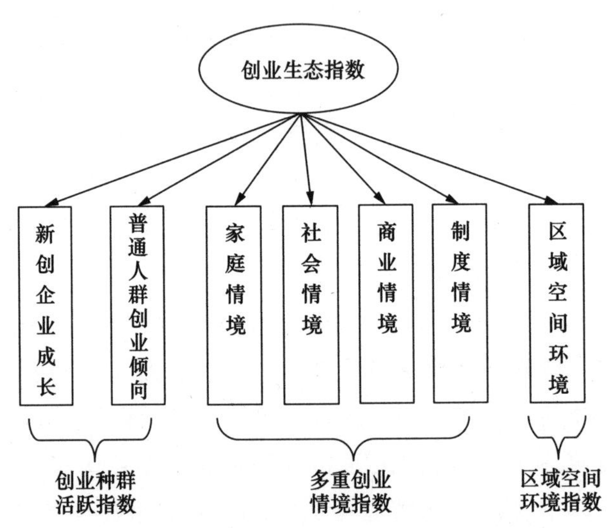

图1-1 创业生态指数构成

1. 创业种群的活跃指数

创业种群的活跃指数主要是指新创企业的成长状况。以群体面目出现的新创企业成长平均状况能够反映区域创业种群的整体成长前景。我们使用销售增长率、总资产增长率、雇员数量增长率、市场份额增长率四个指标测量新创企业的成长性。测量方法是询问创业者上述指标的客观数据。

2. 创业生态的多重创业情境指数

创业情境主要是指区域内部对于创业种群的发展存在推进或阻碍作用的各项因素。按照这几年来对于创业情境的界定和评价经验，和原来的做法一样，我们设定了几个不同的创业情境：

（1）家庭和社会情境

家庭和社会情境距离创业者非常近，在影响创业种群活跃程度方面，发挥着最为直接的作用。

在家庭情境方面，我们主要关注能够为企业经营活动带来资源的家庭情境，也就是家庭成员对于创业活动的投入程度。我们向创业者询问两道问题：家庭（家族）成员在您的企业内投资金额是多少？多少个家庭（家族）成员在您的企业内担任高级管理者？

在社会情境方面，我们主要关注创业者所拥有的社会网络关系的数量，以及社会网络能够带来的与创业活动相关的联系资本。我们提供了一系列与创业或企业经营相关的正式或非正式网络，询问创业者是否属于这些网络：工商联合会、行业协会、私营企业主协会、个体劳动者协会、MBA 或 EMBA 等培训项目校友会、非正式的联谊组织（社区、网络、沙龙等）、宗教、信仰团体、妇联、其他正式注册的社会团体（学会、专业协会、联合会、联谊会等）。在联系资本方面，我们询问上述网络组织对于创业者的帮助：这些组织能否帮助成员实施创业行动、这些组织能否为准备创业的成员提供探讨新商业创意的平台。

（2）商业情境

商业情境是企业经营的市场环境。我们主要关注在商业情境中的三个重要因素：财务的不确定性、市场环境的不确定性、运作的不确定性。这些要素使用 5 分的李克特量表来测量。其中竞争的不确定性包含如下几个题项：获得客户、有效应对其他企业的竞争、遵循本地政策法规的要求、紧跟技术发展前沿。运作不确定性包含如下几个题项：获得原材料、获得雇员、获得销售商。

3. 制度情境

制度情境是指在区域的政治、法律、文化等要素中与创业活动密切相关的成分。我们开发了制度情境的三个维度：管控维度、认知维度、规范维度。我们使用 5 分的李克特量表，在管控维度，有 5 个题项调查区域的政府是否能够帮助和支持创业者实施创业活动，在认知维度，有 4 个题项调查区域人群对于创业活动所涉及的知识和信息的了解程度；在规范维度，有 4 个题项调查区域人群对于创业活动的评价。

3. 区域空间环境指数

空间环境是指地区层面与创业活动相关的供给或支持要素。我们主要从以下几个方面考察创业生态的空间环境特征：技术水平、教育水平、劳动力、区域财政收入、居民收入。我们使用了统计年鉴的指标：地区专利授权数、高等学校毕业生人数、就业人员数量、地区财政收入、城镇居民工资水平。上述指标分别反映了区域层面的技术、教育、劳动力、经济水平、居民收入这几个方面的特征。

三　创新指数设计

除了创业生态指数，在2015年的报告中，我们把企业的创新活动独立出来生成一个相对系统化的创新指数。增加创新指数主要是基于以下几个方面的原因：第一，自从国家提出“大众创业，万众创新”的号召以来，创新越来越成为促进经济发展，优化产业结构的重要着力点；第二，自从2007年国家统计局组织了首次全国范围内的企业创新调查之后，国家统计局于2014年又组织启动了第二次全国范围内的企业创新调查，但是两次调查的对象主要是规模以上企业，对新创企业和小微企业的关注不足；第三，自从欧洲在1992年开展第一次区域创新调查（Community Innovation Survey，CIS）以来，该创新调查活动已经持续多年，并成为常态化创新调查系统，中国也需要有常态化的创新调查系统。为了能够掌握新创企业与小微企业的创新情况，并为构建常态化的创新调查系统做出尝试性工作，本书专门增加了创新指数。具体而言，企业的创新指数大概从如下3个方面考察：

1. 创新产出

创新产出主要包括产品创新、工艺创新、组织创新和营销创新4个方面的内容。

对于产品创新，不同的行业有不同的界定。工业企业产品创新是指企业推出了全新的或有重大改进的产品；服务业企业产品（服务）创新是指企业向市场推出了全新的或有重大改进的服务或产品。产品创新不包括微小的变化或改进；常规性的升级；有规律的季节性变化；与提供给其他用户的产品相比，无明显变化的定制产品；没有改变产品或服务的功能、用途或技术特点的产品设计变化；购于其他企业的商品或服务的简单再销售。

对于工艺创新，不同的行业也有着不同的界定。工业企业工艺创新是指企业采用了全新的或有重大改进的生产方法、工艺设备或辅助性活动；服务业工艺（流程）创新是指企业在推出服务或其他产品的过程以及辅助性活动中采用了全新的或有重大改进的技术、设备或软件等。工艺创新不包括微小的变动；基于类似技术、设备的规模扩张以提高生产或服务能力。

组织（管理）创新是指企业采取了此前从未使用过的全新的组织管理方式，主要涉及企业的经营模式、组织结构或外部关系等方面。组织（管理）创新不包括单纯的合并或收购，但是企业在合并或收购过程中开发或使用了新的组织方式属于组织创新。组织创新不包括在企业已有组织方式基础上进行的商业实践、工作场所组织或外部关系的变革；没有新组织方式应用的管理战略的变革。

营销创新是指企业采用了此前从未使用过的全新的营销概念或营销策略，主要涉及产品（服务）设计或包装、产品（服务）推广、产品（服务）销售渠道、产品（服务）定价等方面。不包括季节性、周期性变化和其他常规的营销方式变化。营销创新的主要特征是企业未曾使用过的营销方法的实现。营销创新不包括本企业已有的营销策略在产品设计或包装、销售渠道、产品促销或定价上的变化；营销手段中季节性的、规律性的和其他常规的变化；已有的营销方法应用与新的地理市场或新的细分市场。

2. 创新活动

创新活动是研发活动以及为实现产品创新或工艺创新而进行的各种活动的总称。主要的创新活动包括内部研发活动、外部研发活动、获得机器设备和软件、从外部获取相关技术，以及相关的培训、设计、市场推介、可行性研究、测试、工装准备等活动。创新活动不仅包括成功的，也包括正在进行的和中止的。

本书借鉴近年来创新活动的最新研究，将创新活动分为探索式创新活动和开发式创新活动两种类型。探索式创新活动是指激进的、大幅度的而且有一定风险的创新行为。探索式创新活动旨在寻求新的可能性，强调创造或获取全新的知识。本书中的探索式创新活动包括 6 个题项：寻找与产品/服务、生产工艺或市场相关的新的机会，评价与产品/服务、生产工艺或市场相关的多种选择，专注于产品/服务或生产工艺的大力更新，要求您具备决策和计划灵活性的活动，要求您学习新技能或新知识的活动，您已经积累了很多经验的活动。开发式创新活动是指渐进的、小幅度的创新行为。开发式创新活动强调对现有知识的提炼、整合和改进。本书中的开发式创新活动包括 5 个题项：为现有顾客提供现有产品/服务的活动，您清楚地知道如何实施它们的活动，主要专注于达到短期目标的活动，运用您现有的知识能够合理实施的活动，明显符合公司当前战略计划的活动。

3. 吸收能力

吸收能力是指企业在对外部信息价值认识的基础上，对信息进行获取、消化、转化以及利用的能力。吸收能力包括信息获取能力、信息消化能力、信息转化能力和信息利用能力 4 个方面。信息获取能力和信息消化能力构成潜在吸收能力，信息转化能力和信息利用能力构成现实吸收能力。潜在吸收能力是企业利用外部信息的前提，现实吸收能力是企业利用外部信息并不断创新的关键。

本书所指的信息获取能力包括 3 个题项：经常与有关信息源接触并获得新知识，内部领导或员工经常拜访有关信息源，经常非正式（如，饭局等）地向有关信息源搜集知识；信息消化能力包括 3 个题项：对市场变化的识别很迟钝、能很快认清服务客户的新机会、能迅速地分析并描述市场需求的变化；信息转化能力包括 3 个题项：经常考虑新产品/新服务对日新月异的市场需求的重要性，经常记录并储存新获得的知识以便今后使用，能够快速地识别外部新知识对企业已有知识的用途；信息利用能力包括 3 个题项：内部人员很清楚如何开展自己的工作，对企业内部的角色和权责有明确的分工，经常考虑如何更好地利用知识。

四　调查样本统计特征

我们主要从性别、年龄、教育程度、经营领域等方面展现受调查人群的特征。

从性别分布（男 1，女 0）的调查结果来看，所有调查人群中，创业者中男性高于女性。[①] 如图 1－2 所示：

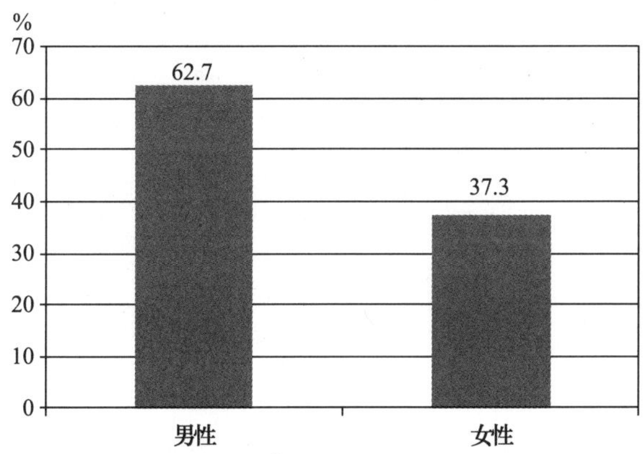

图 1－2　创业总样本人群性别构成

北京市创业者样本中男性比例高于女性比例，如图 1－3 所示：

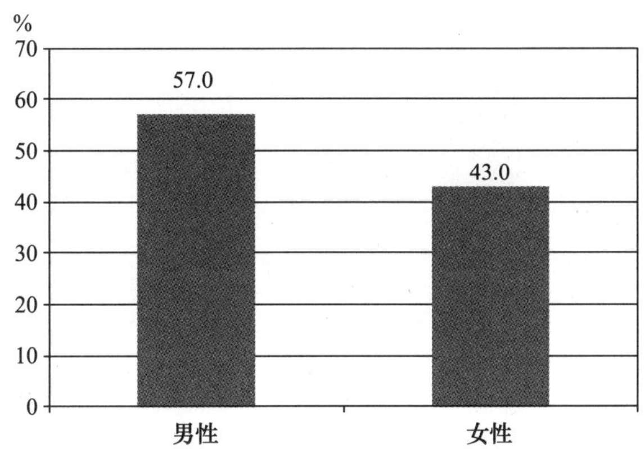

图 1－3　北京市创业者样本性别构成

① 数据经过四舍五入处理，部分之和可能不等于 100%。下同。

天津市创业者中男性比例同样略高于女性比例。如图 1 – 4 所示：

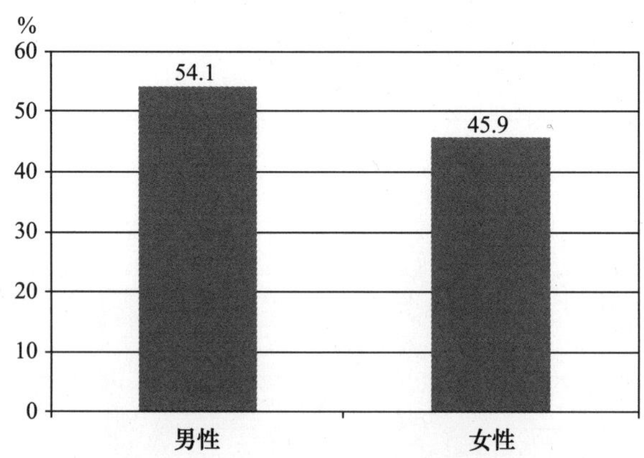

图 1 – 4　天津市创业者样本性别构成

河北省创业者中男女比例悬殊，男性创业人数约是女性创业人数的 3 倍。如图 1 – 5 所示：

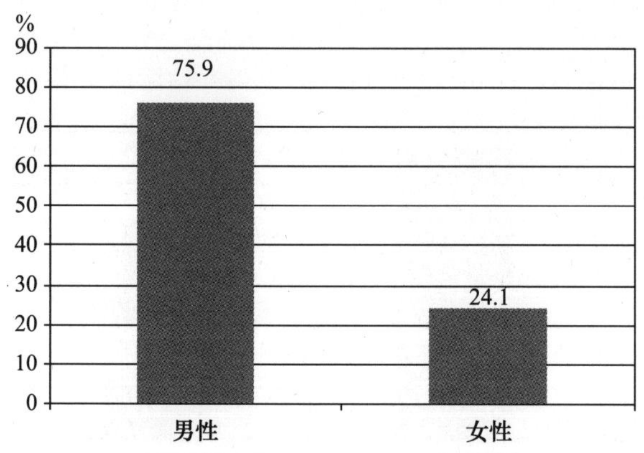

图 1 – 5　河北省创业者样本性别构成

山东省创业者中男性创业人数也近乎女性创业人数的 3 倍。如图 1 – 6 所示：

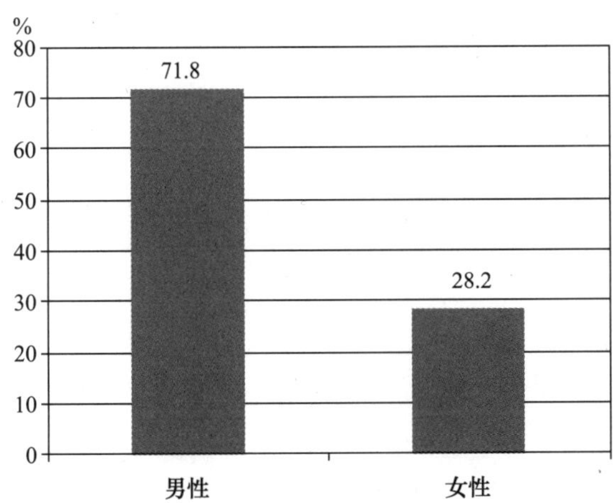

图 1 – 6　山东省创业者样本性别构成

辽宁省创业者中男女比例近乎相似，男性创业比例略高于女性创业比例。如图 1 – 7 所示：

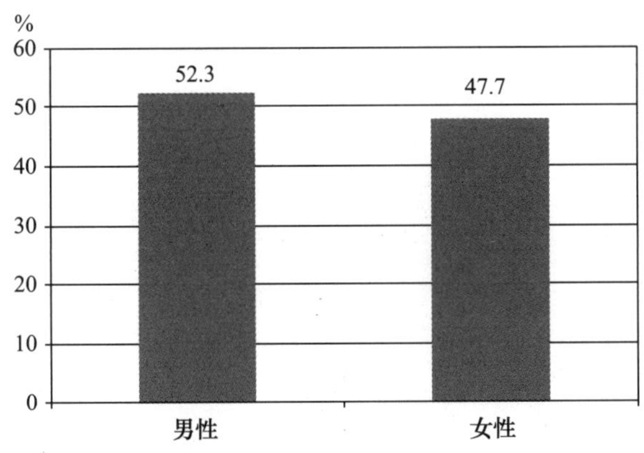

图 1 – 7　辽宁省创业者样本性别构成

年龄分布的调查结果显示：总体人群中，在创业者样本中 31—40 岁年龄段最高，41—50 岁年龄段的比例其次，20—30 岁年龄段和 51—60 岁年龄阶段的比例相近，60 岁以上创业者极少。如图 1 – 8 所示：

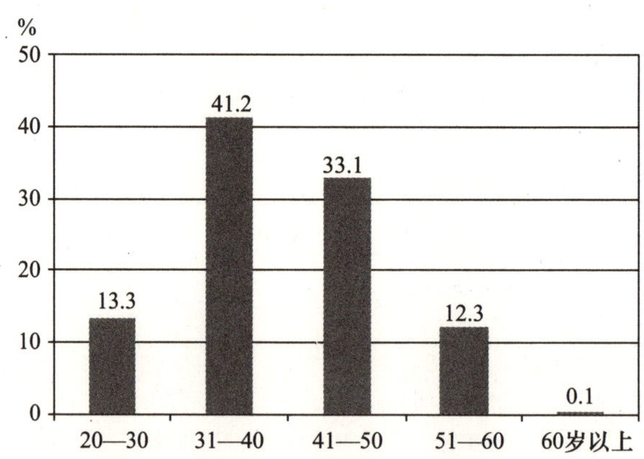

图1－8　创业总样本人群年龄构成

北京市的调研结果显示，在创业者样本中31—40岁年龄段比例最高，41—50岁年龄段的比例其次，年龄在50岁以上的创业者比例较少。如图1－9所示：

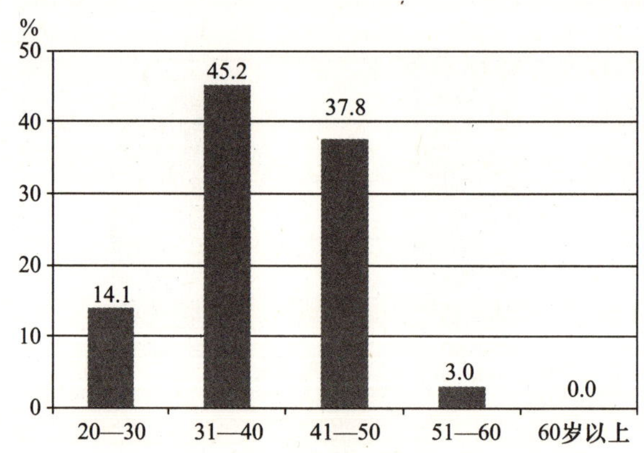

图1－9　北京市创业者样本年龄构成

天津市的调研结果显示，在创业者样本中31—40岁年龄段比例最高，41—50岁年龄段的比例其次，再次是51—60岁年龄段，20—30岁年龄段的创业者略少于51—60岁年龄段的创业者。60岁以上创业者比例较小。如图 1－10 所示：

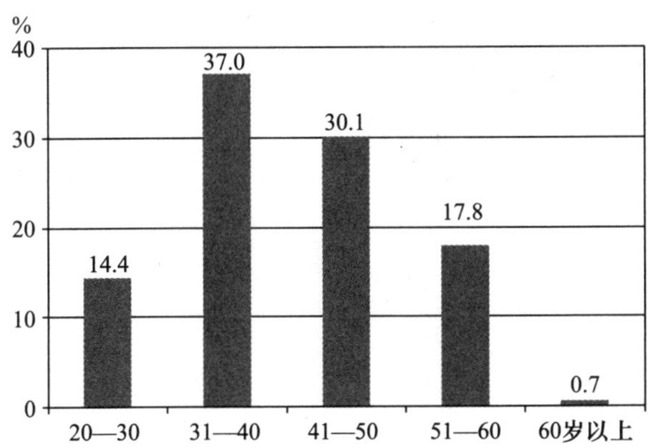

图 1－10　天津市创业者样本年龄构成

河北省的调研结果显示，在创业者样本中，31—40 岁年龄段的比例最高，接近一半的比例。其次 41—50 岁年龄段的创业者比例也较大。20—30 岁年龄段近乎是 51—60 岁年龄段的创业者的 2 倍。无 60 岁以上创业者。如图 1－11 所示：

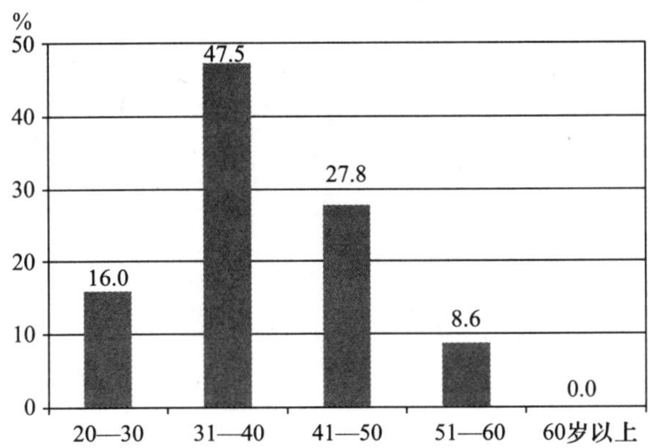

图 1－11　河北省创业者样本年龄构成

山东省的调研结果显示，在 31—40 岁年龄段、41—50 岁年龄段、

51—60 岁年龄段的创业者比例依次降低。也有一部分创业者年龄处于20—30 岁年龄段，无 60 岁以上创业者。如图 1 - 12 所示：

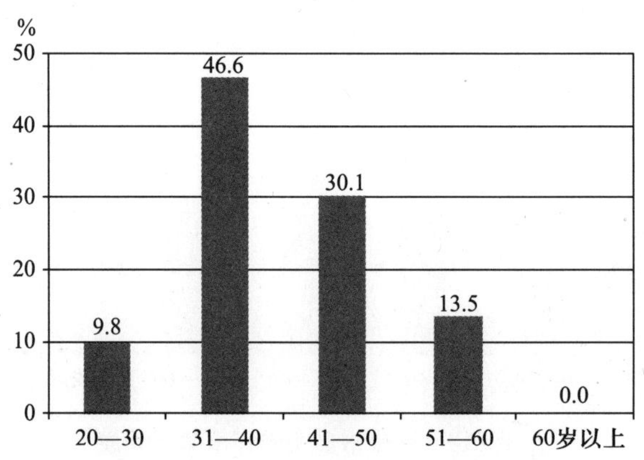

图 1 - 12　山东省创业者样本年龄构成

辽宁省的调研结果显示，在创业者样本中，41—50 岁年龄段的比例最高，其次是 31—40 岁年龄段。51—60 岁年龄段的创业者比例略大于 20—30 岁年龄段的创业者。无 60 岁以上创业者。如图 1 - 13 所示：

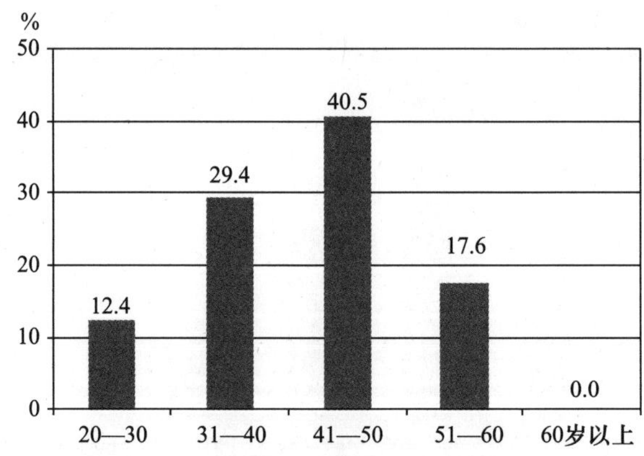

图 1 - 13　辽宁省创业者样本年龄构成

教育程度（1，小学；2，初中；3，高中、中专；4，大学专科；5，大学本科；6，硕士；7，博士；8，其他）的调查结果显示，总体人群中，创业者样本中高中、中专，大学专科的人群所占比例居前二位，以下是本科学历者，初中学历的人群所占比例较小，硕士、博士学历的比例极低。如图 1－14 所示：

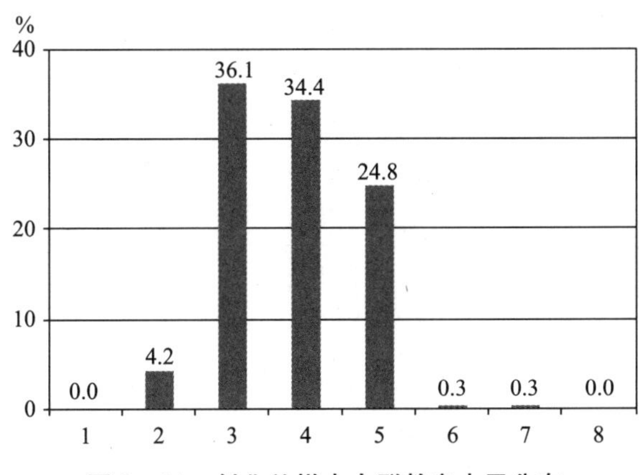

图 1－14　创业总样本人群教育水平分布

北京市的调研结果显示，创业者样本中学历是大学本科的人群所占比例最高，高于高中/中专学历者，也高于大学专科学历者。初中学历者所占比例是博士学历者的 2 倍，博士学历者所占比例近乎是硕士学历者的 2 倍，但这三类学历人群占总体比例较低。如图 1－15 所示：

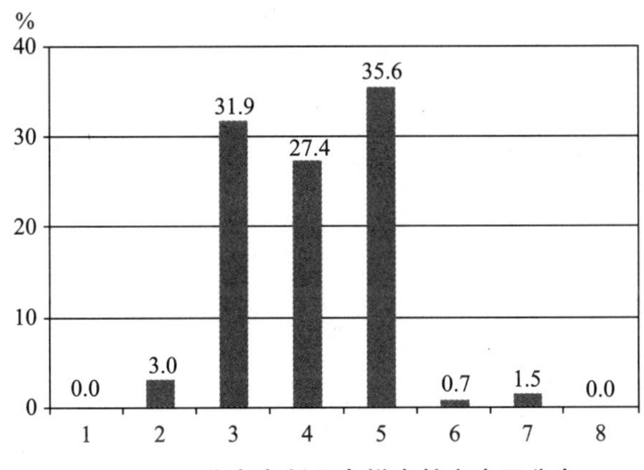

图 1－15　北京市创业者样本教育水平分布

天津市的调研结果显示，创业者样本中高中、中专，大学专科的人群所占比例是最高的，高中、中专学历者的比例略低于大学专科学历者。大学本科学历者所占比例是初中学历者的 3 倍。无小学、硕士、博士学历的创业者。如图 1 – 16 所示：

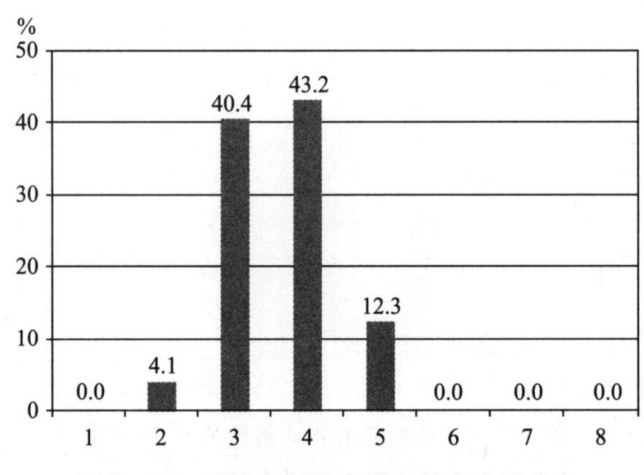

图 1 – 16　天津市创业者样本教育水平分布

河北省的调研结果显示，创业者样本中高中、中专学历者，大学专科学历者的人群所占比例完全相同，是大学本科学历者的 2 倍。初中学历者的比例较低。无小学、硕士、博士学历的创业者。如图 1 – 17 所示：

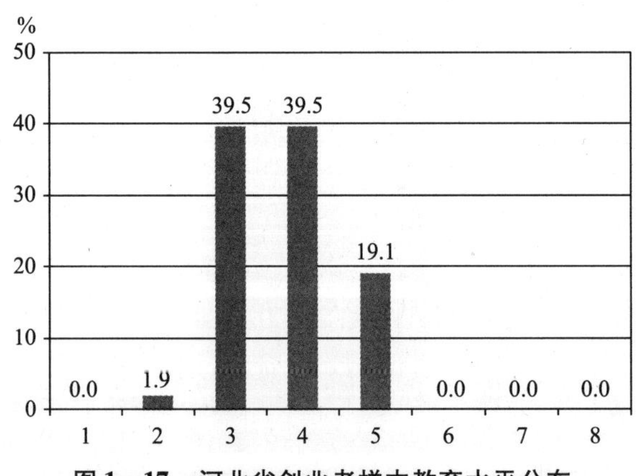

图 1 – 17　河北省创业者样本教育水平分布

山东省的调研结果显示，创业者样本中大学本科的人群所占比例最高，其次是拥有大学专科及高中、中专学历者。无小学、初中、硕士、博士学历的创业者。如图 1－18 所示：

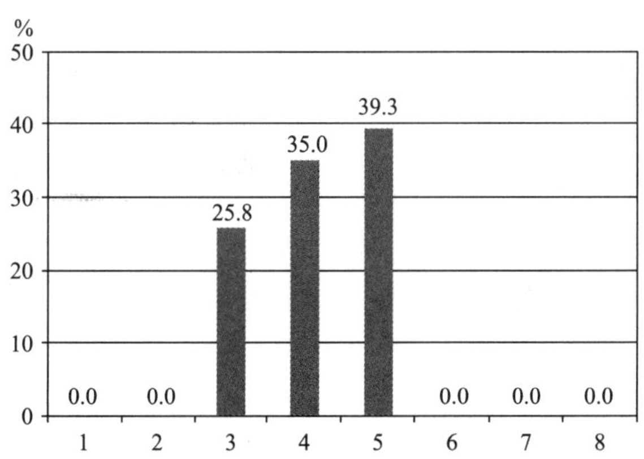

图 1－18　山东省创业者样本教育水平分布

辽宁省的调研结果显示，创业者样本中高中、中专的人群所占比例最高，其次是大学专科学历者。大学本科学历的人群所占比例略低于大学专科学历者，略高于初中学历者。硕士学历的人群所占比例极低。无小学、博士学历的创业者。如图 1－19 所示：

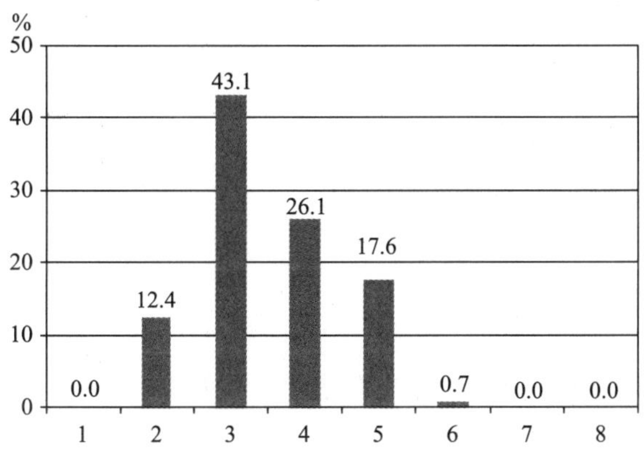

图 1－19　辽宁省创业者样本教育水平分布

面向创业者的创业领域（1. 农林牧渔业；2. 采矿业；3. 制造业；4. 电力、燃气及水的生产和供应业；5. 建筑业；6. 交通运输、仓储和邮政业；7. 信息传输、计算机服务和软件业；8. 批发和零售业；9. 住宿和餐饮业；10. 金融业；11. 房地产业；12. 租赁和商务服务业；13. 科学研究、技术服务和地质勘查业；14. 水利、环境和公共设施管理业；15. 居民服务和其他服务业；16. 教育；17. 卫生、社会保障和社会福利业；18. 文化、体育和娱乐业；19. 公共管理与社会组织；20. 国际组织）调查结果显示，总体人群的创业领域中超过半数的集中在制造业领域，其次，较大比例集中在批发和零售业，其他领域涉及程度参差不齐。如图 1 – 20 所示：

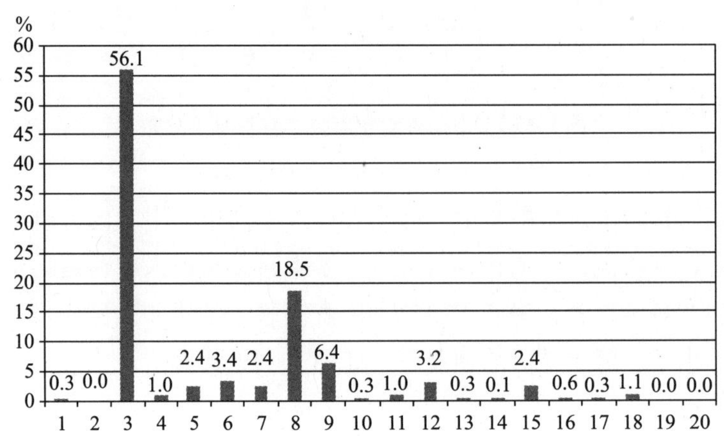

图 1 – 20　创业者总样本创业领域的分布

北京市的调研结果显示，创业者的创业领域超过一半在制造业，其次是批发和零售业占一定比例。其他领域分布不均。如图 1 – 21 所示：

天津市的调研结果显示，创业者的创业领域集中在制造业，批发和零售业、住宿和餐饮业两类创业领域所占比例相近。其他领域分布不均。如图 1 – 22 所示：

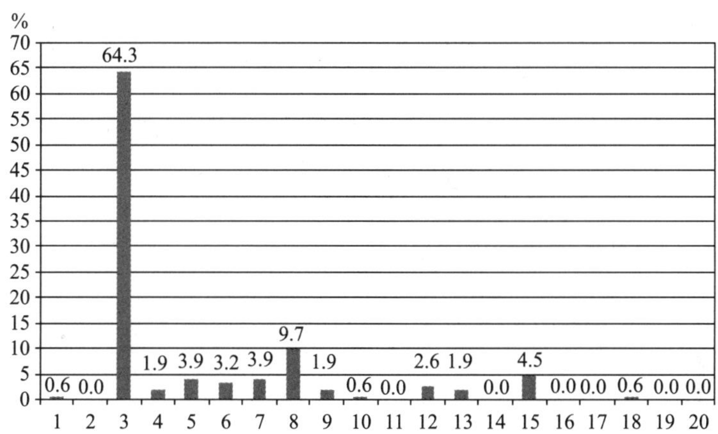

图 1－21　北京市创业者样本创业领域分布

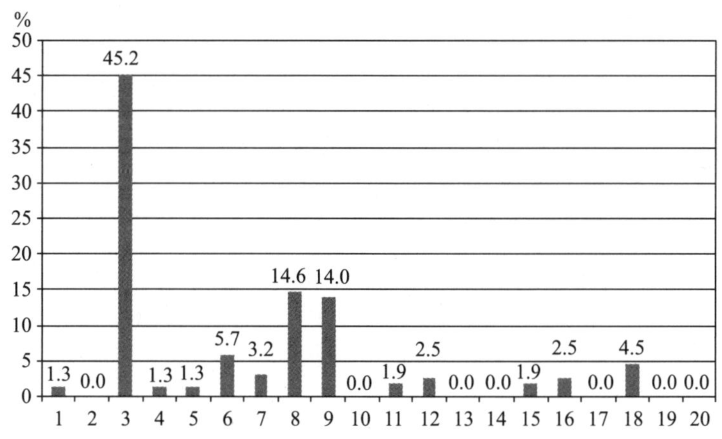

图 1－22　天津市创业者样本创业领域分布

河北省的调研结果显示，创业者的创业领域集中在制造业，批发和零售业占一定比例。略有涉及建筑业，交通运输、仓储和邮政业，信息传输、计算机服务和软件业，住宿和餐饮业，租赁和商务服务业领域。其他领域未涉及。如图 1－23 所示：

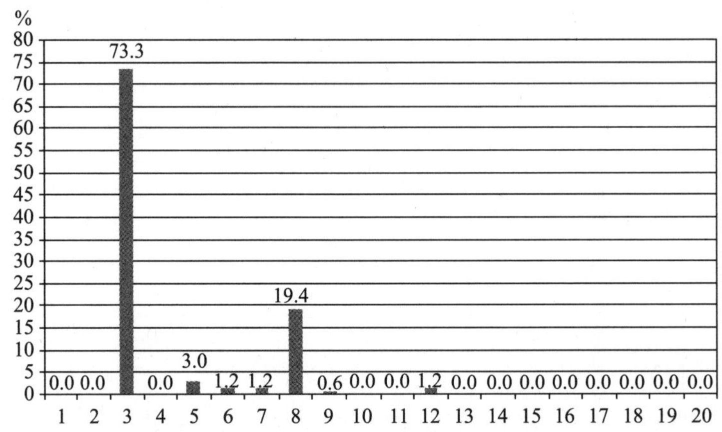

图 1－23　河北省创业者样本创业领域分布

山东省的调研结果显示，创业者的创业领域约一半比例在制造业，是批发和零售业的 2 倍左右。住宿和餐饮业所占比例略高于租赁和商务服务业。其他领域分布不均。如图 1－24 所示：

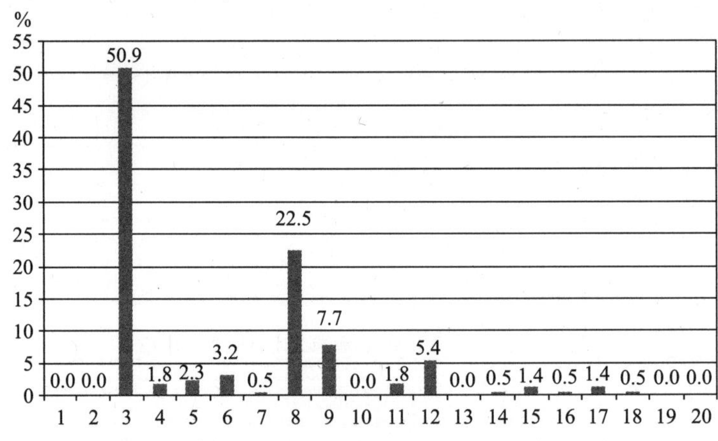

图 1－24　山东省创业者样本创业领域分布

辽宁省的调研结果显示，创业者的创业领域集中在制造业，批发和零售业占一定比例，信息传输、计算机服务和软件业，住宿和餐饮

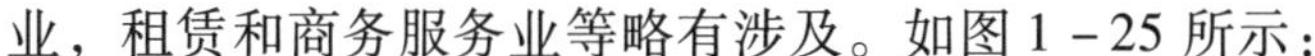

业，租赁和商务服务业等略有涉及。如图 1－25 所示：

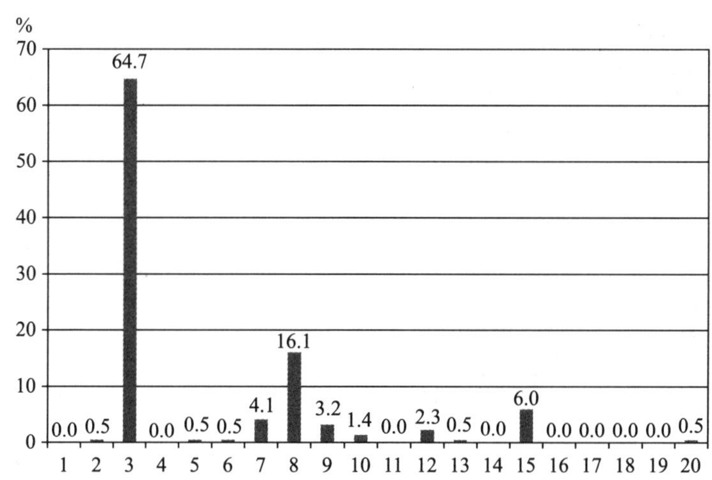

图 1－25　辽宁省创业者样本创业领域分布

五　本章小结

本书遵循 2011 年北京市创业生态指数调研的传统，从创业种群活跃程度、多重创业情境、区域空间环境三个维度考察环渤海地区的创业生态状况。在 2015 年的调研中，我们完成创业者调研 759 人次。其中，北京市创业者样本共 135 人，天津市创业者样本共 146 人，河北省创业者样本共 162 人，山东省创业者样本共 163 人，辽宁省创业者样本共 153 人。本章还提供了不同地区创业者的描述性统计分布特征，这为后续的分析提供了基础。

第二章　环渤海地区创业种群活跃指数

本章主要展示环渤海地区创业种群活跃程度的评测结果。本书建立在以新创企业群体为对象的研究架构上。正如我们在《北京市创业生态指数报告（2011）》中所描述的，这种以群体面目出现的观察样本，在特定的生态系统内，就可以称之为种群。本书所分析的特定区域内的新创企业的成长情况，反映了环渤海地区创业种群的活跃程度和发展空间。

一　新创企业的成长性

我们使用销售额成长率、总资产增长率、雇员数量增长率、市场份额增长率四个指标作为新创企业成长性的测量指标。我们通过询问各项增长率的真实数值获得数据。

1. 新创企业样本的销售额增长率

销售额增长率的调查结果显示，所有受调查的企业的销售额增长率主要集中在1%—20%的区间，如图2－1所示。

北京市的调查结果显示，受调查的企业的销售额增长率主要集中在1%—20%的区间，如图2－2所示。

天津市的调查结果显示，受调查的企业的销售额增长率主要集中在1%—10%的区间，这一区间内的企业达到93.8%，如图2－3所示。

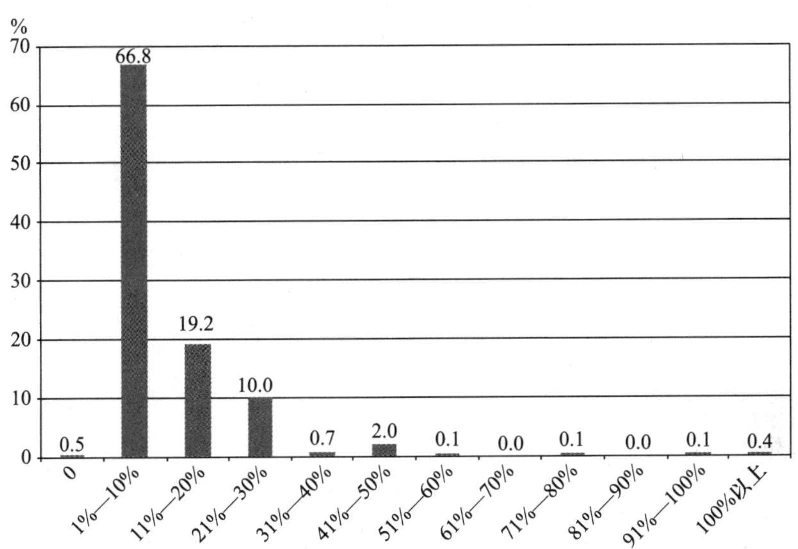

图 2 – 1　新创企业总样本销售额增长率的分布

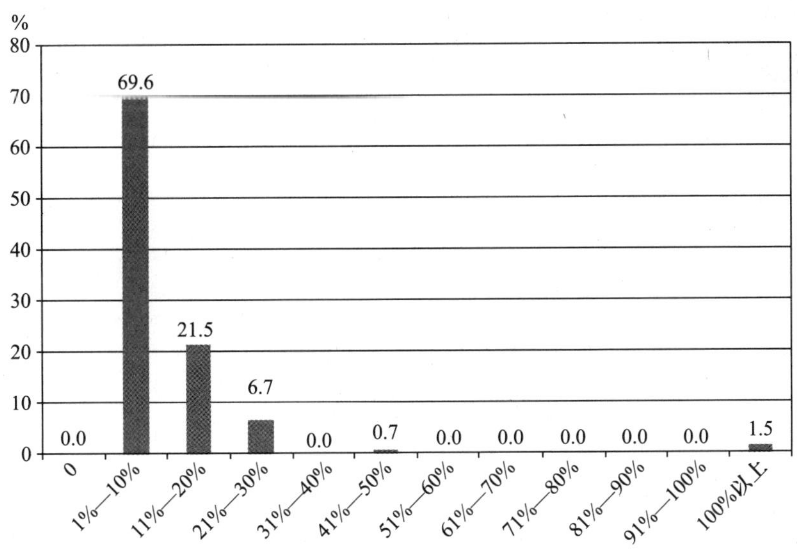

图 2 – 2　北京市新创企业样本销售额增长率的分布

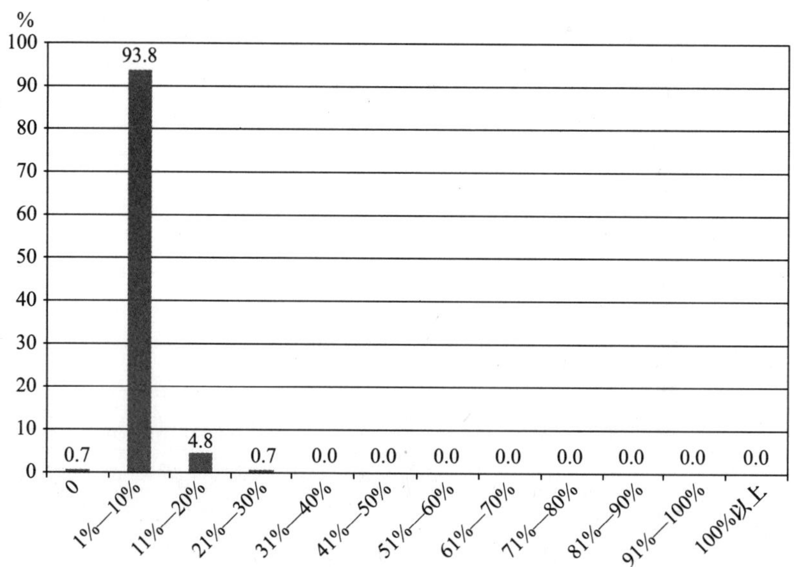

图 2-3　天津市新创企业样本销售额增长率的分布

河北省的调查结果显示，受调查的企业的销售额增长率主要集中在 1%—20% 的区间，如图 2-4 所示：

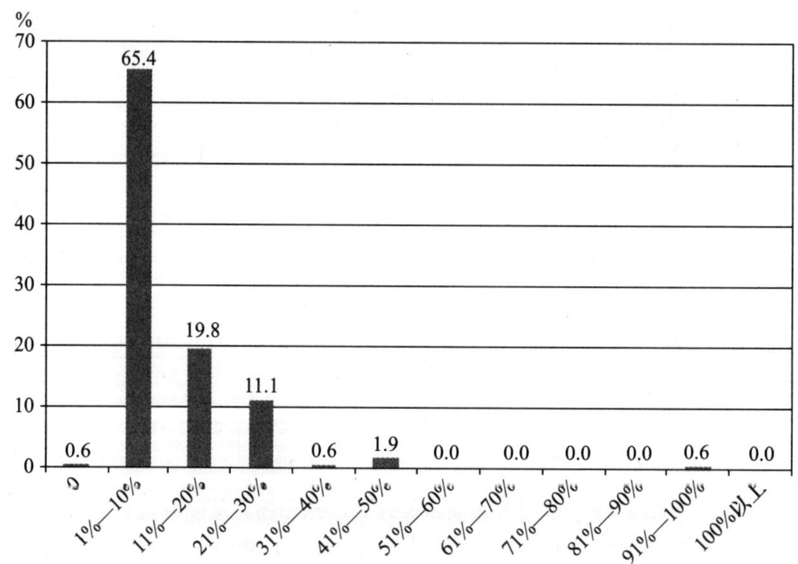

图 2-4　河北省新创企业样本销售额增长率的分布

山东省的调查结果显示，受调查的企业的销售额增长率主要集中在1%—20%的区间，如图2－5所示：

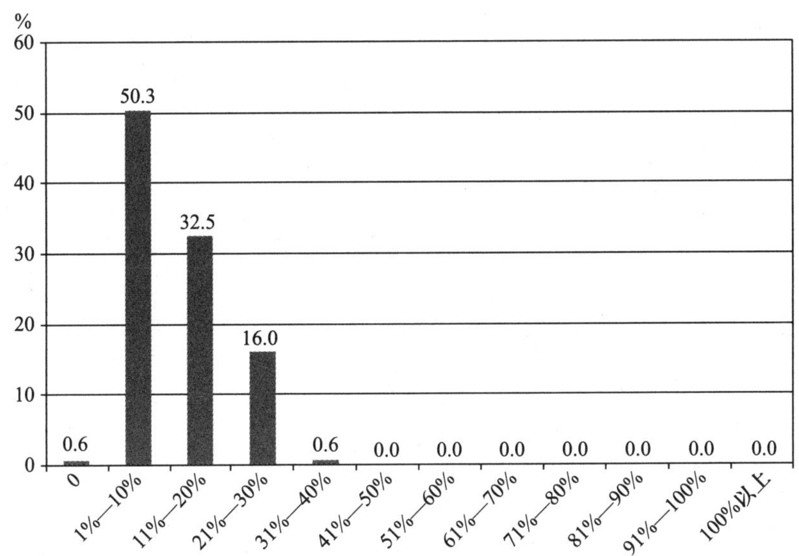

图2－5　山东省新创企业样本销售额增长率的分布

辽宁省的调查结果显示，受调查的企业的销售额增长率主要集中在1%—20%的区间，如图2－6所示：

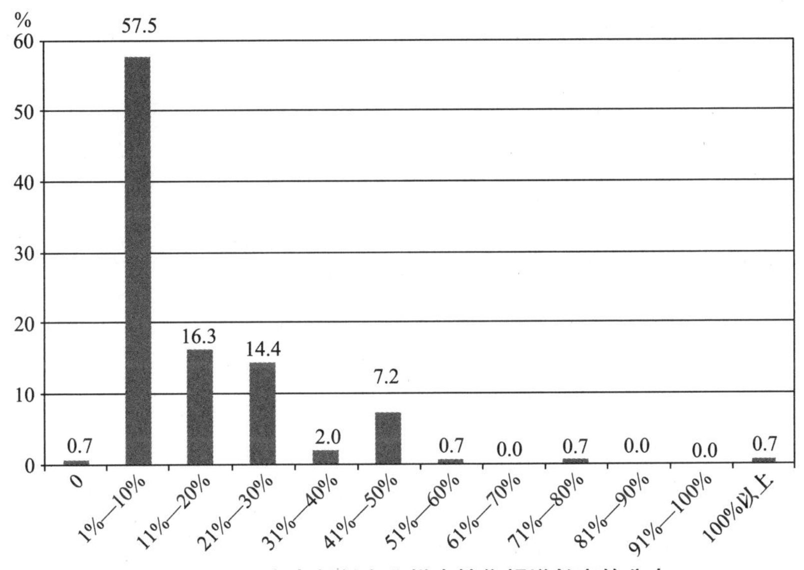

图2－6　辽宁省新创企业样本销售额增长率的分布

经计算可得，全体样本的销售额增长率为 12.72%，北京市样本的销售额增长率为 16.02%，天津市的销售额增长率为 4.6%，河北省的销售额增长率为 12.94%，山东省的销售额增长率为 13.13%，辽宁省的销售额增长率为 17.00%。将小于 5% 的增长率计为 1 分，5%—10% 的增长率计为 2 分，10%—15% 的增长率计为 3 分，15%—20% 的增长率计为 4 分，大于 20% 的增长率计为 5 分，那么，总样本在销售额增长率上的得分为 3 分，北京市的得分为 4 分，天津市的得分为 1 分，河北省的得分为 3 分，山东省的得分为 3 分，辽宁省的得分为 4 分。

2. 新创企业样本的总资产增长率

总资产增长率的调查结果显示：所有受调查的企业的总资产增长率主要集中在 1%—10% 的区间，其比例超过了 70%，如图 2－7 所示：

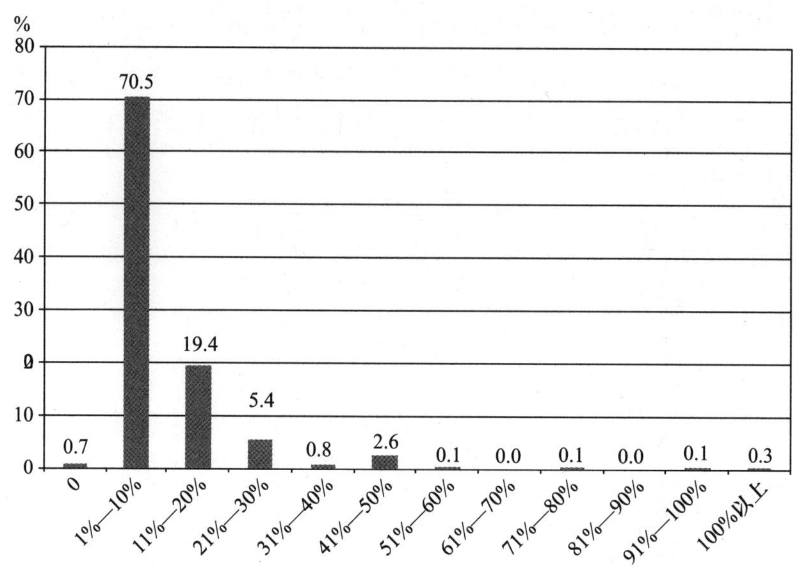

图 2－7　新创企业总样本总资产增长率的分布

北京市的调查结果显示，受调查的企业的总资产增长率主要集中在 1%—10% 的区间，其比例超过了 60%，如图 2－8 所示：

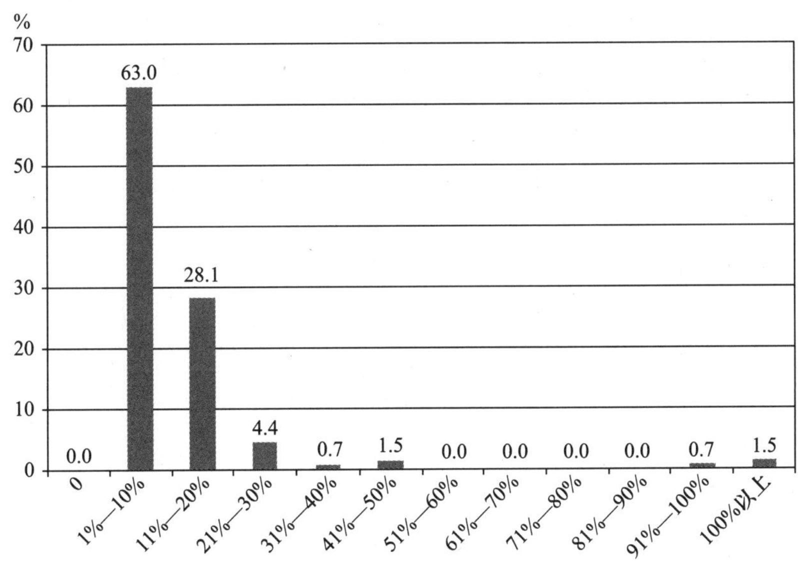

图 2－8　北京市新创企业样本总资产增长率的分布

天津市的调查结果显示，受调查的企业的总资产增长率主要集中在 1%—10% 的区间，其比例超过了 90%，如图 2－9 所示：

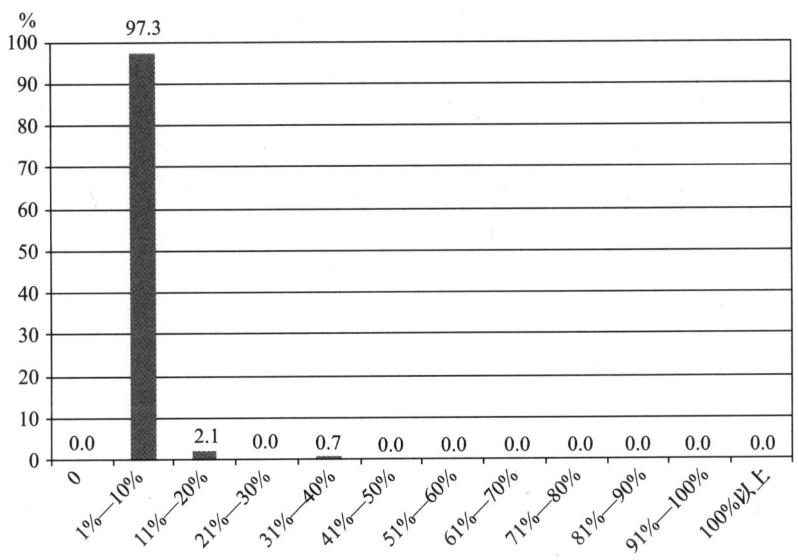

图 2－9　天津市新创企业样本总资产增长率的分布

河北省的调查结果显示，受调查的企业的总资产增长率主要集中在1%—10%的区间，其比例超过了50%，如图2－10所示：

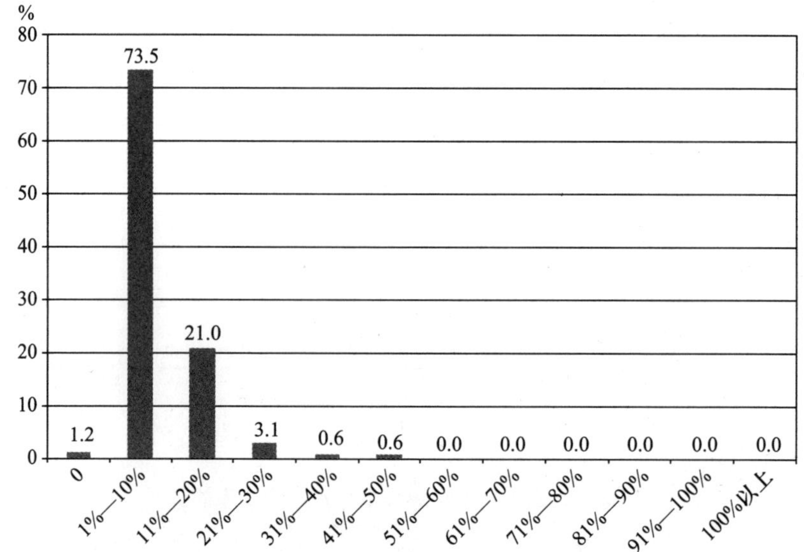

图2－10　河北省新创企业样本总资产增长率的分布

山东省的调查结果显示，受调查的企业的总资产增长率主要集中在1%—10%的区间，其比例超过了50%，如图2－11所示：

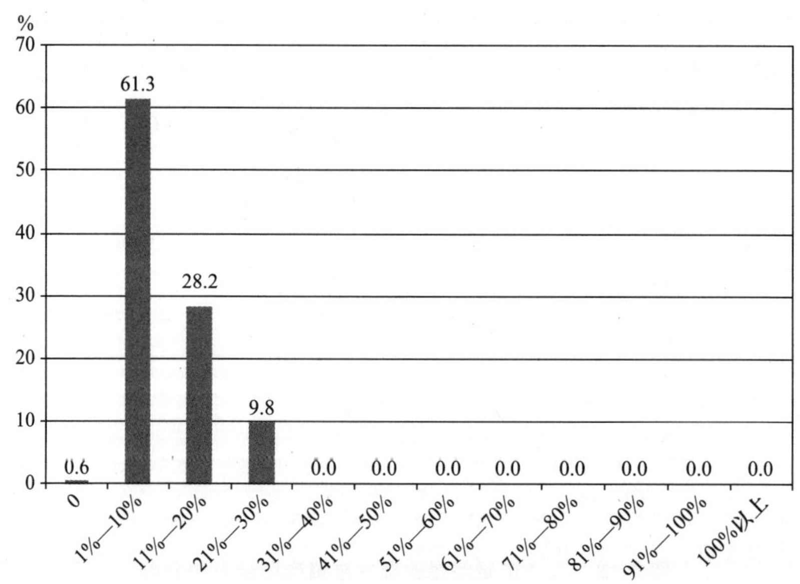

图2－11　山东省新创企业样本总资产增长率的分布

辽宁省的调查结果显示，受调查的企业的总资产增长率主要集中在 1%—10% 的区间，其比例超过了 50%，如图 2－12 所示：

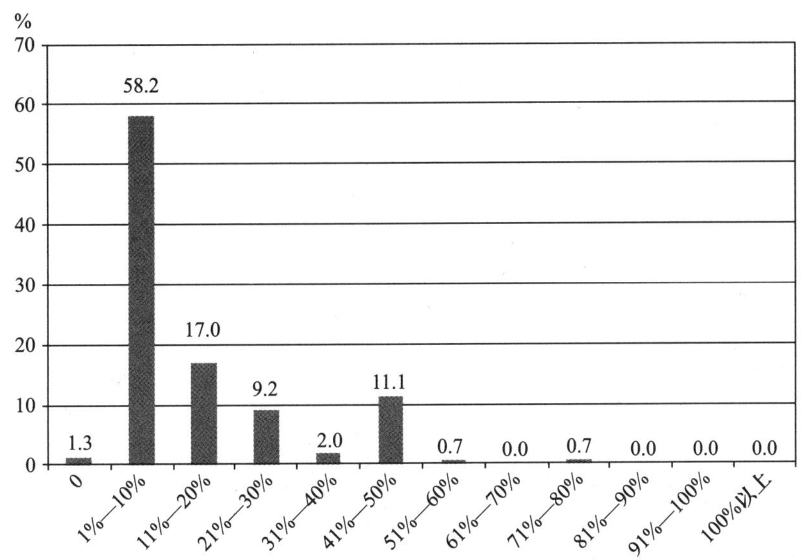

图 2－12　辽宁省新创企业样本总资产增长率的分布

经计算可得，全体样本的总资产增长率为 11.40%，北京市样本的总资产增长率为 15.30%，天津市的总资产增长率为 4.31%，河北省的总资产增长率为 10.14%，山东省的总资产增长率为 11.31%，辽宁省的总资产增长率为 16.17%。将小于 5% 的增长率计为 1 分，5%—10% 的增长率计为 2 分，10%—15% 的增长率计为 3 分，15%—20% 的增长率计为 4 分，大于 20% 的增长率计为 5 分，那么，总样本在总资产增长率上的得分为 3 分，北京市的得分为 4 分，天津市的得分为 1 分，河北省的得分为 3 分，山东省的得分为 3 分，辽宁省的得分为 4 分。

3. 新创企业样本的雇员增长率

雇员数量增长率调查结果显示，受调查的企业的雇员数量增长率主要集中在 0—20% 的区间，其中 1%—10% 的区间比例略超过 70%，如图 2－13 所示：

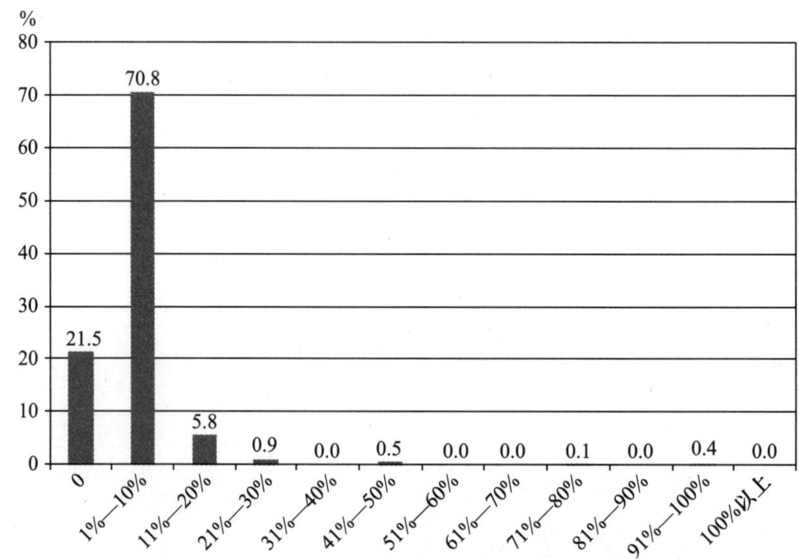

图 2－13　新创企业总样本雇员数量增长率的分布

北京市的调查结果显示，受调查的企业的雇员数量增长率主要集中在0—30%的区间，其中1—10%的区间比例超过70%，如图2－14所示：

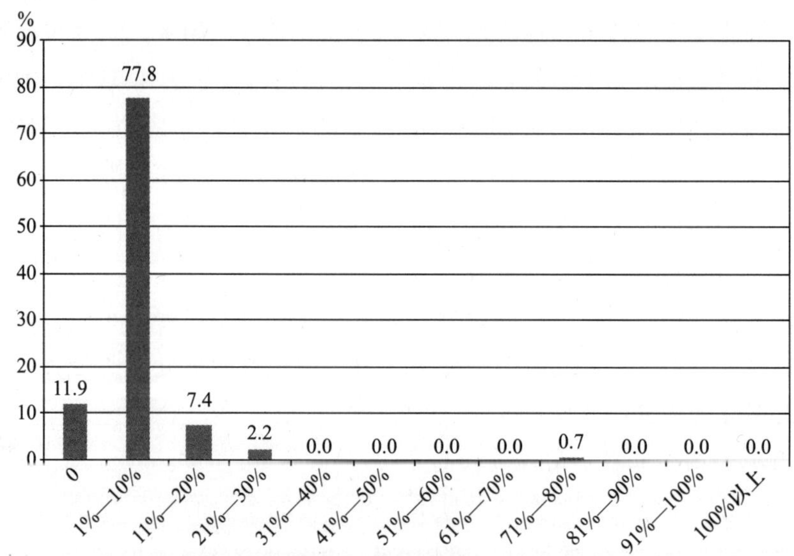

图 2－14　北京市新创企业样本雇员数量增长率的分布

天津市的调查结果显示，受调查的企业的雇员数量增长率主要集中在0—20%的区间，其中1%—10%的区间比例超过70%，如图2－15所示：

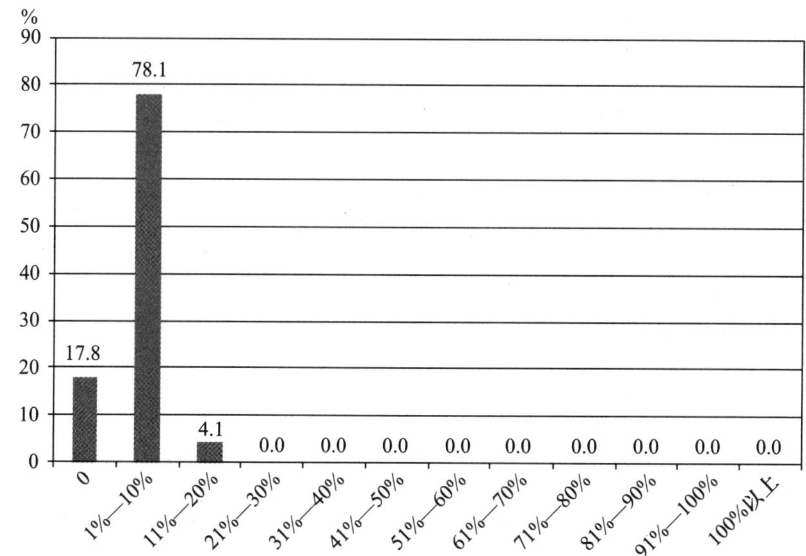

图2－15　天津市新创企业样本雇员数量增长率的分布

河北省的调查结果显示，受调查的企业的雇员数量增长率主要集中在0—20%的区间，其中1%—10%的区间比例略超70%，如图2－16所示：

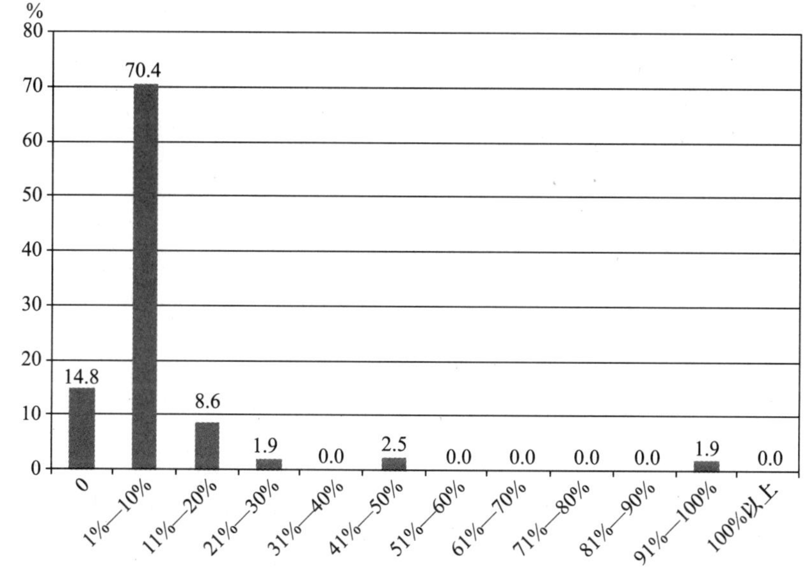

图2－16　河北省新创企业样本雇员数量增长率的分布

山东省的调查结果显示，受调查的企业的雇员数量增长率主要集中在0—20%的区间，其中1%—10%的区间比例超过50%，如图2-17所示：

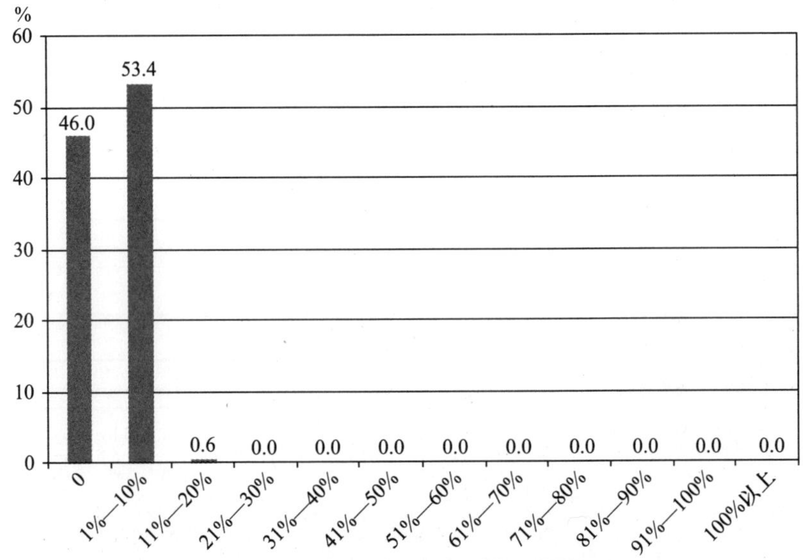

图2-17　山东省新创企业样本雇员数量增长率的分布

辽宁省的调查结果显示，受调查的企业的雇员数量增长率主要集中在0—20%的区间，其中1%—10%的区间比例超过70%，如图2-18所示：

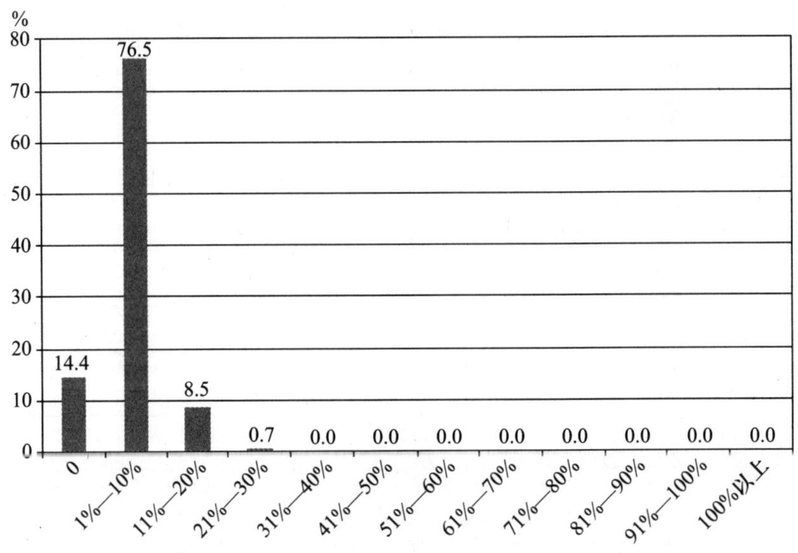

图2-18　辽宁省新创企业样本雇员数量增长率的分布

经计算可得，全体样本的雇员数量增长率为5.29%，北京市样本的雇员数量增长率为6.68%，天津市的雇员数量增长率为4.40%，河北省的雇员数量增长率为8.37%，山东省的雇员数量增长率为1.72%，辽宁省的雇员数量增长率为5.44%。如果小于5%的增长率计为1分，5%—10%的增长率计为2分，10%—15%的增长率计为3分，15%—20%的增长率计为4分，大于20%的增长率计为5分，那么，全体样本在雇员数量增长率上的得分为2分，北京市的得分为2分，天津市的得分为1分，河北省的得分为2分，山东省的得分为1分，辽宁省的得分为2分。

4. 新创企业样本的市场份额增长率

市场份额增长率调查结果显示：所有受调查的企业的市场份额增长率主要集中在1%—10%的区间，其比例达到86.0%，如图2－19所示：

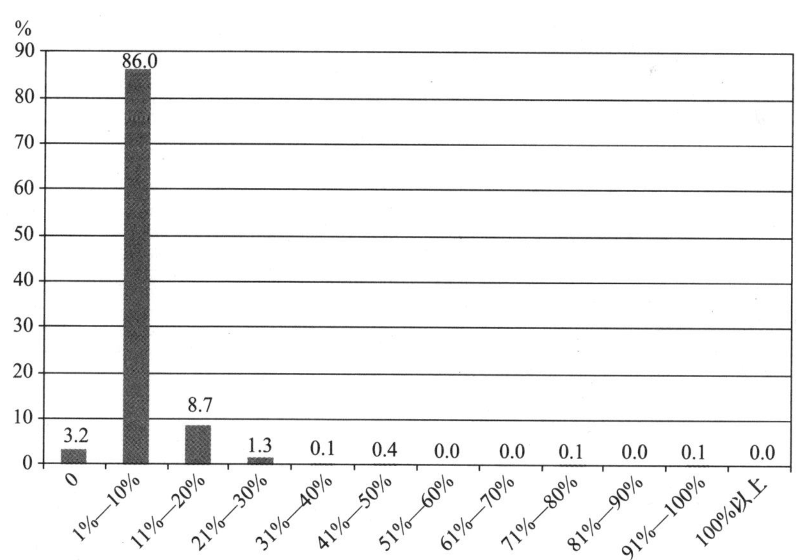

图2－19　新创企业总样本市场份额增长率的分布

北京市的调查结果显示，受调查的企业的市场份额增长率主要集中在 1%—10% 的区间，其比例达到 85.2%，如图 2－20 所示：

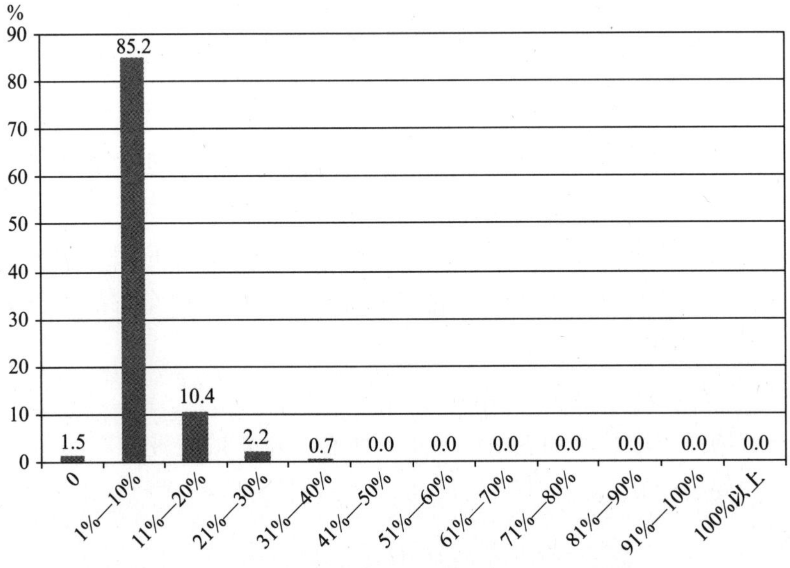

图 2－20　北京市新创企业样本市场份额增长率的分布

天津市的调查结果显示，受调查的企业的市场份额增长率主要集中在 1%—10% 的区间，其比例达到 96.6%，如图 2－21 所示：

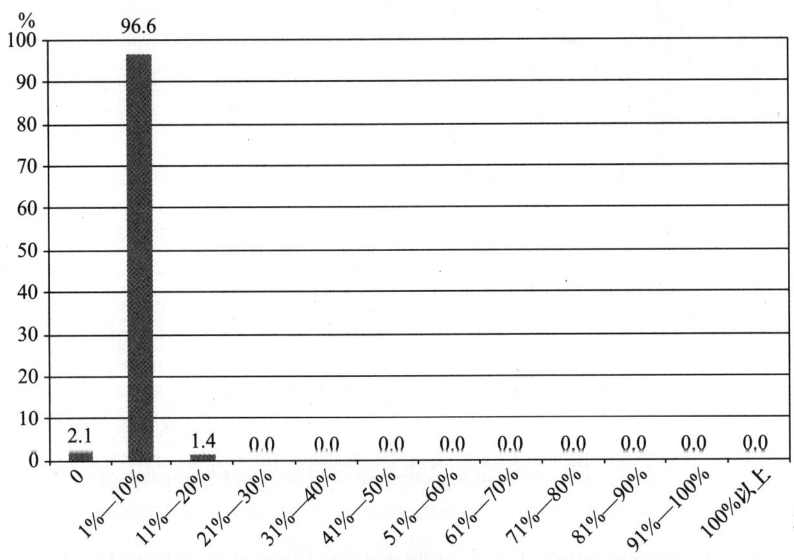

图 2－21　天津市新创企业样本市场份额增长率的分布

河北省的调查结果显示，受调查的企业的市场份额增长率主要集中在 1%—10% 的区间，其比例达到 93.2%，如图 2－22 所示：

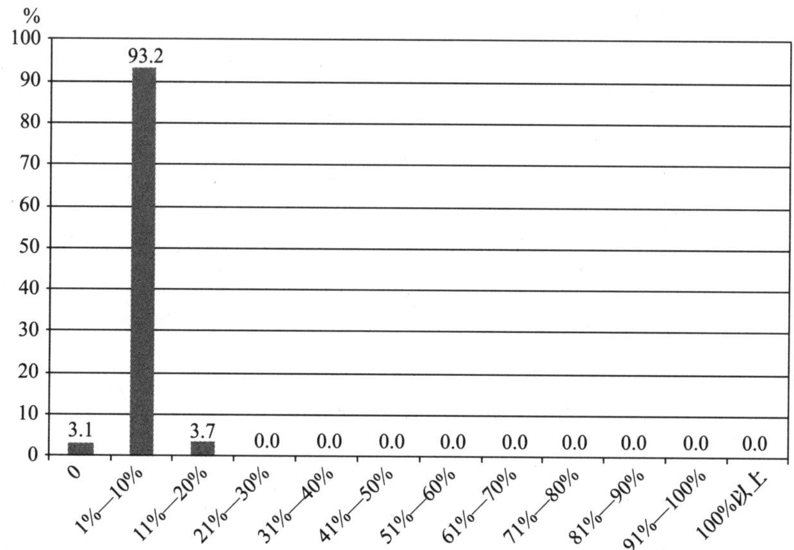

图 2－22　河北省新创企业样本市场份额增长率的分布

山东省的调查结果显示，受调查的企业的市场份额增长率主要集中在 1%—10% 的区间，其比例达到 76.1%，如图 2－23 所示：

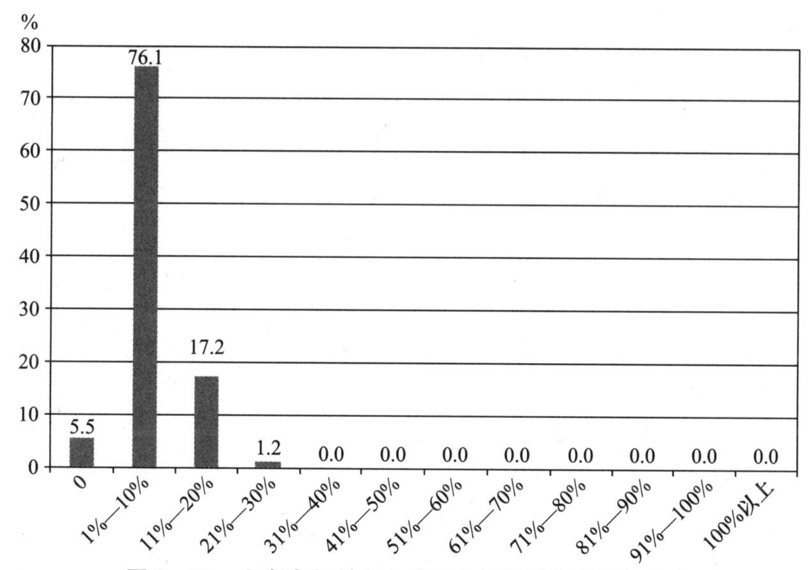

图 2－23　山东省新创企业样本市场份额增长率的分布

辽宁省的调查结果显示，受调查的企业的市场份额增长率主要集中在1%—10%的区间，其比例达到79.7%，如图2-24所示：

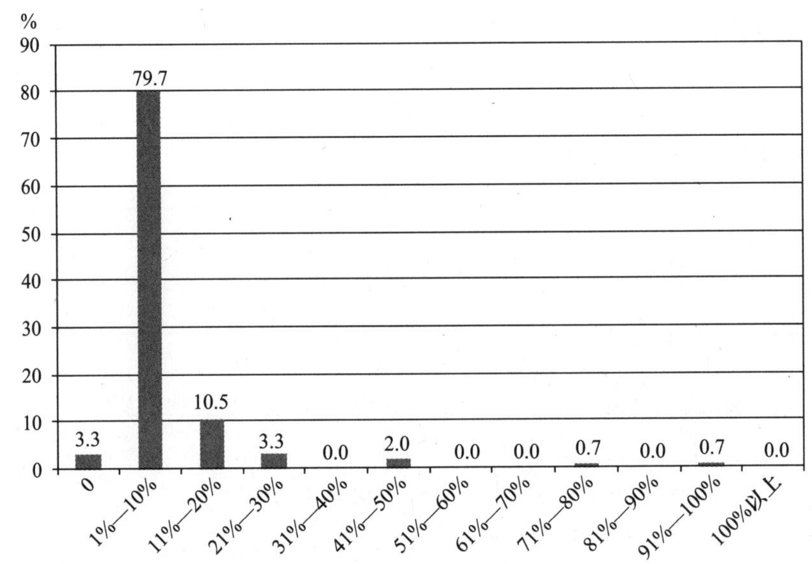

图2-24 辽宁省新创企业样本市场份额增长率的分布

经计算可得，全体样本的市场份额增长率为6.22%，北京市样本的市场份额增长率为7.29%，天津市的市场份额增长率为3.94%，河北省的市场份额增长率为4.32%，山东省的市场份额增长率为6.63%，辽宁省的市场份额增长率为9.00%。如果小于5%的增长率计为1分，5%—10%的增长率计为2分，10%—15%的增长率计为3分，15%—20%的增长率计为4分，大于20%的增长率计为5分，那么，全体样本在市场份额增长率上的得分为2分，北京市的得分为2分，天津市的得分为1分，河北省的得分为1分，山东省的得分为2分，辽宁省的得分为2分。

我们把各个地区的销售额增长率、总资产增长率、雇员数量增长率、市场份额增长率得分汇总取平均值就得到了各个地区在新创企业成长性上的得分。数据显示，环渤海地区在新创企业成长性方面的得分为2. 50，其中北京市的得分为3. 00，天津市的得分为1. 00，河北省的得分为2. 25，山东省的得分为2. 25，辽宁省的得分为3. 00。这些得分结果就是环渤海地区的创业种群活跃指数的评测结果。

二　本章小结

本章主要关注创业生态指数的核心维度——创业种群的活跃程度。在研究中，创业种群的活跃程度主要通过新创企业成长相关的销售额增长率、总资产增长率、雇员数量增长率、市场份额增长率予以测量。从数据分析结果来看，环渤海地区创业种群活跃指数为2. 50。其中北京市的创业种群活跃指数为3. 00，天津市的创业种群活跃指数为1. 00，河北省的创业种群活跃指数为2. 25，山东省的创业种群活跃指数为2. 25，辽宁省的创业种群活跃指数为3. 00。

第三章　环渤海地区多重创业情境指数

本章主要针对影响创业种群活跃程度的外部创业情境进行评测。这些情境包括创业者的家庭情境、社会情境、商业情境和制度情境。它们共同构成了区域创业生态系统的生态环境。

一　家庭情境

1. 家庭的资金支持

我们主要关注家庭为创业者提供的资金和人力资源。在资金方面，我们使用的题项为：家庭（家族）成员在您的企业内投资金额是多少？调查结果显示：在环渤海地区的全体样本中，家庭投资金额处于50万元以下的比例最高，超过80%；投资金额在151万—200万元与200万元以上的比例相同，如图3－1所示：

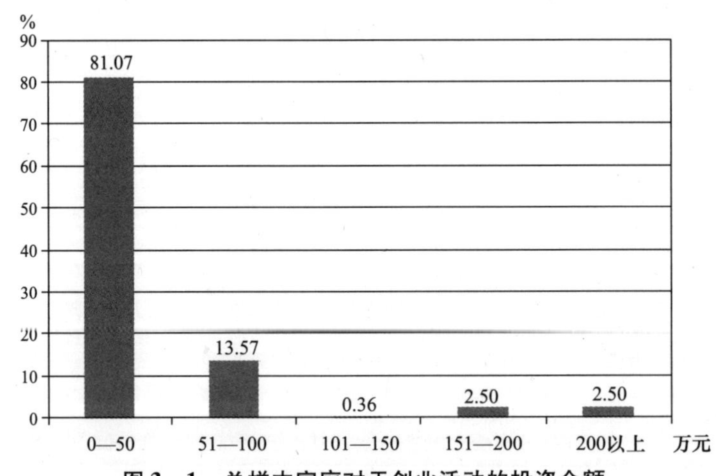

图3－1　总样本家庭对于创业活动的投资金额

北京市的调查结果显示，家庭投资金额处于 50 万元以下的比例最高，超过 80%，其次是 51 万—100 万元，如图 3－2 所示：

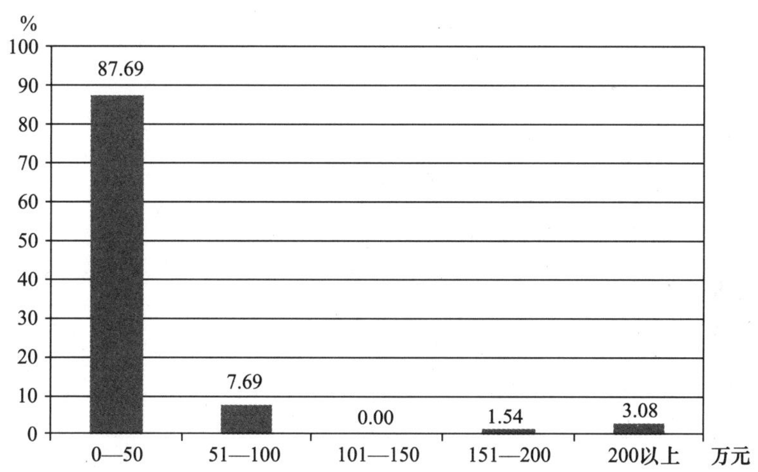

图 3－2　北京市样本家庭对于创业活动的投资金额

天津市的调查结果显示，家庭投资金额处于 50 万元以下的比例最高，超过 80%，其次是 51 万—100 万元，无投资金额处于 101 万—150 万元以及 151 万—200 万元，如图 3－3 所示：

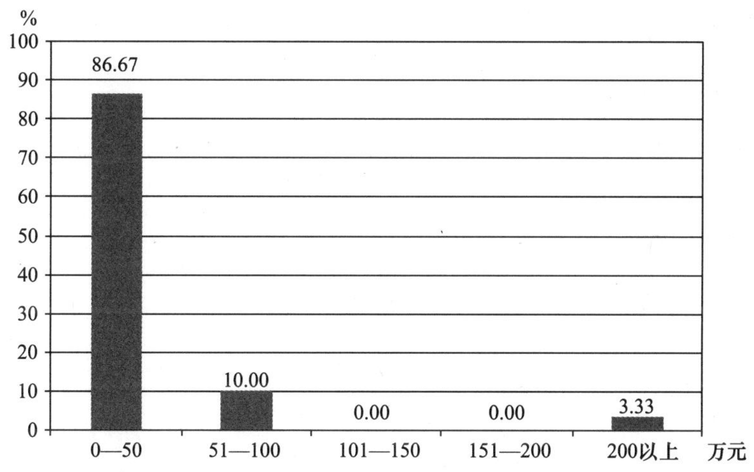

图 3－3　天津市样本家庭对于创业活动的投资金额

河北省的调查结果显示，家庭投资金额处于50万元以下的比例最高，超过80%，其次是51万—100万元，如图3-4所示：

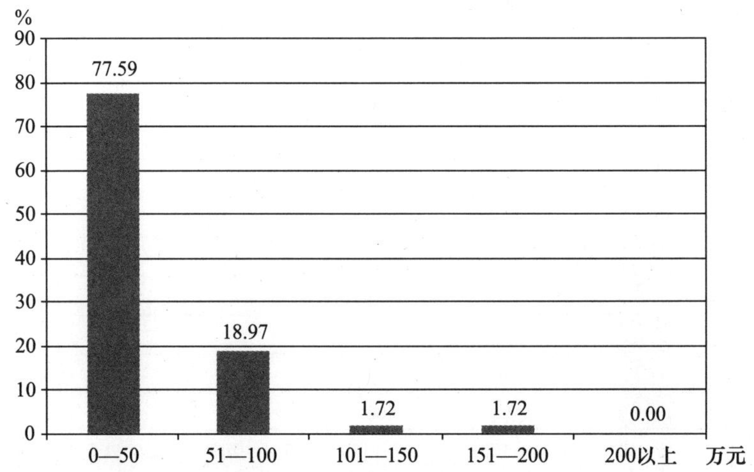

图3-4　河北省样本家庭对于创业活动的投资金额

山东省的调查结果显示，家庭投资金额处于50万元以下的比例最高，超过70%，是投资金额处于51万—100万元比例的3倍以上，如图3-5所示：

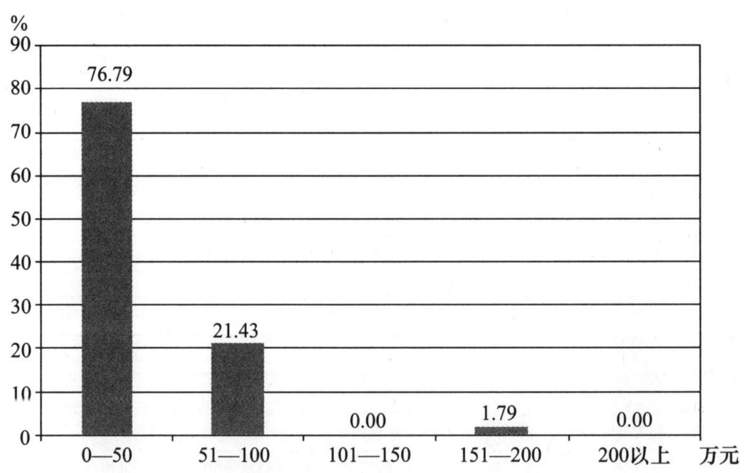

图3-5　山东省样本家庭对于创业活动的投资金额

辽宁省的调查结果显示，家庭投资金额处于50万元以下的比例最高，超过70%，其次是51万—100万元；投资金额在151万—200万元和200万元以上的比例相同，如图3－6所示：

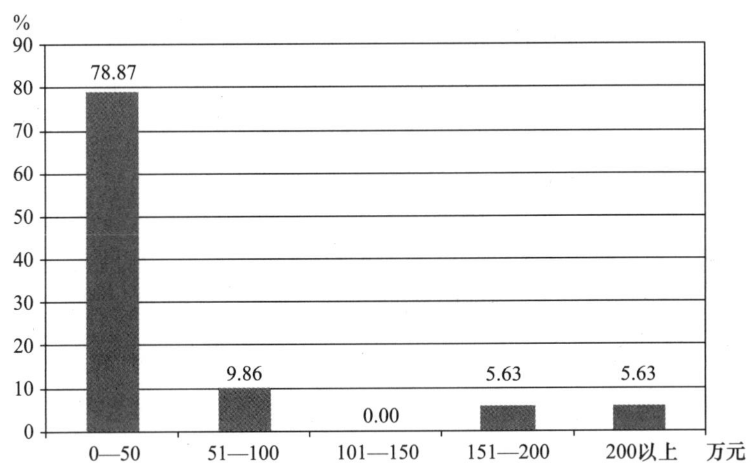

图3－6　辽宁省样本家庭对于创业活动的投资金额

经计算可得，全体创业者样本家庭对于创业活动的投资金额平均为49.91万元，北京市样本的家庭创业活动投资金额为48.75万元，天津市样本的家庭创业活动投资金额为36.80万元，河北省样本的家庭创业活动投资金额为43.14万元，山东省样本的家庭创业活动投资金额为47.80万元，辽宁省样本的家庭创业活动投资金额为63.72万元。如果小于20万元计为1分，20万元和30万元之间的计为2分，30万元和40万元之间的计为3分，40万元和50万元之间的计为4分，大于50万元的计为5分，那么，全体样本在家庭创业活动投资金额的得分为4分，北京市的得分为4分，天津市的得分为3分，河北省的得分为4分，山东省的得分为4分，辽宁省的得分为5分。

2. 家庭的人力支持

在人力支持方面，我们使用的题项是：有多少个家庭（家族）成员在您的企业内担任高级管理者？调查结果显示：创业者样本中，选择0的样本数量是最高的，而且家庭成员担任高级管理者人数越多，相应的比例越低，如图 3 – 7 所示：

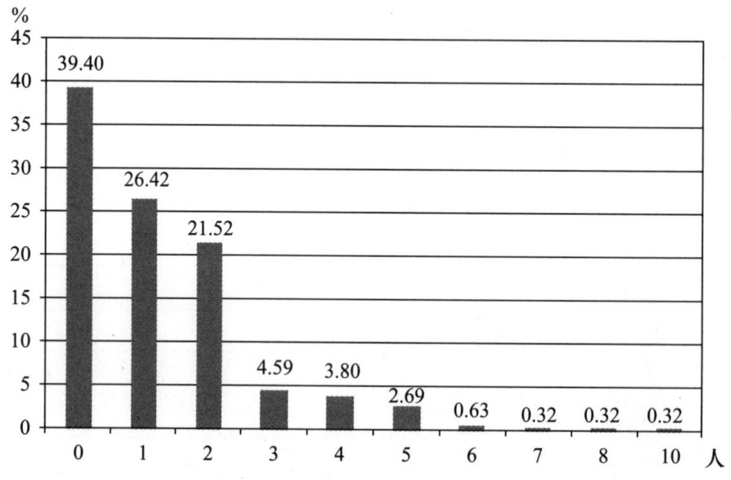

图 3 – 7　总样本家庭对于创业活动的人力资本支持

北京市的调查结果显示，选择 0 的样本数量是最高的，而且显著高于其他选项。在其他人数的选项中，总体上家庭成员担任高级管理者人数越多，相应的比例越低。不过，10 人的选项上也有较微小规模的样本。如图 3 – 8 所示：

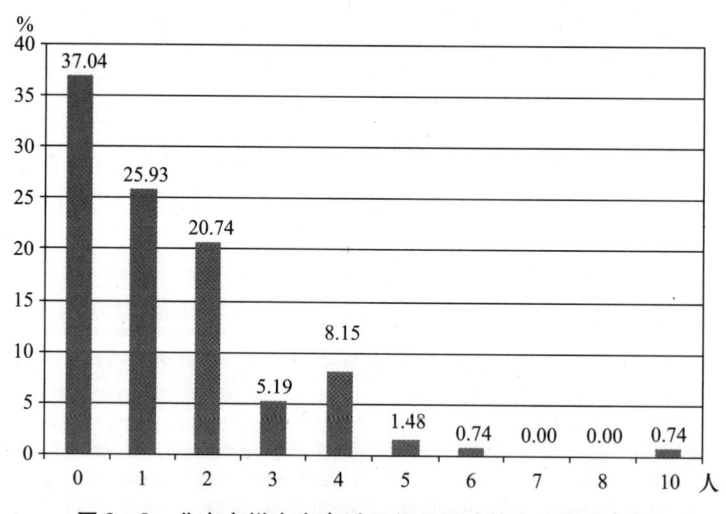

图 3 – 8　北京市样本家庭对于创业活动的人力资本支持

天津市的调查结果显示，选择0的样本数量是最高的，而且显著高于其他选项；家庭成员担任高级管理者人数依次递减，如图3－9所示：

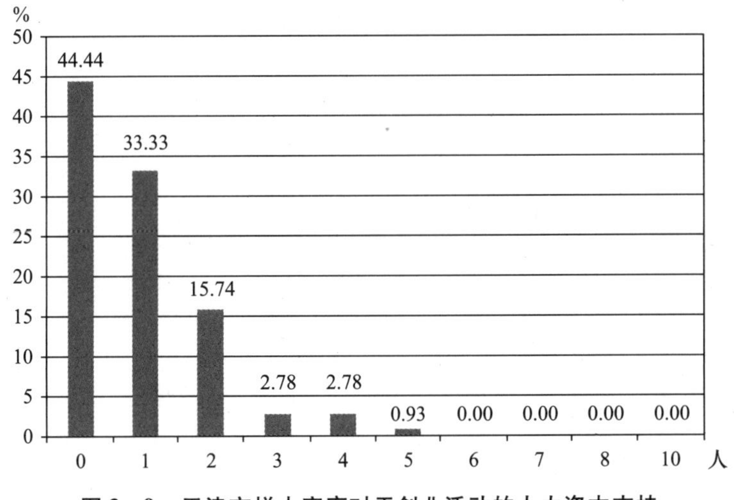

图3－9　天津市样本家庭对于创业活动的人力资本支持

河北省的调查结果显示，选择0的样本数量是最高的，而且显著高于其他选项；其中家庭成员有3人和5人担任高级管理者人数比例相同，如图3－10所示：

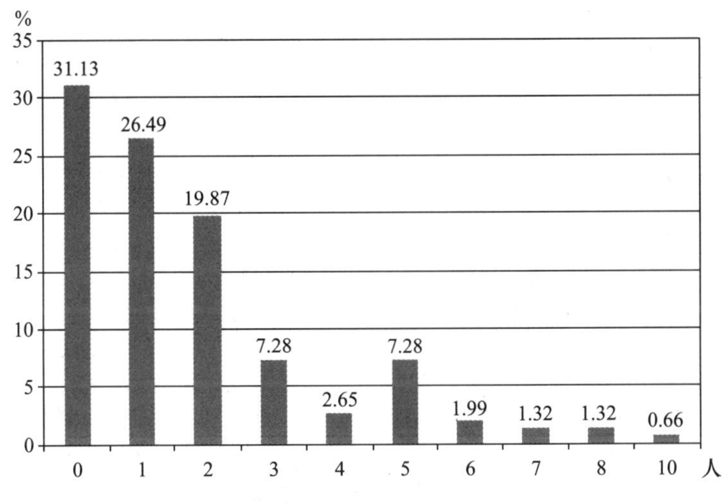

图3－10　河北省样本家庭对于创业活动的人力资本支持

山东省的调查结果显示，选择 0 的样本数量是最高的，而且显著高于其他选项；其次是 2 位家庭成员担任高级管理者，接着是 1 位家庭成员担任高级管理者，如图 3－11 所示：

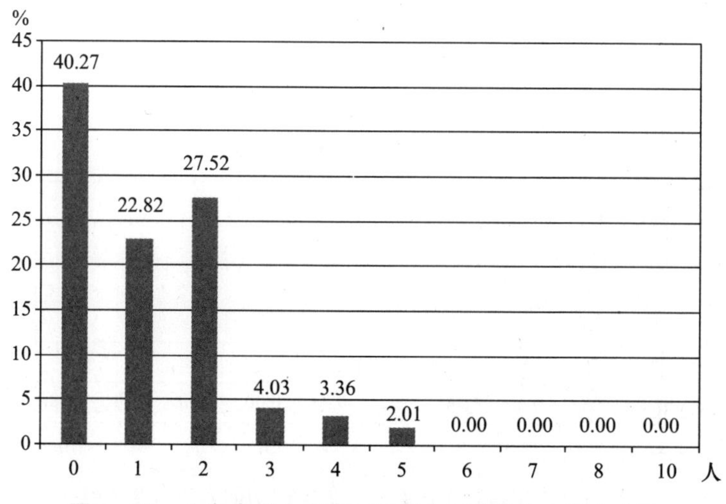

图 3－11　山东省样本家庭对于创业活动的人力资本支持

辽宁省的调查结果显示，选择0 的样本数量是最高的，而且显著高于其他选项；家庭成员担任高级管理者人数依次递减，如图 3－12 所示：

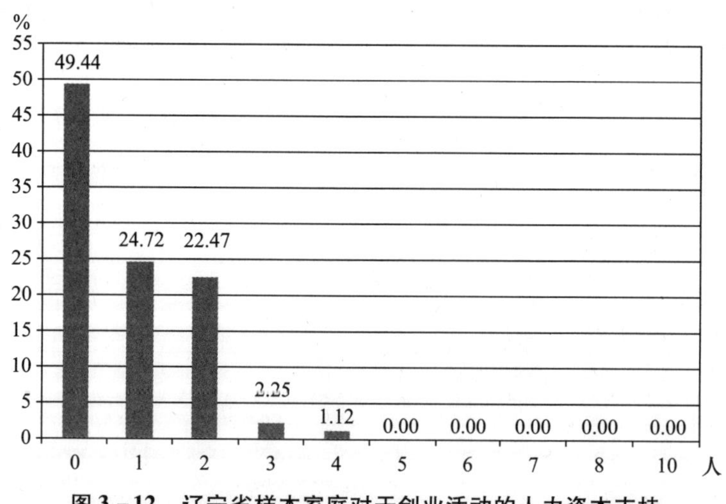

图 3－12　辽宁省样本家庭对于创业活动的人力资本支持

经计算可得，全体样本家庭对于创业活动的人力资本支持平均为1.35人，北京市样本的家庭创业活动人力资本支持为0.89人，天津市样本的家庭创业活动人力资本支持为1.74人，河北省样本的家庭创业活动人力资本支持为1.13人，山东省样本的家庭创业活动人力资本支持为0.92人，辽宁省样本的家庭创业活动人力资本支持为1.25人。如果0和1人计为1分，1人和2人之间的计为2分，2人和3人之间的计为3分，3人和4人之间的计为4分，4人以上的计为5分，那么，全体样本在家庭创业活动人力资本支持上的得分为2分，北京市的得分为1分，天津市的得分为2分，河北省的得分为2分，山东省的得分为1分，辽宁省的得分为2分。

上述两个题项的加总平均得到环渤海地区家庭情境的总体得分为3.00，其中北京市的家庭情境得分为2.50，天津市的家庭情境得分为2.50，河北省的家庭情境得分为1.50，山东省的家庭情境得分为2.50，辽宁省的家庭情境得分为3.50。

二　社会情境

社会情境方面主要考察创业者是否属于以下社会团体［1，工商联合会；2，行业协会；3，私营企业主协会；4，个体劳动者协会；5，MBA或EMBA等培训项目校友会；6，非正式的联谊组织（同学会、校友会、老乡会、志愿者协会、联谊会或沙龙）；7，宗教、信仰团体；8，妇联；9，其他正式注册的社会团体（学会、专业协会、联合会等）；10，不属于任何团体］。调查结果显示：创业者样本绝大部分都不属于任何社会团体或社会组织，创业者样本不属于任何团体的比例超过了70%，如图3－13所示：

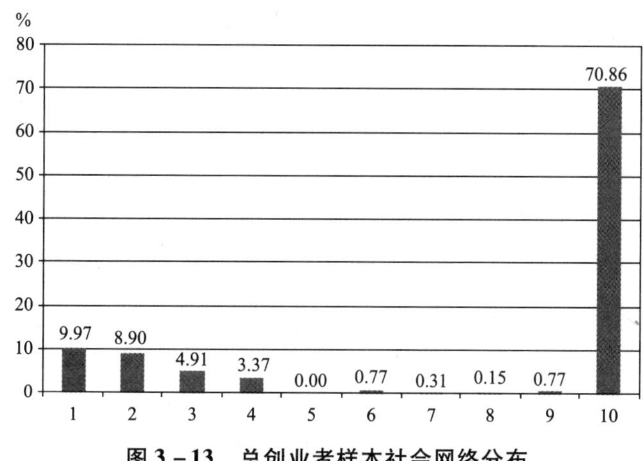

图 3－13　总创业者样本社会网络分布

北京市的调查结果显示，绝大部分创业者样本都不属于任何社会团体或社会组织，不属于任何团体的比例超过了 60%，如图 3－14 所示：

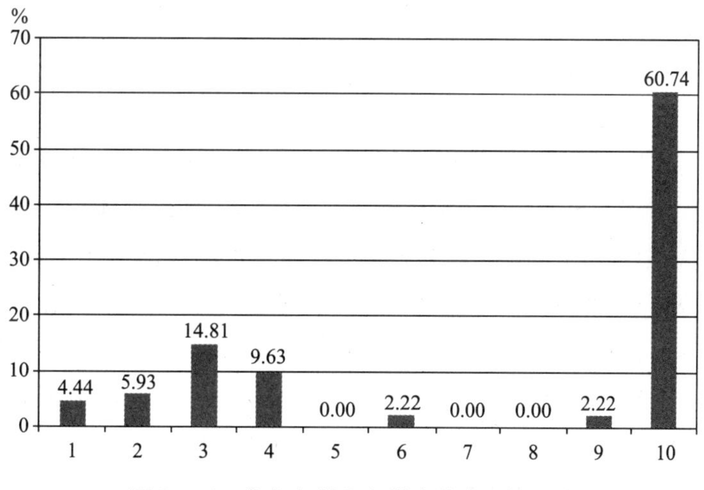

图 3－14　北京市创业者样本社会网络分布

天津市的调查结果显示，绝大部分创业者样本都不属于任何社会团体或社会组织，不属于任何团体的比例超过了 90%，如图 3－15 所示：

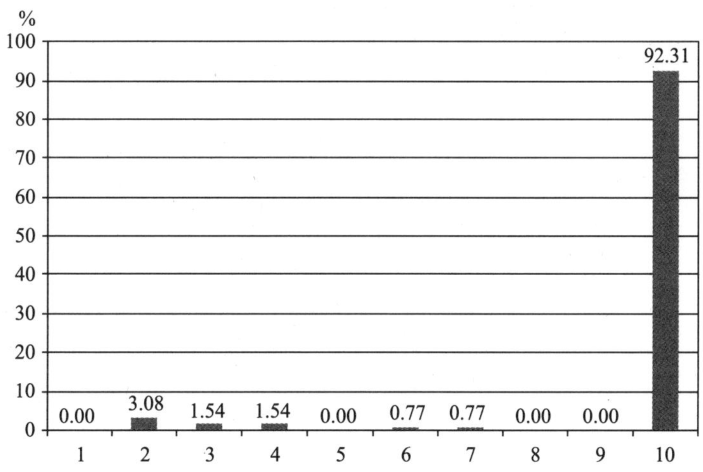

图 3－15　天津市创业者样本社会网络分布

河北省的调查结果显示，大部分创业者样本不属于任何社会团体或社会组织，不属于任何团体的比例超过了 30%，属于工商联合会和行业协会的比例低于不属于任何团体者，如图 3－16 所示：

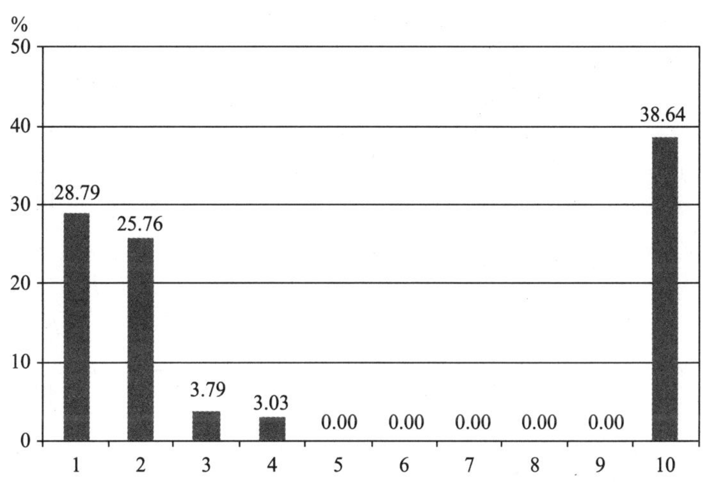

图 3－16　河北省创业者样本社会网络分布

山东省的调查结果显示，绝大部分创业者样本都不属于任何社会团体或社会组织，不属于任何团体的比例超过了70%，如图3－17所示：

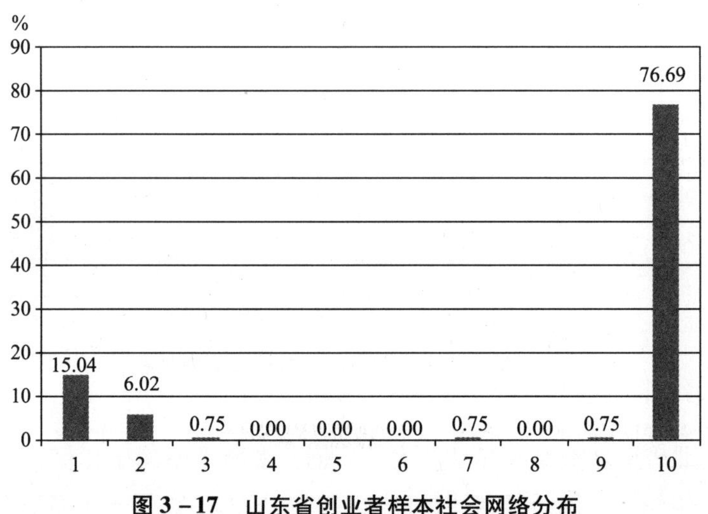

图3－17　山东省创业者样本社会网络分布

辽宁省的调查结果显示，绝大部分创业者样本都不属于任何社会团体或社会组织，不属于任何团体的比例超过了80%，如图3－18所示：

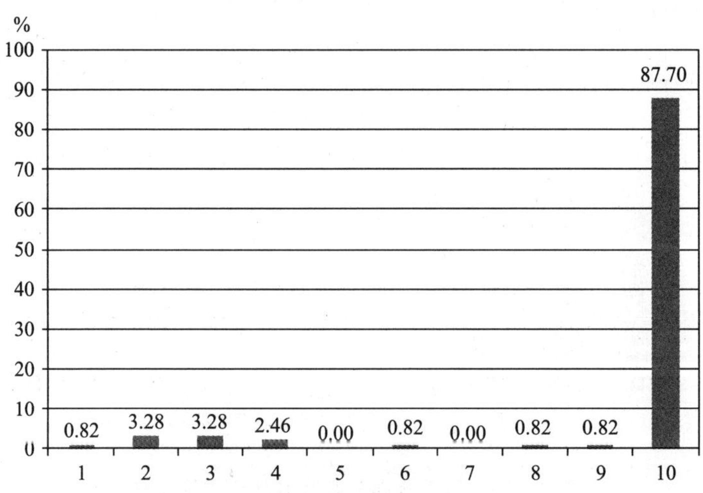

图3－18　辽宁省创业者样本社会网络分布

如果将不属于任何一个社会团体或社会组织的情况计为1分，将属于1个社会团体或社会组织的情况计为2分，将属于2个社会团体或社会组织的情况计为3分，将属于3个社会团体或社会组织的情况计为4分，将属于4个及以上社会团体或社会组织的情况计为5分。全体样本在社会网络上的得分为1.61分，北京市的得分为2.17分，天津市的得分为1.23分，河北省的得分为2.04分，山东省的得分为1.29分，辽宁省的得分为1.33分。

我们进一步对这些社会组织与创业活动的关系进行了调查：如果您属于某些组织，您是否同意如下说法：这些组织能帮助成员实施创业行动（1，非常不赞同；2，有点不赞同；3，不好说；4，有点赞同；5，非常赞同）。调查结果显示：在已有数据样本中，创业者样本认为社会组织将会为创业活动提供支持。在创业者样本中，选择最多的是有点赞同，第二是不好说，如图3－19所示：

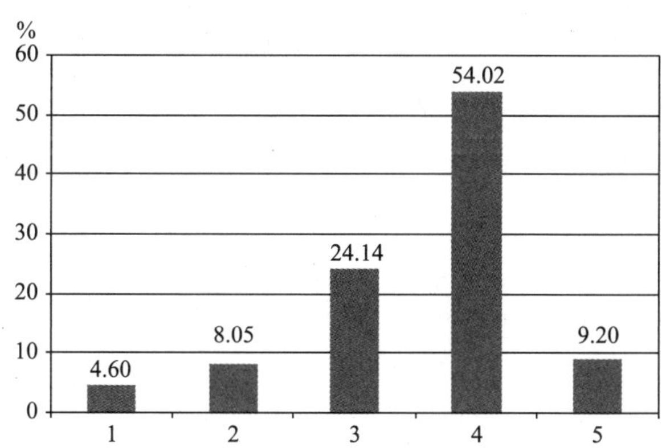

图3－19　总创业者样本社会网络对于创业的支持

北京市的调查结果显示，在已有数据样本中，创业者样本认为社会组织将会为创业活动提供支持。在创业者样本中，选择最多的是有点赞同，第二是不好说和非常赞同，如图3－20所示：

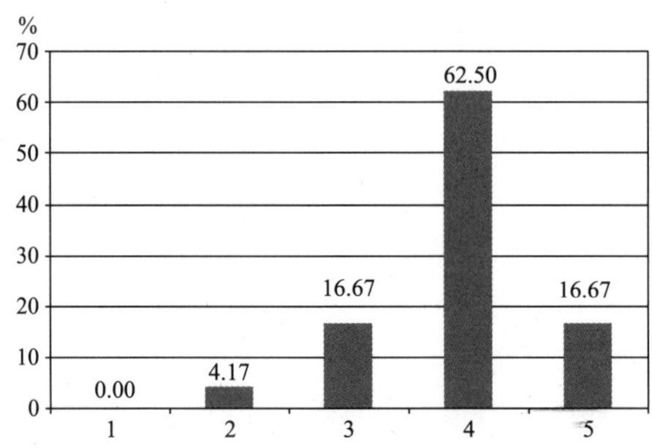

图 3－20　北京市创业者样本社会网络对于创业的支持

天津市的调查结果显示，在已有数据样本中，创业者样本认为社会组织将会为创业活动提供支持。在创业者样本中，选择有点赞同和非常赞同的比例相同，各占一半，如图 3－21 所示：

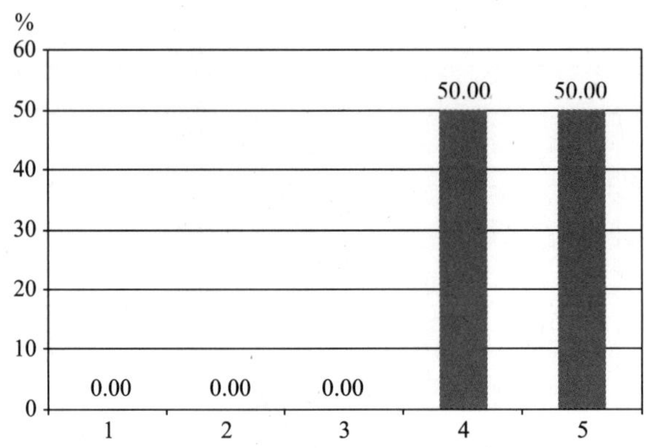

图 3－21　天津市创业者样本社会网络对于创业的支持

河北省的调查结果显示，在已有数据样本中，创业者样本认为社会组织将会为创业活动提供支持。在创业者样本中，选择最多的是有点赞同，第二是不太赞同，如图 3－22 所示：

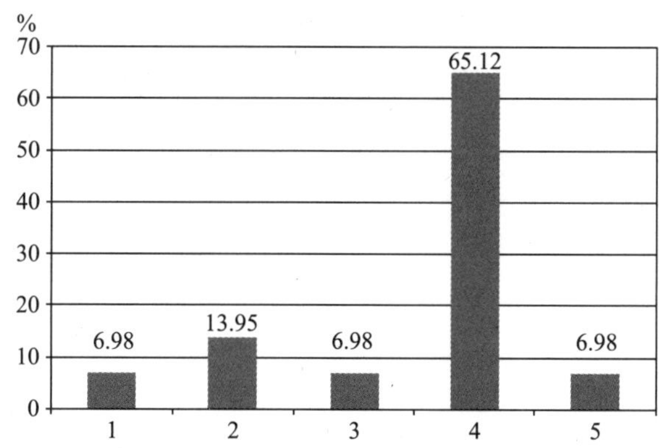

图 3-22　河北省创业者样本社会网络对于创业的支持

山东省的调查结果显示，在已有数据样本中，创业者样本认为社会组织将会为创业活动提供支持。在创业者样本中，选择最多的是不好说，第二是有点赞同，如图 3-23 所示：

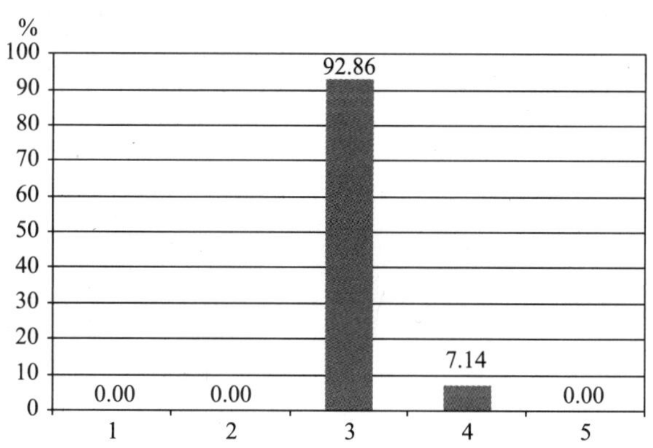

图 3-23　山东省创业者样本社会网络对于创业的支持

辽宁省的调查结果显示，在已有数据样本中，创业者样本认为社会组织将会为创业活动提供支持。在创业者样本中，选择最多的是有点赞同，第二是不好说和非常不赞同，如图 3-24 所示：

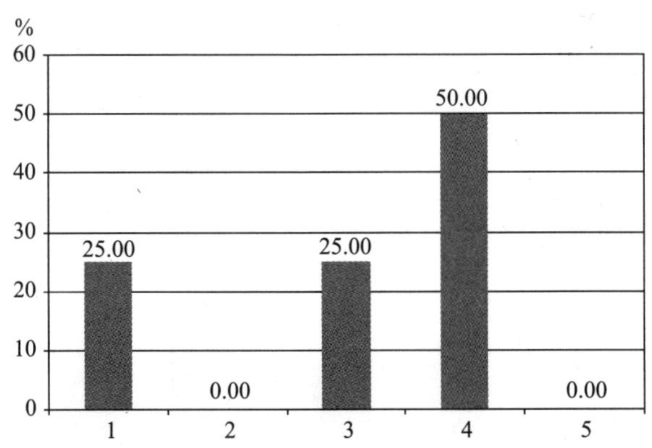

图 3－24　辽宁省创业者样本社会网络对于创业的支持

经计算可得，全体样本在社会网络的创业支持方面的得分为 3. 55 分，北京市的得分为 3. 92 分，天津市的得分为 4. 50 分，河北省的得分为 3. 51 分，山东省的得分为 3. 07 分，辽宁省的得分为 3. 00 分。

这些组织为准备创业的成员提供探讨新商业创意的平台（1，非常不赞同；2，有点不赞同；3，不好说；4，有点赞同；5，非常赞同）的调查结果显示：在已有数据样本中，在创业者样本中，选择最多的是有点赞同，第二是有点不赞同，如图 3－25 所示：

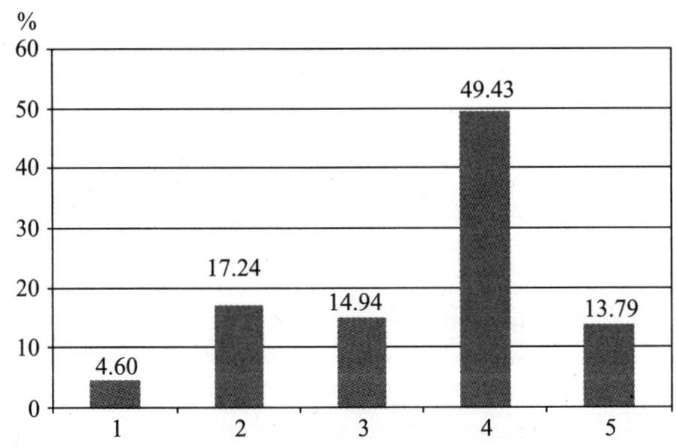

图 3－25　总创业者样本社会网络对于商业创意开发的支持

北京市的调查结果显示，在已有数据样本中，创业者选择最多的是非常赞同，第二是有点赞同，如图 3－26 所示：

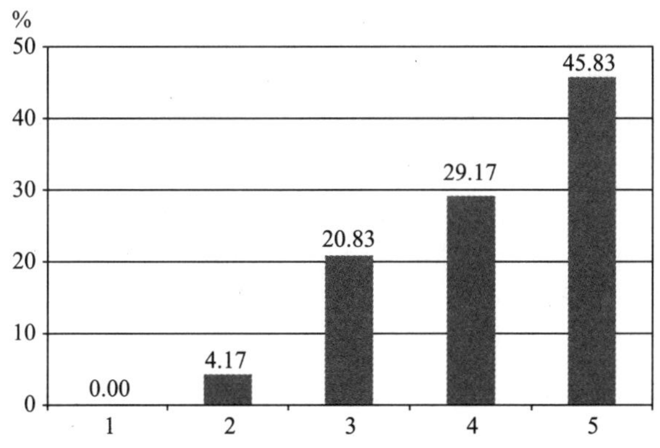

图 3－26　北京市创业者样本社会网络对于商业创意开发的支持

天津市的调查结果显示，在已有数据样本中，创业者选择有点赞同和非常赞同的比例相同，且各占一半，如图 3－27 所示：

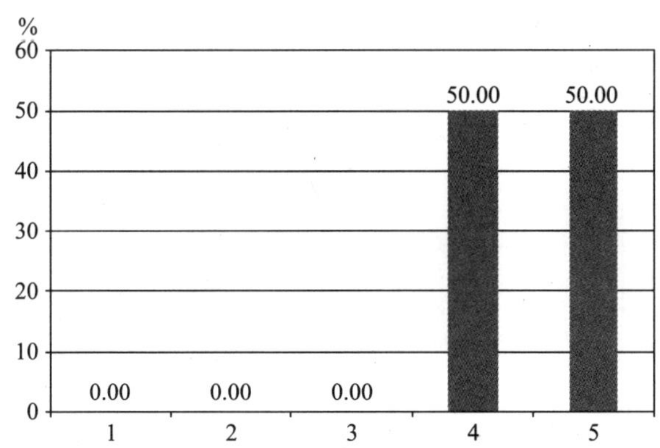

图 3－27　天津市创业者样本社会网络对于商业创意开发的支持

河北省的调查结果显示，在已有数据样本中，创业者选择最多的是有点赞同，第二是有点不赞同，如图 3－28 所示：

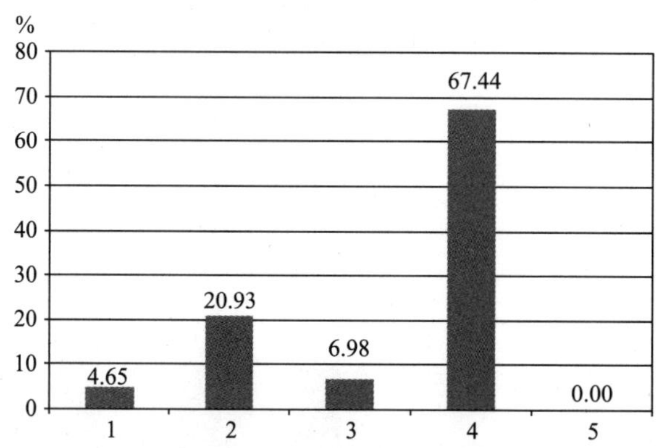

图3-28　河北省创业者样本社会网络对于商业创意开发的支持

山东省的调查结果显示，在已有数据样本中，创业者选择最多的是有点赞同，第二多的是不好说和有点不赞同，且比例相同，如图3-29所示：

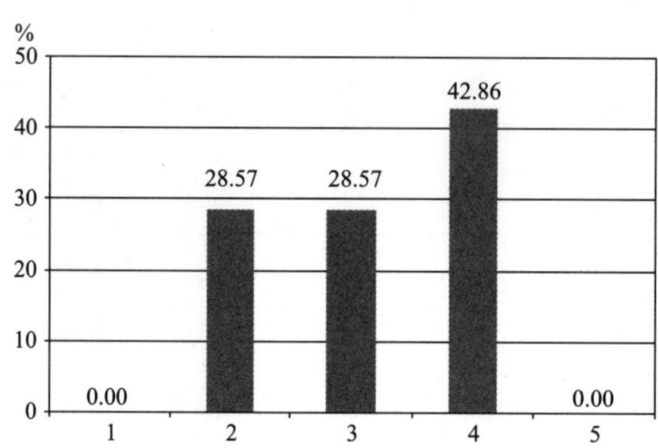

图3-29　山东省创业者样本社会网络对于商业创意开发的支持

辽宁省的调查结果显示，在已有数据样本中，创业者选择最多的是非常不赞同，第二多的是不好说和有点不赞同，且比例相同，如图3-30所示：

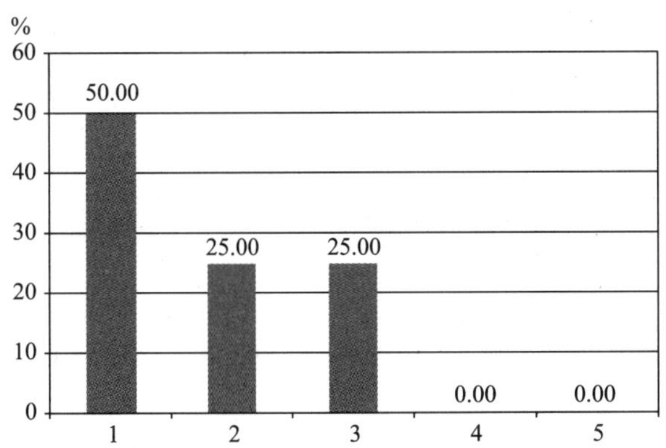

图 3－30 辽宁省创业者样本社会网络对于商业创意开发的支持

经计算可得，全体样本在社会网络的商业创意支持方面的得分为 3. 51 分，北京市的得分为 4. 17 分，天津市的得分为 4. 50 分，河北省的得分为 3. 37 分，山东省的得分为 3. 14 分，辽宁省的得分为 1. 75 分。

对这些组织提供的资源（1，信息；2，供应商；3，雇员；4，销售渠道；5，客户）的调查结果显示：针对创业者的调查，社会组织所提供的主要资源集中于信息，同时，在创业者样本中，从社会组织中获取雇员是最不可能的，如图 3－31 所示：

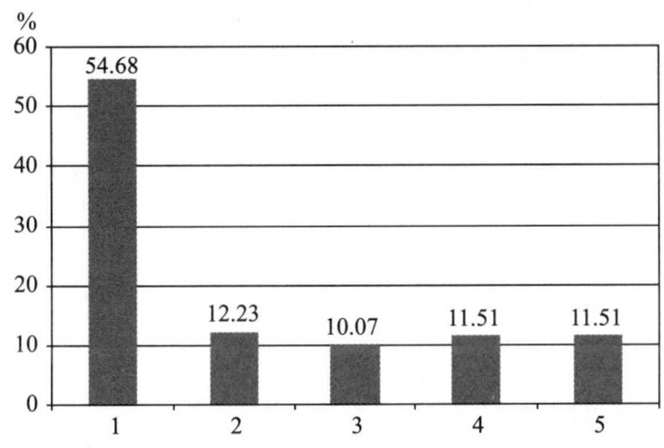

图 3－31 总创业者样本社会网络的各项资源

北京市的调查结果显示，针对创业者的调查，社会组织所提供的资源主要集中于信息，同时，在创业者样本中，从社会组织获取销售渠道和客户是最不可能的，如图 3 – 32 所示：

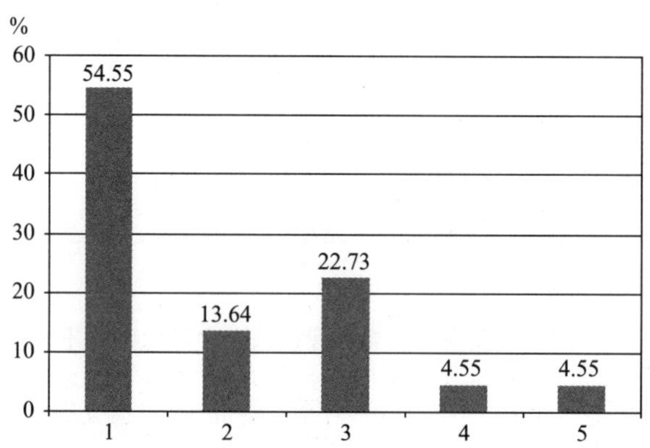

图 3 – 32　北京市创业者样本社会网络的各项资源

天津市的调查结果显示，针对创业者的调查，社会组织所提供的资源主要集中于信息，同时，在创业者样本中，从社会组织获取其他资源可能性相同，如图 3 – 33 所示：

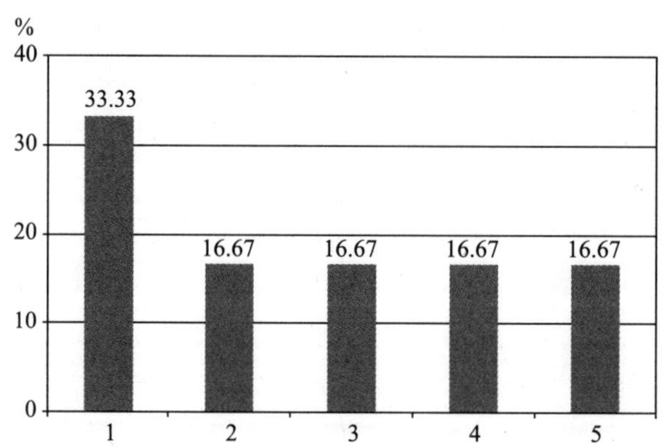

图 3 – 33　天津市创业者样本社会网络的各项资源

河北省的调查结果显示，针对创业者的调查，社会组织所提供的资源主要集中于信息，同时，在创业者样本中，从社会组织获取其他资源是最不可能的，如图 3－34 所示：

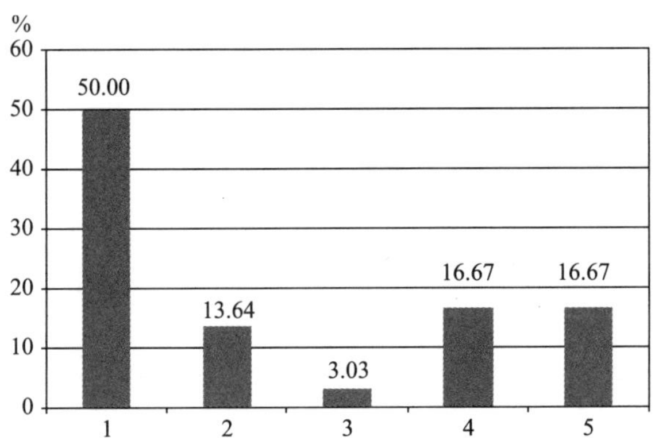

图 3－34　河北省创业者样本社会网络的各项资源

山东省的调查结果显示，针对创业者的调查，社会组织所提供的资源主要集中于信息，同时，在创业者样本中，从社会组织获取供应商是最不可能的，如图 3－35 所示：

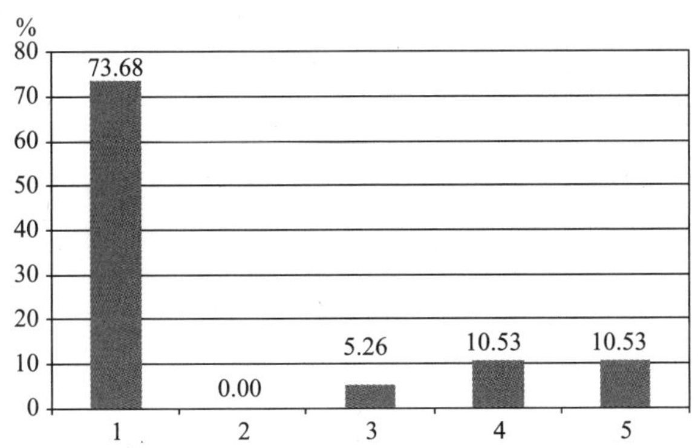

图 3－35　山东省创业者样本社会网络的各项资源

辽宁省的调查结果显示，针对创业者的调查，社会组织所提供的资源主要集中于信息，同时，在创业者样本中，从社会组织获取雇员、销售渠道和客户是最不可能的，如图 3－36 所示：

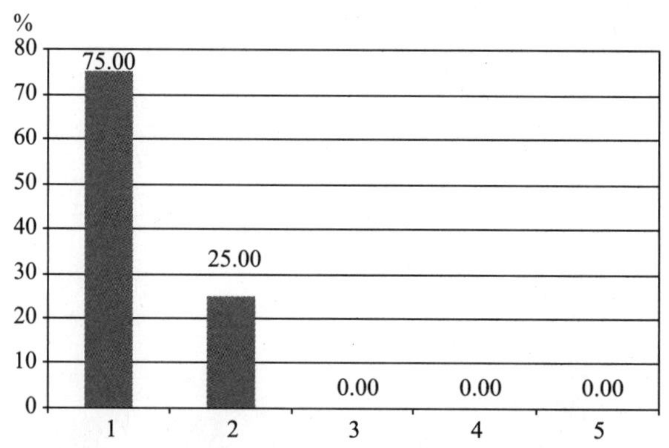

图 3－36　辽宁省创业者样本社会网络的各项资源

经计算可得，全体样本在社会网络的商业创意支持方面的得分为1.60分，北京市的得分为1.83分，天津市的得分为3.00分，河北省的得分为1.53分，山东省的得分为1.36分，辽宁省的得分为1.00分。

上述题项的加总平均得到环渤海地区社会情境的总体得分为2.04，其中北京市的社会情境得分为2.20，天津市的社会情境得分为2.49，河北省的社会情境得分为2.12，山东省的社会情境得分为1.88，辽宁省的社会情境得分为1.72。

将家庭情境和社会情境加总平均之后，得到京津冀地区家庭和社会情境的平均得分为2.52，其中北京市的家庭和社会情境得分为2.35，天津市的家庭和社会情境得分为2.50，河北省的家庭和社会情境得分为1.83，山东省的家庭和社会情境得分为2.19，辽宁省的家庭和社会情境得分为2.61。

三　商业情境

在商业情境方面，我们将询问创业者对于商业领域的经营不确定性的态度。主要问题如下：您觉得目前在您创业/生活或工作的区域，新创企业能否达到某些商业管理的目标（1，非常困难；2，比较困难；3，不好说；4，比较容易；5，非常容易）。该情境分为3个维度：

1. 财务不确定性

获得启动资金的调查结果显示创业者样本认为本区域获得启动资金比较困难的选项是最多的，但是同时，选择比较容易选项的样本也比较多，这反映出本区域在提供启动资金方面仍有一定的不确定性。如图 3 – 37 所示：

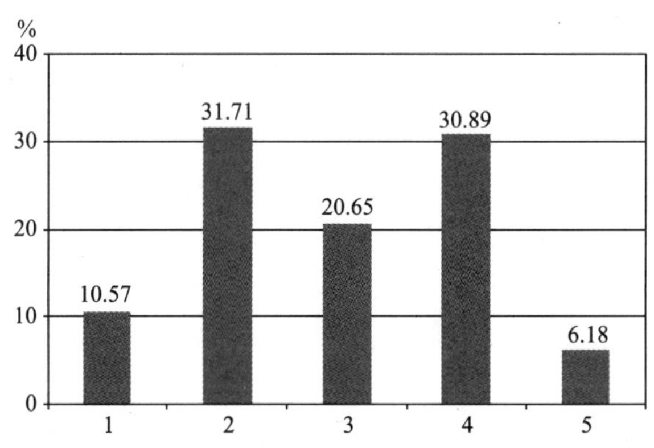

图 3 – 37　总创业者样本获得启动资金的不确定性

北京市的调查结果显示，创业者样本认为本区域获得启动资金比较困难的选项是最多的，它超过了一半的样本，这反映出本区域在提供启动资金方面仍有一定的困难。如图 3 – 38 所示：

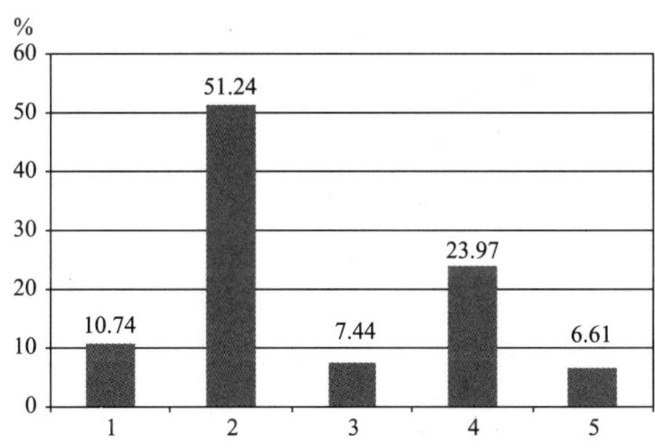

图 3 – 38　北京市创业者样本获得启动资金的不确定性

天津市的调查结果显示，创业者样本认为本区域获得启动资金比较容易的选项是最多的，但是同时，选择不好说选项的样本也比较多，这反映出本区域在提供启动资金方面的不确定性较弱。如图3－39所示：

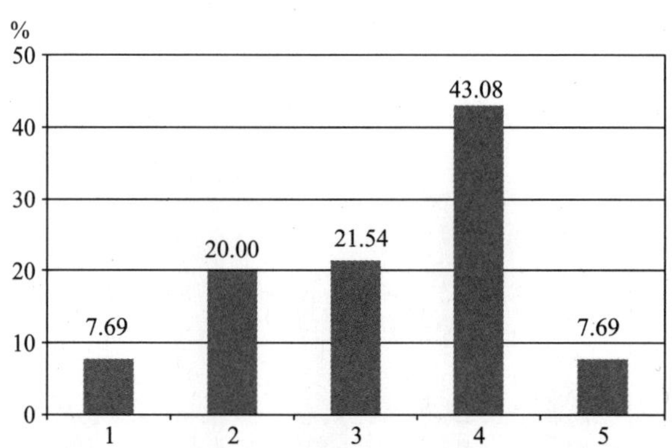

图3－39　天津市创业者样本获得启动资金的不确定性

河北省的调查结果显示，创业者样本认为本区域获得启动资金比较困难的选项是最多的，但是同时，选择不好说选项的样本也比较多，这反映出本区域在提供启动资金方面仍有较强的不确定性。如图3－40 所示：

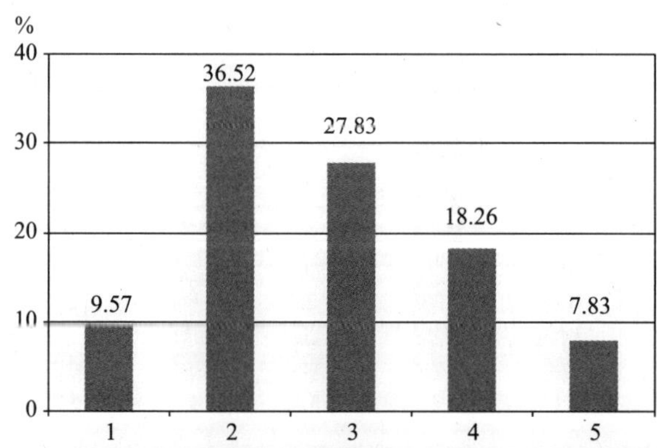

图3－40　河北省创业者样本获得启动资金的不确定性

山东省的调查结果显示，创业者样本认为本区域获得启动资金比较容易的选项是最多的，但是同时，选择比较困难和不好说选项的样本也比较多，这反映出本区域在提供启动资金方面仍有一定的不确定性。如图 3－41 所示：

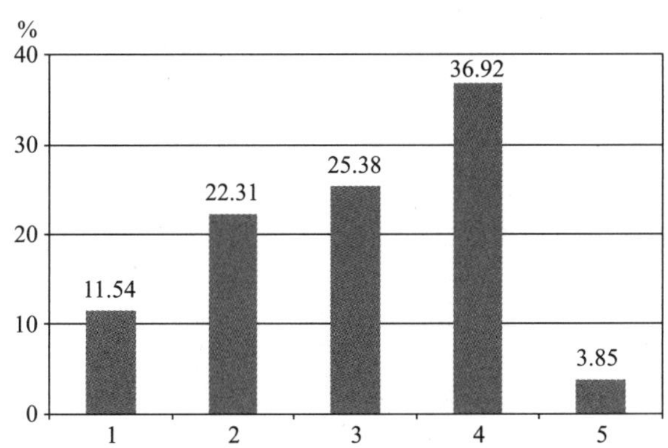

图 3－41　山东省创业者样本获得启动资金的不确定性

辽宁省的调查结果显示，创业者样本认为本区域获得启动资金比较容易和比较困难的选项的比例是相同的，但是同时，选择不好说选项的样本也比较多，这反映出本区域在提供启动资金方面仍有一定的不确定性。如图 3－42 所示：

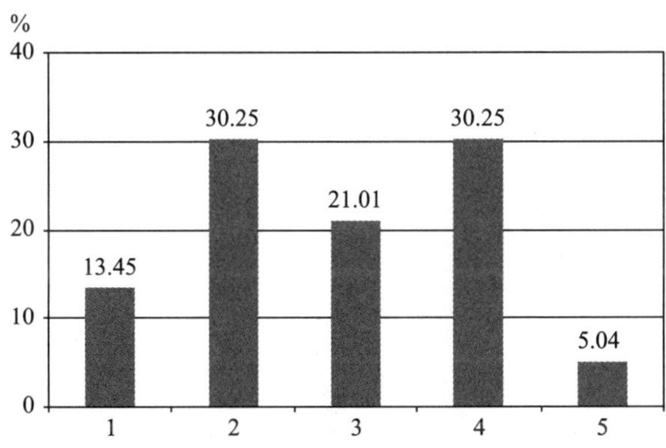

图 3－42　辽宁省创业者样本获得启动资金的不确定性

经计算可得，全体样本在获得启动资金的不确定性方面的得分为2.90分，北京市的得分为2.64分，天津市的得分为3.23分，河北省的得分为2.78分，山东省的得分为2.99分，辽宁省的得分为2.83分。

获得运营资金的调查结果显示：创业者样本认为获得运营资金比较困难的选项是最多的，但是同时，选择比较容易选项的样本也比较多，这反映出本区域在提供运营资金方面仍有一定的不确定性。如图3－43所示：

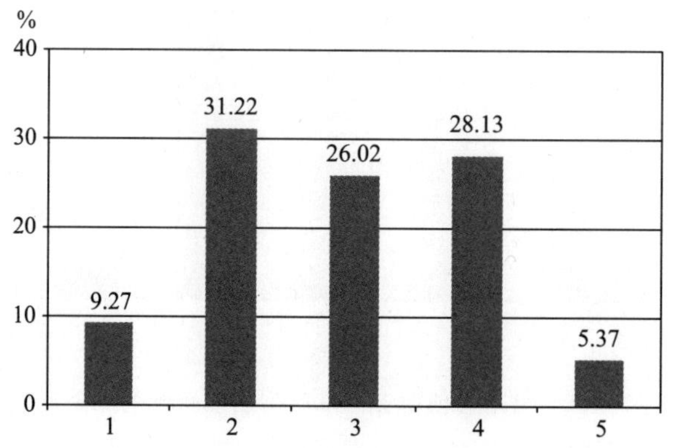

图3－43 总创业者样本获得运营资金的不确定性

北京市的调查结果显示，创业者样本认为本区域获得运营资金比较困难的选项是最多的，但是同时，选择非常困难选项的样本也比较多，这反映出本区域在提供运营资金方面有一定的困难。如图3－44所示：

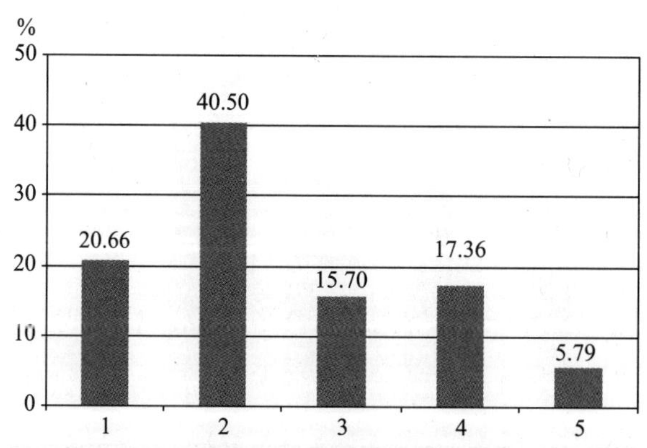

图3－44 北京市创业者样本获得运营资金的不确定性

天津市的调查结果显示，创业者样本认为获得运营资金比较容易的选项是最多的，但是同时，选择比较困难和不好说选项的样本也比较多，这反映出本区域在提供运营资金方面仍有一定的不确定性。如图 3－45 所示：

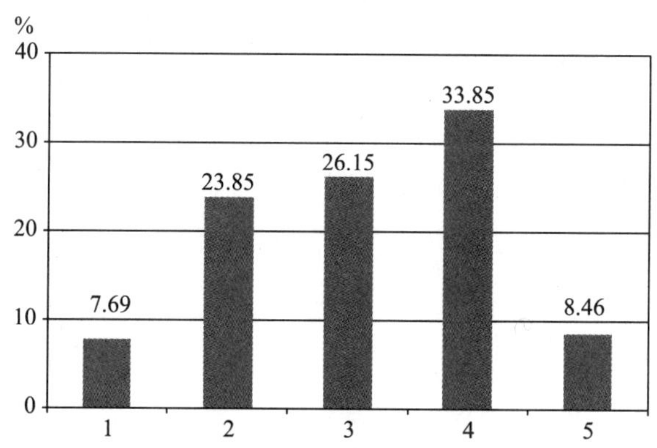

图 3－45　天津市创业者样本获得运营资金的不确定性

河北省的调查结果显示，创业者样本认为获得运营资金不好说的选项是最多的，但是同时，选择比较困难选项的样本也比较多，这反映出本区域在提供运营资金方面仍有一定的不确定性。如图 3－46 所示：

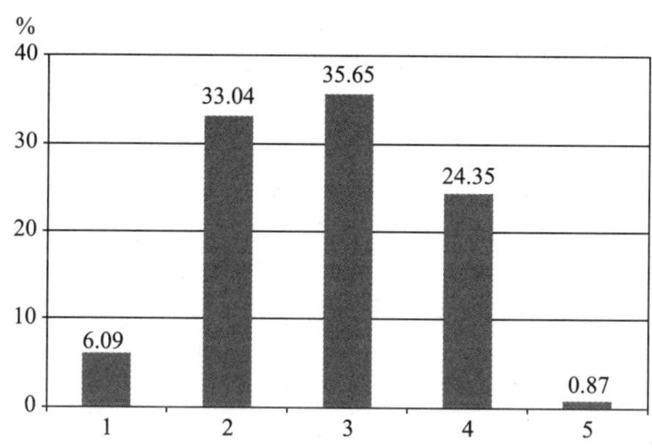

图 3－46　河北省创业者样本获得运营资金的不确定性

山东省的调查结果显示，创业者样本认为获得运营资金比较容易的选项是最多的，但是同时，选择不好说选项的样本也比较多，这反映出本区域在提供运营资金方面的不确定性相对较弱。如图 3 – 47 所示：

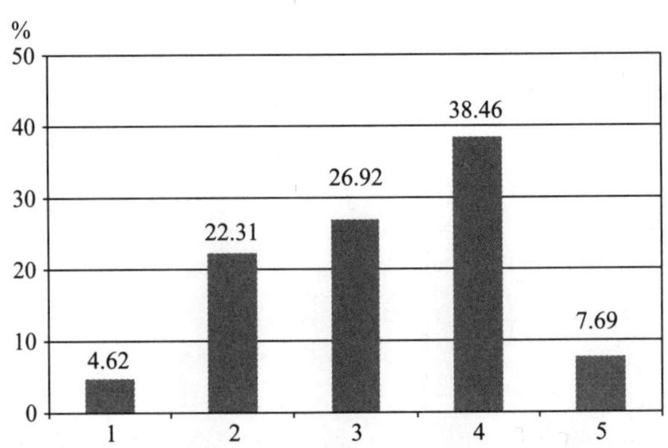

图 3 – 47　山东省创业者样本获得运营资金的不确定性

辽宁省的调查结果显示，创业者样本认为获得运营资金比较困难的选项是最多的，但是同时，选择不好说选项的样本也比较多，这反映出本区域在提供运营资金方面仍比较困难。如图 3 – 48 所示：

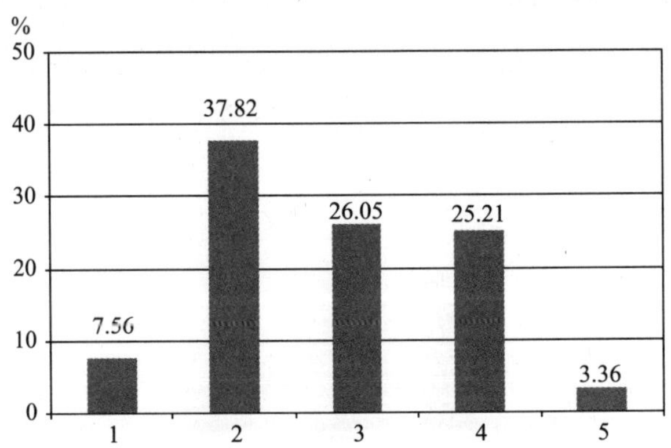

图 3 – 48　辽宁省创业者样本获得运营资金的不确定性

经计算可得，全体样本在获得运营资金的不确定性方面的得分为 2. 89 分，北京市的得分为 2. 47 分，天津市的得分为 3. 12 分，河北省的得分为 2. 81 分，山东省的得分为 3. 22 分，辽宁省的得分为 2. 79 分。

获得银行贷款的调查结果显示：创业者样本认为获得银行贷款比较困难的选项是最多的，但是同时，选择不好说选项的样本也比较多，这反映出本区域在提供银行贷款方面仍有较强的不确定性。如图 3－49 所示：

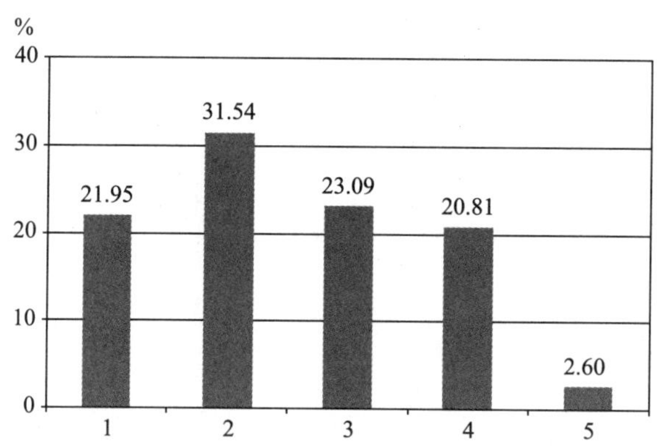

图 3－49　总创业者样本获得银行贷款的不确定性

北京市的调查结果显示，创业者样本认为获得银行贷款比较困难的选项是最多的，但是同时，选择非常困难选项的样本也比较多，这反映出本区域在提供银行贷款方面有较大的困难。如图 3－50 所示：

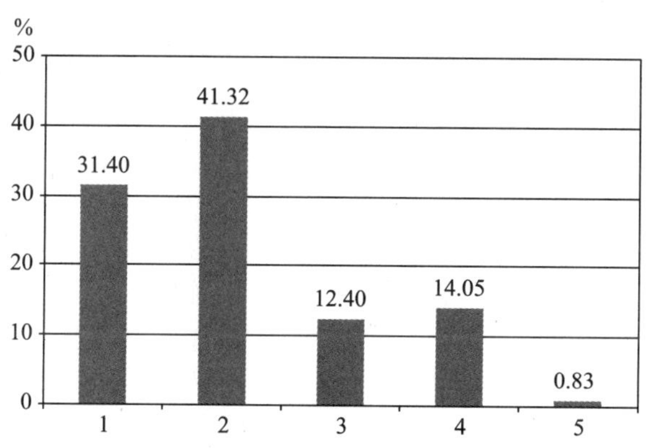

图 3－50　北京市创业者样本获得银行贷款的不确定性

天津市的调查结果显示，创业者样本认为获得银行贷款比较困难的选项是最多的，但是同时，选择比较容易选项的样本也比较多，这反映出本区域在提供银行贷款方面仍有一定的不确定性。如图 3－51 所示：

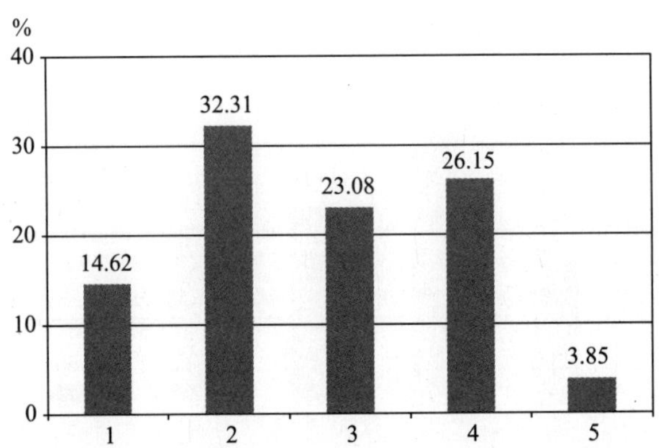

图 3－51　天津市创业者样本获得银行贷款的不确定性

河北省的调查结果显示，创业者样本认为获得银行贷款比较容易的选项是最多的，但是同时，选择非常困难和比较困难选项的样本也比较多，且比例相同，这反映出本区域在提供银行贷款方面仍有一定的不确定性。如图 3－52 所示：

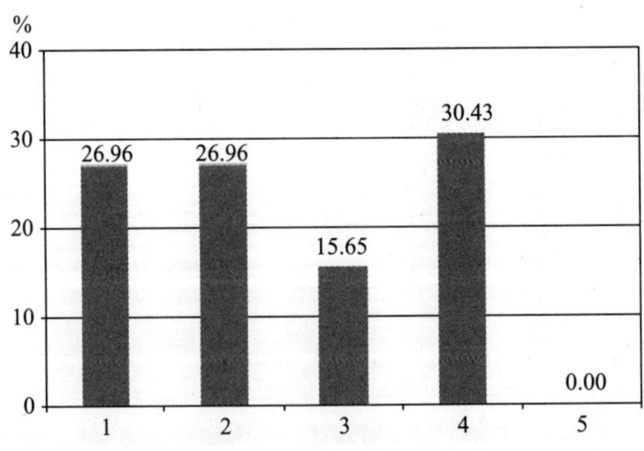

图 3－52　河北省创业者样本获得银行贷款的不确定性

山东省的调查结果显示，创业者样本认为获得银行贷款不好说的选项是最多的，但是同时，选择比较困难选项的样本也比较多，这反映出本区域在提供银行贷款方面仍有一定的不确定性。如图 3 - 53 所示：

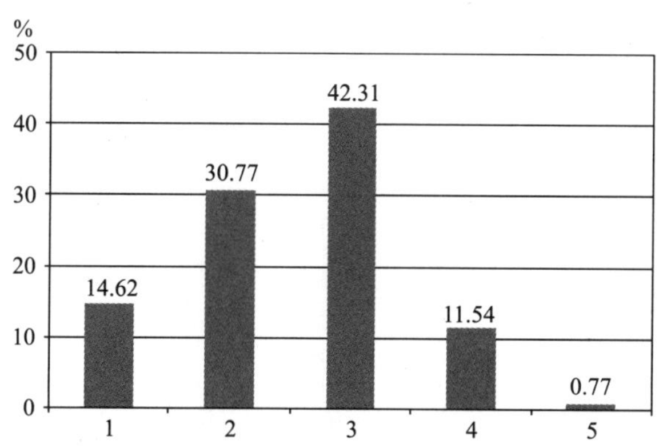

图 3 - 53 山东省创业者样本获得银行贷款的不确定性

辽宁省的调查结果显示，创业者样本认为获得银行贷款非常困难、比较困难、不好说和比较容易选项的比例相近，这反映出本区域在提供银行贷款方面仍有较强的不确定性。如图 3 - 54 所示：

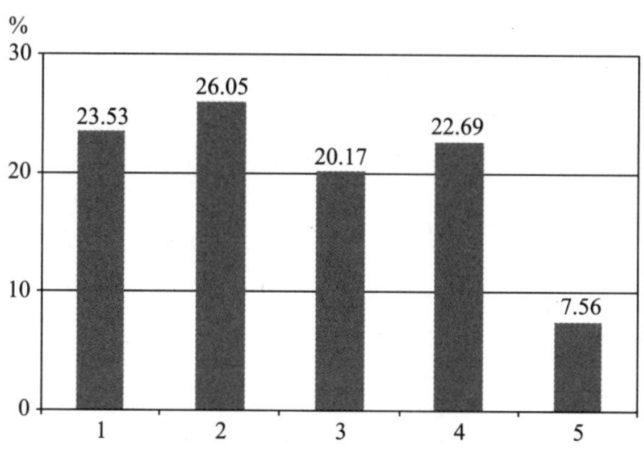

图 3 - 54 辽宁省创业者样本获得银行贷款的不确定性

经计算可得，全体样本在获得银行贷款的不确定性方面的得分为 2. 51 分，北京市的得分为 2. 12 分，天津市的得分为 2. 72 分，河北省的得分为 2. 50 分，山东省的得分为 2. 53 分，辽宁省的得分为 2. 65 分。

获得风险投资的调查结果显示，创业者样本认为获得风险投资比较困难的选项是最多的，但是同时，选择不好说选项的样本也比较多，这反映出本区域在提供风险投资方面仍有一定的不确定性。如图 3－55 所示：

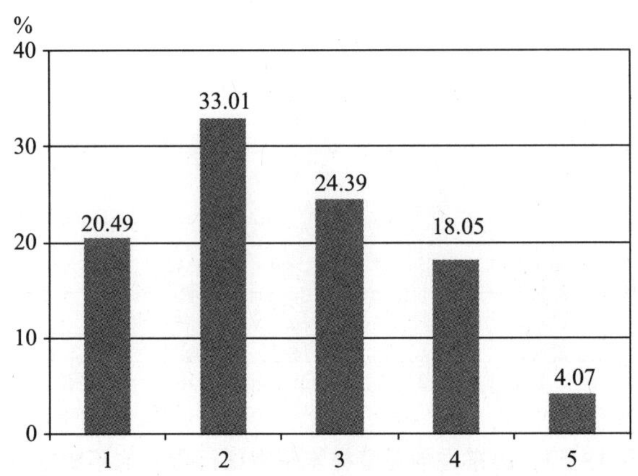

图 3－55　总创业者样本获得风险投资的不确定性

北京市的调查结果显示，创业者样本认为获得风险投资比较困难的选项是最多的，但是同时，选择非常困难选项的样本也比较多，这反映出本区域在提供风险投资方面有一定的困难。如图 3－56 所示：

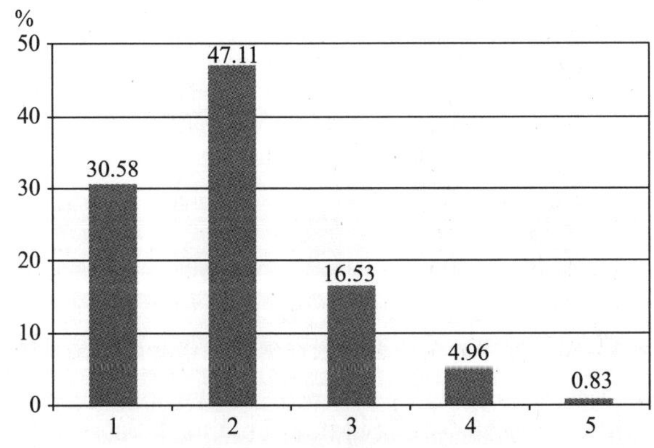

图 3－56　北京市创业者样本获得风险投资的不确定性

天津市的调查结果显示，创业者样本认为获得风险投资比较容易的选项是最多的，但是同时，选择不好说选项的样本也比较多，这反映出本区域在提供风险投资方面仍有一定的不确定性。如图 3 －57 所示：

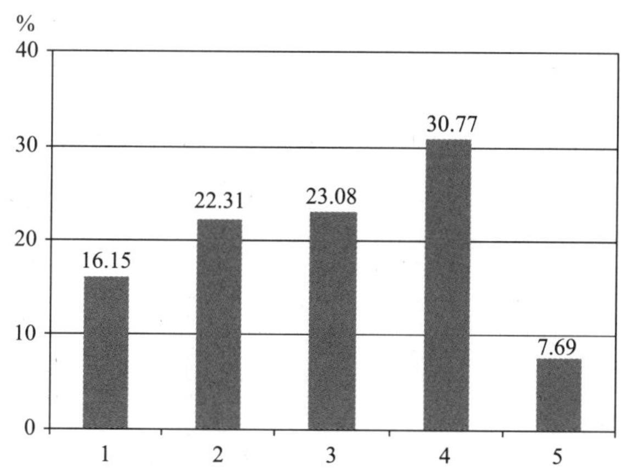

图 3 －57　天津市创业者样本获得风险投资的不确定性

河北省的调查结果显示，创业者样本认为获得风险投资比较困难的选项是最多的，但是同时，选择非常困难选项的样本也比较多，这反映出本区域在提供风险投资方面有较大的困难。如图 3 －58 所示：

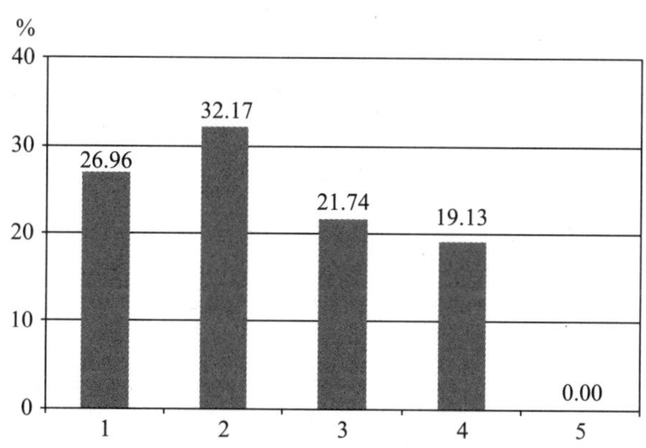

图 3 －58　河北省创业者样本获得风险投资的不确定性

山东省的调查结果显示，创业者样本认为获得风险投资比较困难的选项是最多的，但是同时，选择不好说选项的样本也比较多，这反映出本区域在提供风险投资方面仍有一定的不确定性。如图 3－59 所示：

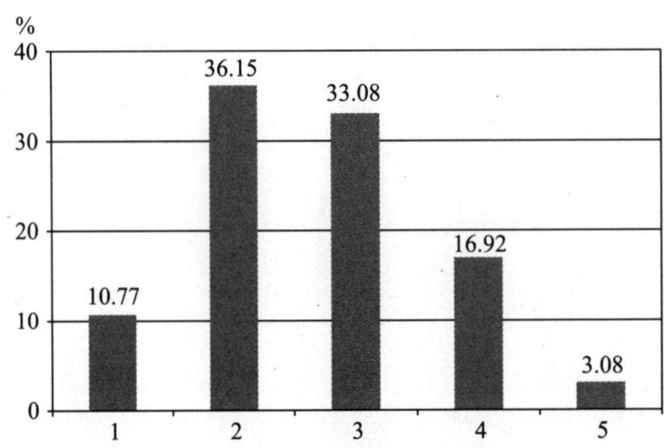

图 3－59　山东省创业者样本获得风险投资的不确定性

辽宁省的调查结果显示，创业者样本认为获得风险投资不好说的选项是最多的，但是同时，选择比较困难选项的样本也比较多，这反映出本区域在提供风险投资方面仍有一定的不确定性。如图 3－60 所示：

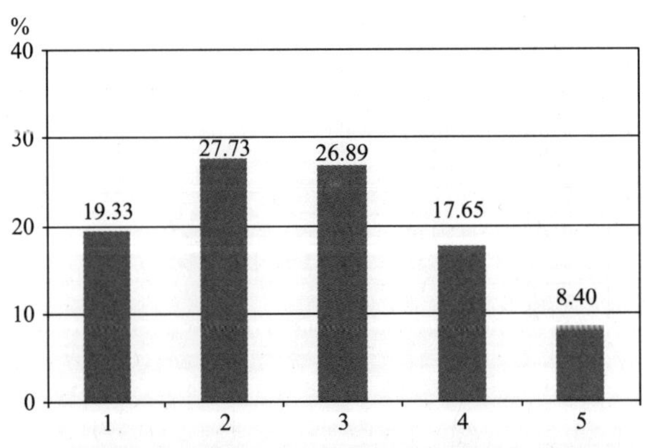

图 3－60　辽宁省创业者样本获得风险投资的不确定性

经计算可得，全体样本在获得风险投资的不确定性方面的得分为2.52分，北京市的得分为1.98分，天津市的得分为2.92分，河北省的得分为2.33分，山东省的得分为2.65分，辽宁省的得分为2.68分。

各题项得分结果加总平均得到了财务不确定性的得分为2.71。其中北京市财务不确定性的得分为2.30，天津市财务不确定性的得分为3.00，河北省财务不确定性的得分为2.60，山东省财务不确定性的得分为2.85，辽宁省财务不确定性的得分为2.74。

2. 竞争不确定性

获得客户的调查结果显示：对于获得客户来说，创业者样本认为获得客户比较容易的选项是最多的，但是同时，选择不好说选项的样本也比较多，这反映出本区域获得客户方面仍有一定的不确定性。如图3－61所示：

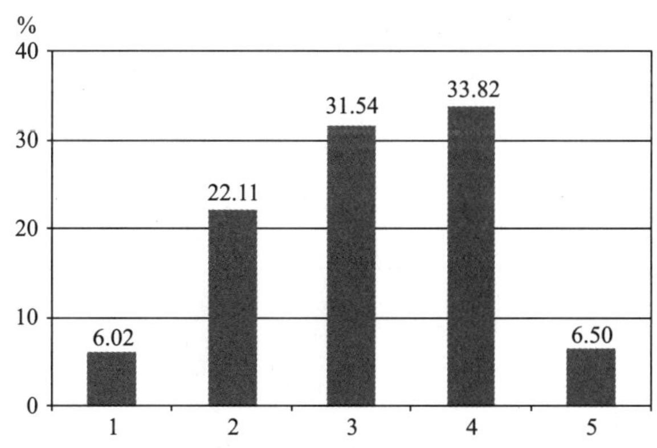

图3－61 总创业者样本获得客户的不确定性

北京市的调查结果显示，对于获得客户来说，创业者样本认为获得客户比较困难的选项是最多的，但是同时，选择比较容易选项的样本也比较多，这反映出本区域获得客户方面仍有较大的困难。如图3－62所示：

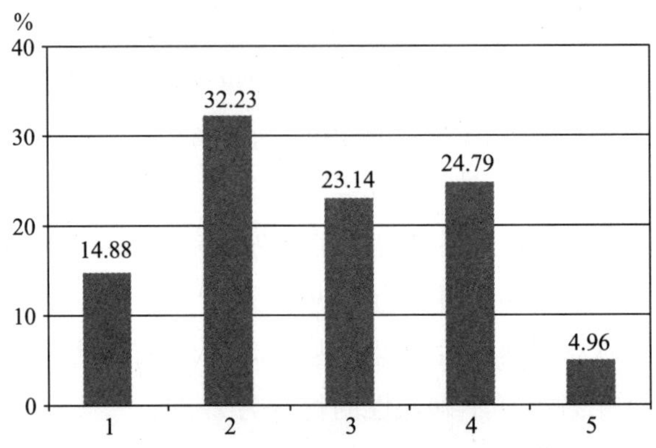

图 3－62　北京市创业者样本获得客户的不确定性

天津市的调查结果显示，对于获得客户来说，创业者样本认为获得客户比较容易的选项是最多的，接近了样本的一半，这反映出本区域获得客户方面相对较为容易。如图 3－63 所示：

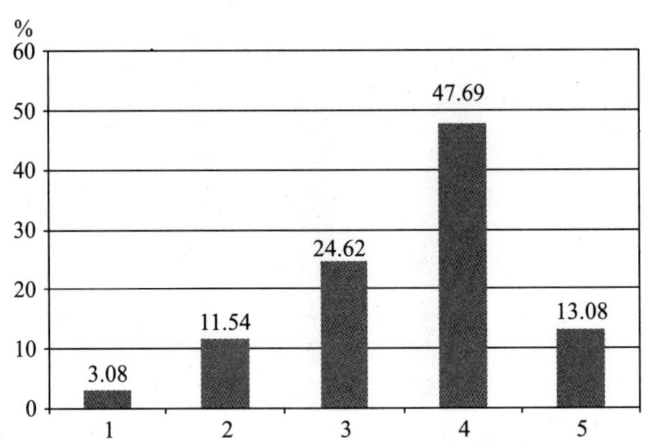

图 3－63　天津市创业者样本获得客户的不确定性

河北省的调查结果显示，对于获得客户来说，创业者样本认为获得客户比较容易的选项是最多的，但是同时，选择比较困难选项的样本也比较多，这反映出本区域获得客户方面仍有一定的不确定性。如图 3－64 所示：

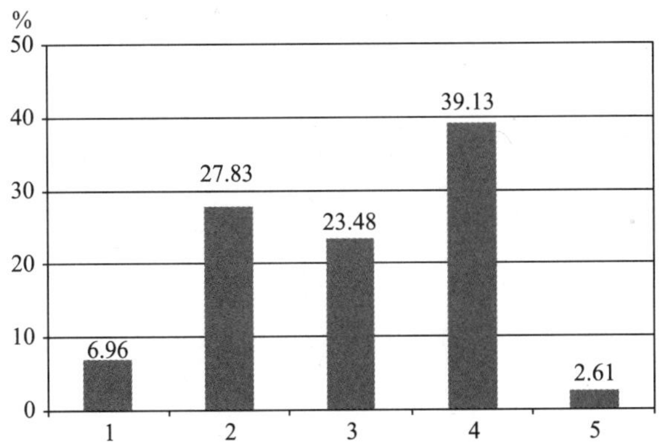

图 3－64　河北省创业者样本获得客户的不确定性

山东省的调查结果显示，对于获得客户来说，创业者样本认为获得客户不好说的选项是最多的，但是同时，选择比较困难选项的样本也比较多，这反映出本区域获得客户方面仍有一定的不确定性。如图 3－65 所示：

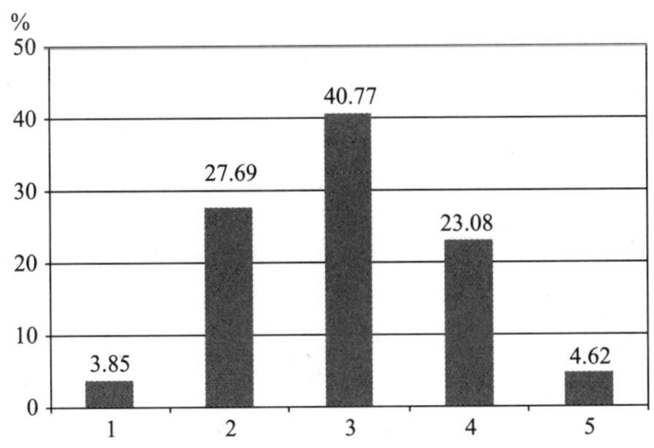

图 3－65　山东省创业者样本获得客户的不确定性

辽宁省的调查结果显示，对于获得客户来说，创业者样本认为获得客户不好说的选项是最多的，但是同时，选择比较容易选项的样本也比较多，这反映出本区域获得客户方面的不确定性相对较弱。如图 3－66 所示：

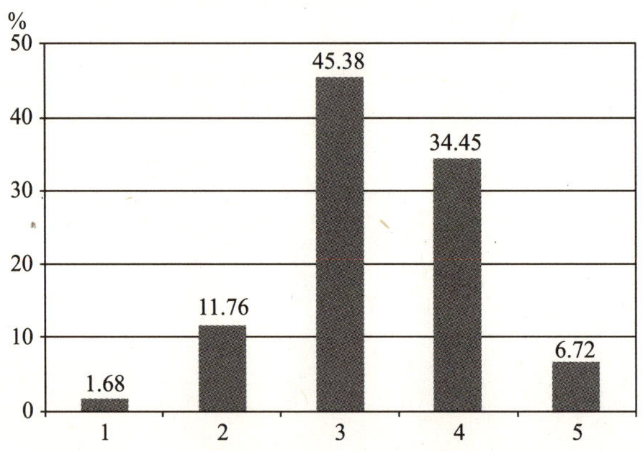

图 3－66　辽宁省创业者样本获得客户的不确定性

经计算可得，全体样本在获得客户的不确定性方面的得分为 3.13 分，北京市的得分为 2.73 分，天津市的得分为 3.56 分，河北省的得分为 3.03 分，山东省的得分为 2.97 分，辽宁省的得分为 3.33 分。

有效应对其他企业的竞争的调查结果显示：对于有效应对其他企业的竞争来说，创业者样本认为有效应对其他企业的竞争不好说的选项是最多的，但是同时，选择比较容易选项的样本也比较多，这反映出本区域有效应对其他企业的竞争方面仍有一定的不确定性。如图 3－67所示：

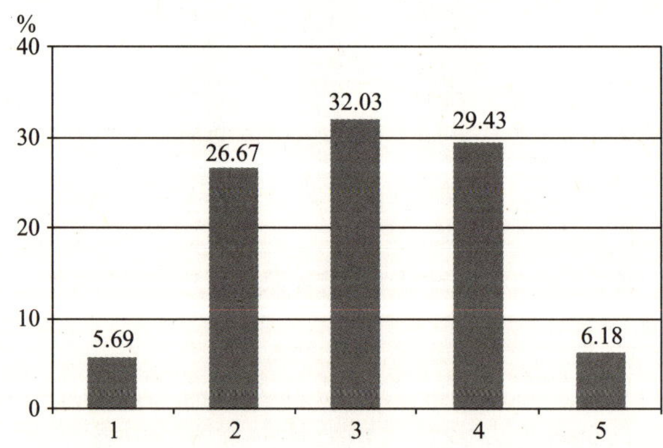

图 3－67　总创业者样本应对竞争的不确定性

北京市的调查结果显示，对于有效应对其他企业的竞争来说，创业者样本认为有效应对其他企业的竞争比较困难的选项是最多的，这反映出本区域有效应对其他企业的竞争方面仍有较大困难。如图3－68所示：

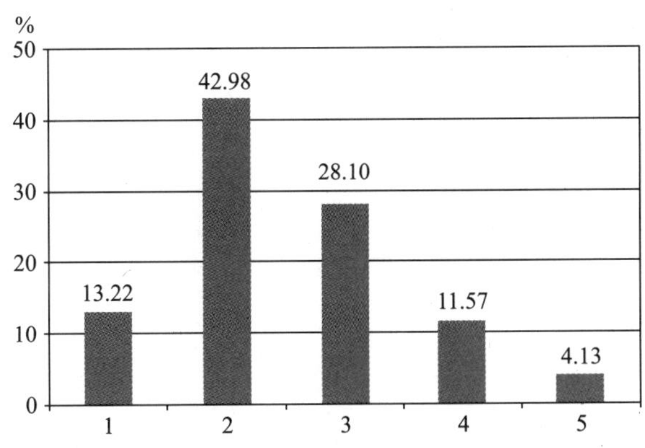

图3－68　北京市创业者样本应对竞争的不确定性

天津市的调查结果显示，对于有效应对其他企业的竞争来说，创业者样本认为有效应对其他企业的竞争比较容易的选项是最多的，但是同时，选择不好说选项的样本也比较多，这反映出本区域有效应对其他企业的竞争方面仍有一定的不确定性。如图3－69所示：

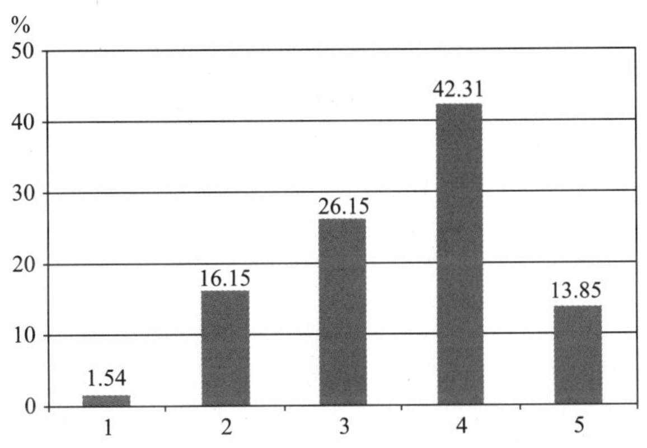

图3－69　天津市创业者样本应对竞争的不确定性

河北省的调查结果显示，对于有效应对其他企业的竞争来说，创业者样本认为有效应对其他企业的竞争比较容易的选项是最多的，但是同时，选择比较困难选项的样本也比较多，这反映出本区域有效应对其他企业的竞争方面仍有一定的不确定性。如图 3－70 所示：

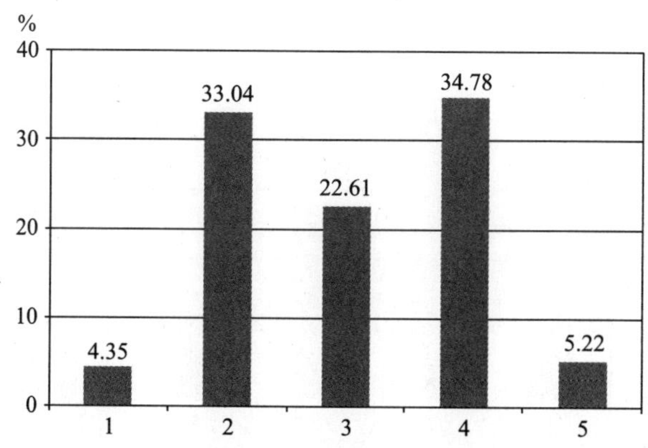

图 3－70　河北省创业者样本应对竞争的不确定性

山东省的调查结果显示，对于有效应对其他企业的竞争来说，创业者样本认为有效应对其他企业的竞争不好说的选项是最多的，但是同时，选择比较困难选项的样本也比较多，这反映出本区域有效应对其他企业的竞争方面相对较难。如图 3－71 所示：

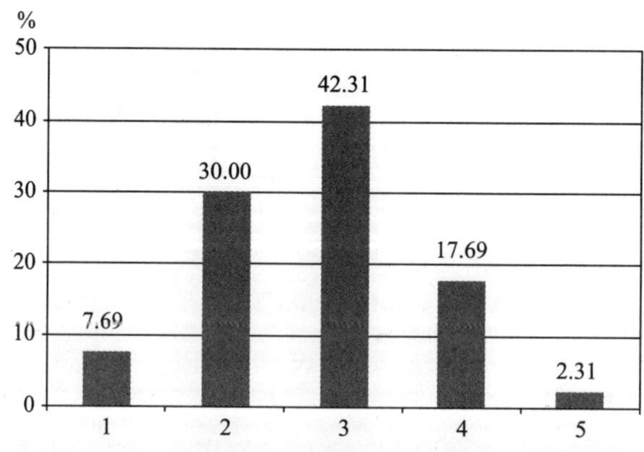

图 3－71　山东省创业者样本应对竞争的不确定性

辽宁省的调查结果显示，对于有效应对其他企业的竞争来说，创业者样本认为有效应对其他企业的竞争比较容易的选项是最多的，但是同时，选择不好说选项的样本也比较多，这反映出本区域有效应对其他企业的竞争方面的不确定性相对较弱。如图 3 -72 所示：

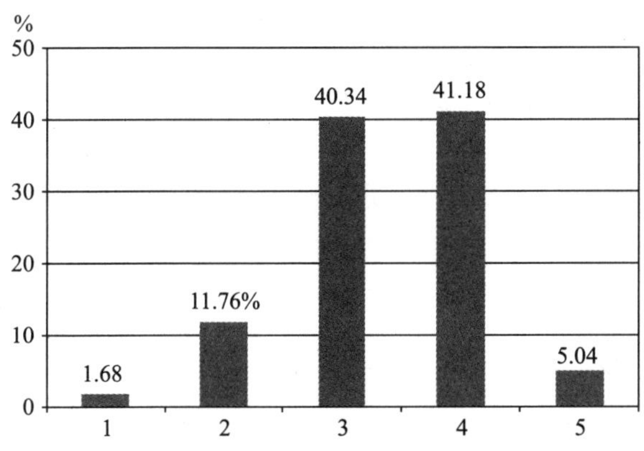

图 3 -72 辽宁省创业者样本应对竞争的不确定性

经计算可得，全体样本在应对竞争的不确定性方面的得分为 3. 04 分，北京市的得分为 2. 50 分，天津市的得分为 3. 51 分，河北省的得分为 3. 03 分，山东省的得分为 2. 77 分，辽宁省的得分为 3. 36 分。

遵循本地政策法规的要求的调查结果显示：创业者样本对于遵循本地区政策法规持正面评价，选择最多的是比较容易，这反映出本区域遵循本地政策法规的不确定性较弱。如图 3 -73 所示。

北京市的调查结果显示，创业者样本对于遵循本地区政策法规基本持正面评价，选择最多的是比较容易，第二多的选项则是比较困难，这反映出本区域遵循本地政策法规仍有一定的不确定性。如图 3 -74 所示。

天津市的调查结果显示，创业者样本对于遵循本地区政策法规持正面评价，选择最多的是比较容易，第二多的选项则是不好说，这反映出本区域遵循本地政策法规的不确定性相对较弱。如图 3 -75 所示。

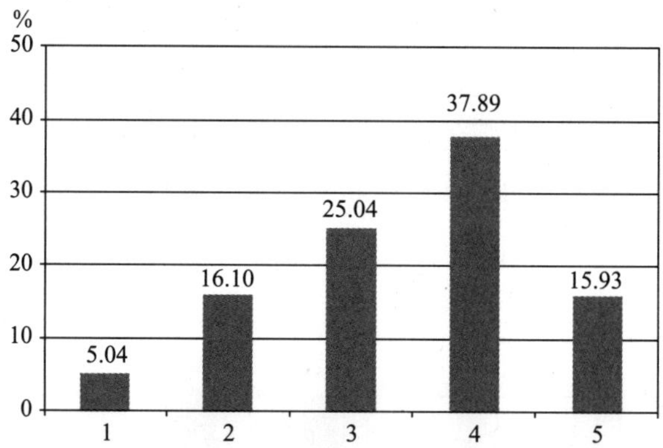

图 3－73　总创业者样本应对政策法规的不确定性

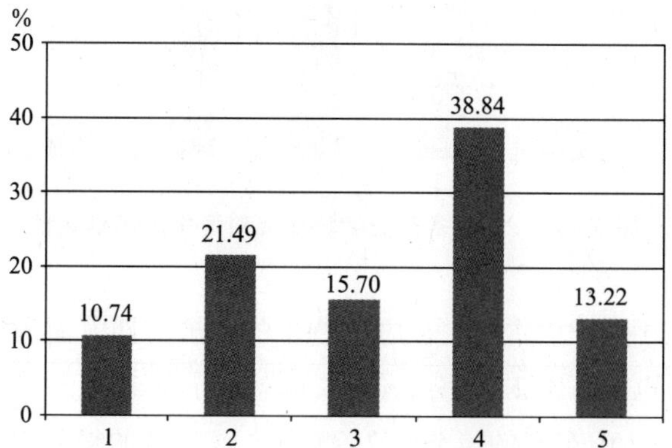

图 3－74　北京市创业者样本应对政策法规的不确定性

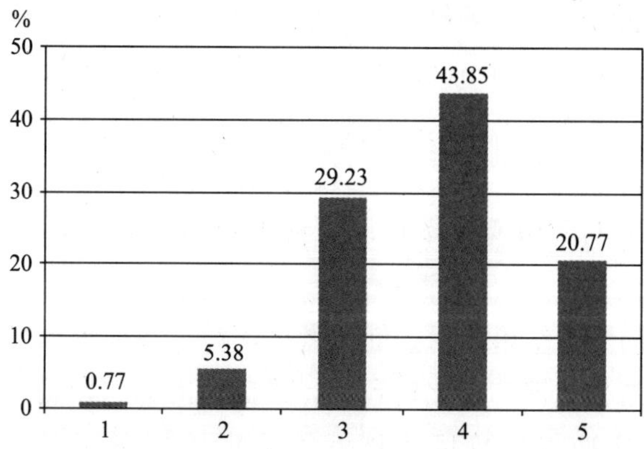

图 3－75　天津市创业者样本应对政策法规的不确定性

河北省的调查结果显示，创业者样本对于遵循本地区政策法规持正面评价，选择最多的是比较容易，接近了一半，这反映出本区域遵循本地政策法规的不确定性较弱。如图 3－76 所示：

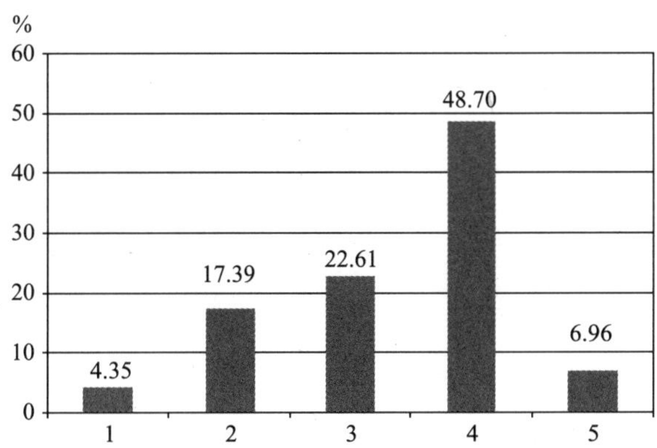

图 3－76 河北省创业者样本应对政策法规的不确定性

山东省的调查结果显示，创业者样本对于遵循本地区政策法规持正面评价，选择最多的是不好说，第二多的选项则是比较困难，这反映出本区域遵循本地政策法规仍有一定的不确定性。如图 3－77 所示：

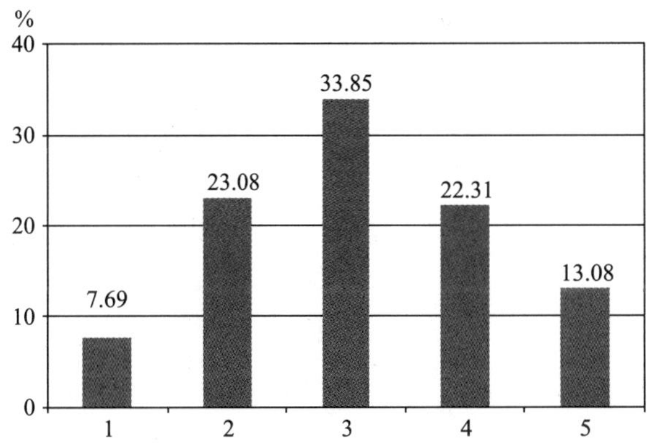

图 3－77 山东省创业者样本应对政策法规的不确定性

辽宁省的调查结果显示，创业者样本对于遵循本地区政策法规持正面评价，选择最多的是比较容易，第二多的选项则是不好说，这反映出本区域遵循本地政策法规的不确定性相对较弱。如图 3－78 所示：

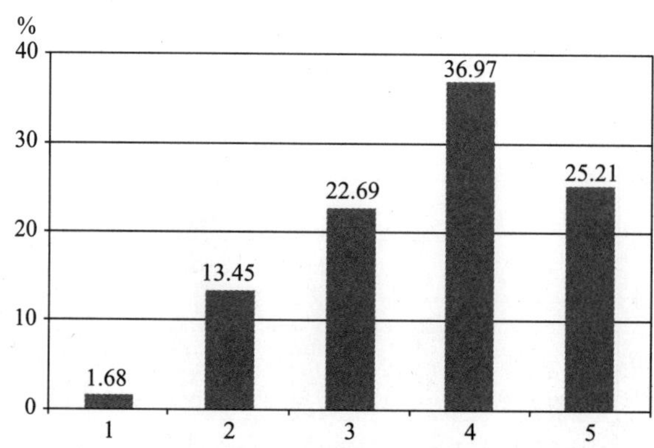

图 3－78　辽宁省创业者样本应对政策法规的不确定性

经计算可得，全体样本在应对政策法规的不确定性方面的得分为 3.44 分，北京市的得分为 3.22 分，天津市的得分为 3.78 分，河北省的得分为 3.37 分，山东省的得分为 3.10 分，辽宁省的得分为 3.71 分。

紧跟技术发展前沿的不确定性调查结果显示：创业者样本对于紧跟技术发展前沿的不确定性持正面态度，选择最多的仍是比较容易选项，选择第二多的是不好说，这反映出本区域紧跟技术发展前沿仍有一定的不确定性。如图 3－79 所示：

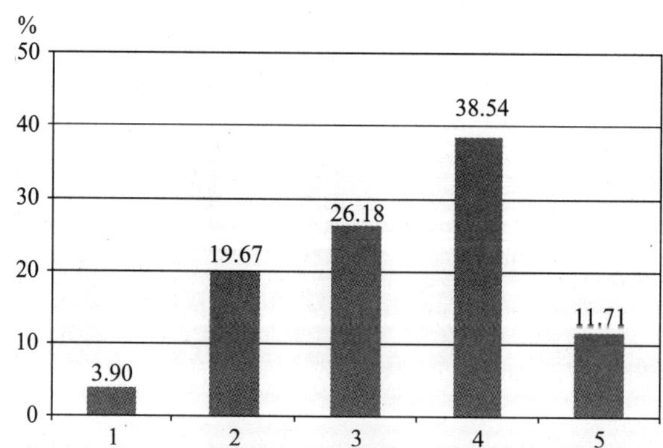

图 3－79　总创业者样本紧跟技术发展前沿的不确定性

北京市的调查结果显示，创业者样本对于紧跟技术发展前沿的不确定性持正面态度，选择最多的仍是比较容易选项，不过也有很多样本选择了非常容易，这反映该区域紧跟技术发展前沿方面的不确定性相对较弱。如图 3 -80 所示：

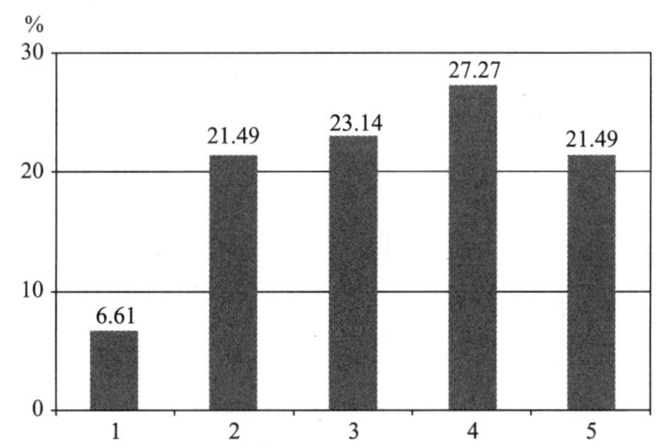

图 3 -80　北京市创业者样本紧跟技术发展前沿的不确定性

天津市的调查结果显示，创业者样本对于紧跟技术发展前沿的不确定性持正面态度，选择最多的仍是比较容易选项，选择第二多的是不好说，这反映出本区域紧跟技术发展前沿相对较为容易。如图 3 -81所示：

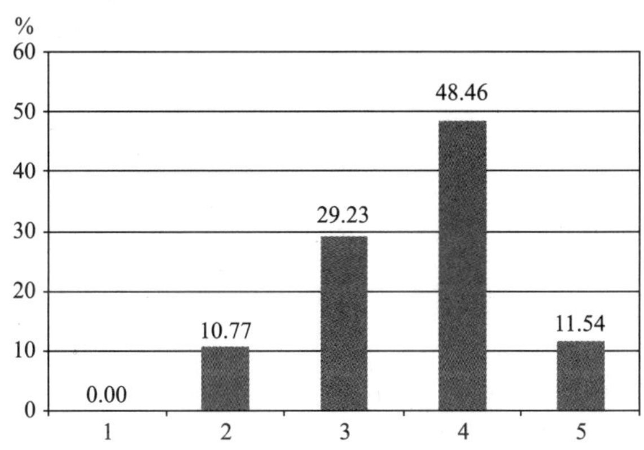

图 3 -81　天津市创业者样本紧跟技术发展前沿的不确定性

河北省的调查结果显示，创业者样本和一般社会人群总体上对于紧跟技术发展前沿不确定性持正面态度，选择最多的仍是比较容易选项，选择第二多的是比较困难，这反映出本区域紧跟技术发展前沿仍有较强的不确定性。如图 3－82 所示：

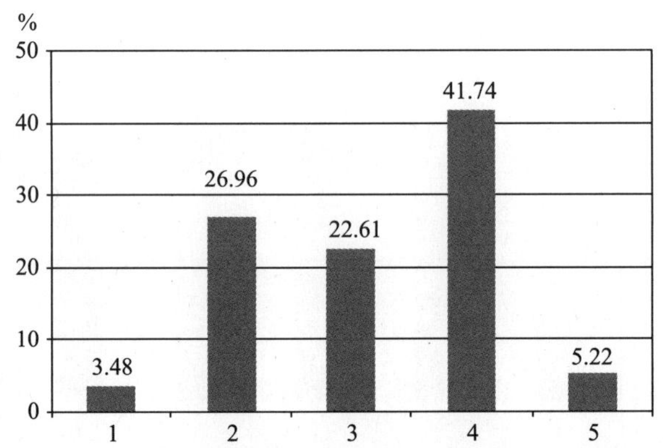

图 3－82　河北省创业者样本紧跟技术发展前沿的不确定性

山东省的调查结果显示，创业者样本和一般社会人群总体上对于紧跟技术发展前沿不确定性持正面态度，选择比较容易和比较困难的人群基本较为均衡，这反映出本区域紧跟技术发展前沿具有较强的不确定性。如图 3－83 所示：

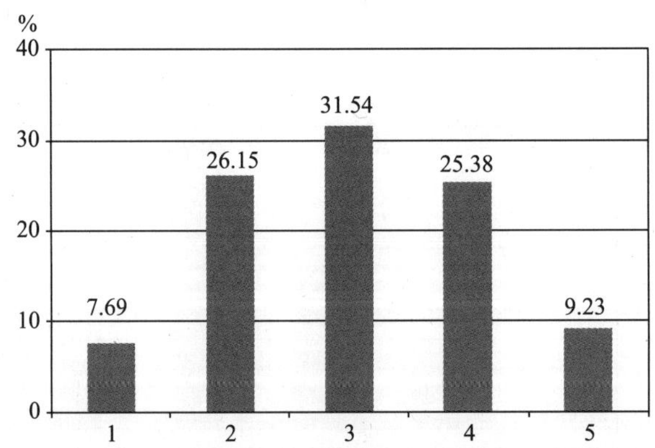

图 3－83　山东省创业者样本紧跟技术发展前沿的不确定性

辽宁省的调查结果显示，创业者样本和一般社会人群总体上对于紧跟技术发展前沿不确定性持正面态度，选择比较容易的人群超过了一半，这反映出本区域紧跟技术发展前沿的不确定性方面较弱。如图3－84所示：

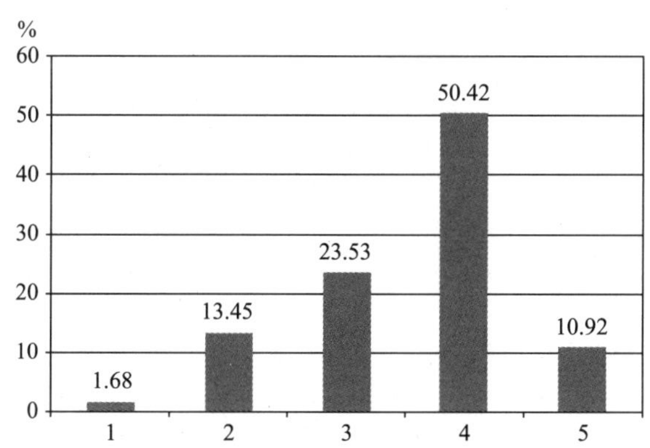

图3－84　辽宁省创业者样本紧跟技术发展前沿的不确定性

经计算可得，全体样本在紧跟技术发展前沿的不确定性方面的得分为3.34分，北京市的得分为3.36分，天津市的得分为3.61分，河北省的得分为3.18分，山东省的得分为3.02分，辽宁省的得分为3.55。

各题项得分结果加总平均得到了竞争不确定性的得分为3.24。其中北京市竞争不确定性的得分为2.95，天津市竞争不确定性的得分为3.62，河北省竞争不确定性的得分为3.15，山东省竞争不确定性的得分为2.97，辽宁省竞争不确定性的得分为3.49。

3. 运营不确定性

获得原材料的不确定性调查结果显示：对于创业者样本来说，他们普遍认为在本区域获得原材料比较容易，这反映出整个环渤海区域获得原材料的不确定性较弱。如图3－85所示：

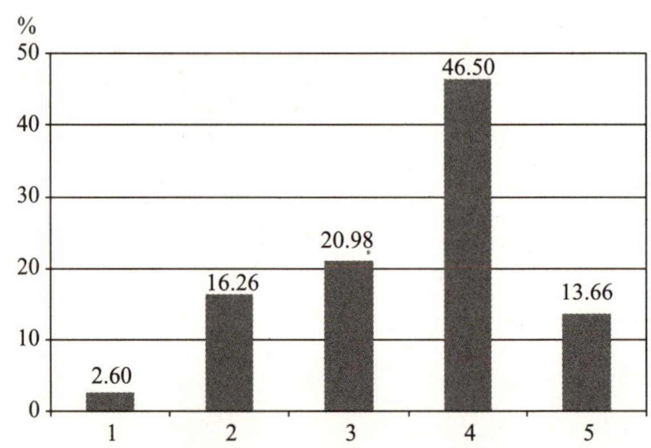

图 3－85　总创业者样本获得原材料的不确定性

北京市的调查结果显示，对于创业者样本来说，他们普遍认为在本区域获得原材料比较容易，这反映出本区域获得原材料的不确定性相对较弱。如图 3－86 所示：

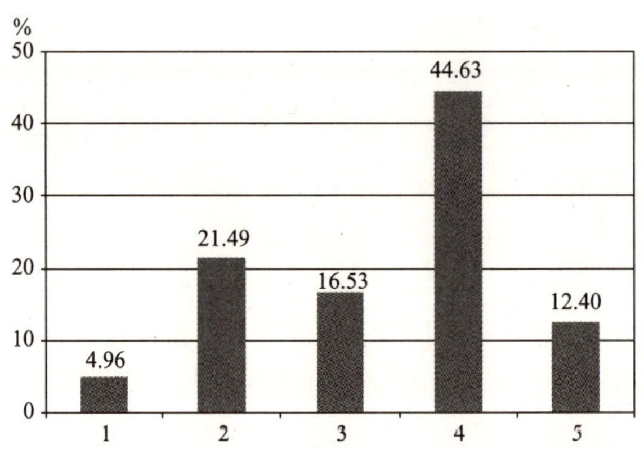

图 3－86　北京市创业者样本获得原材料的不确定性

天津市的调查结果显示，对于创业者样本来说，他们普遍认为在本区域获得原材料比较容易，选择非常容易和不好说的人群也非常多，这反映出本区域获得原材料较为容易。如图 3－87 所示：

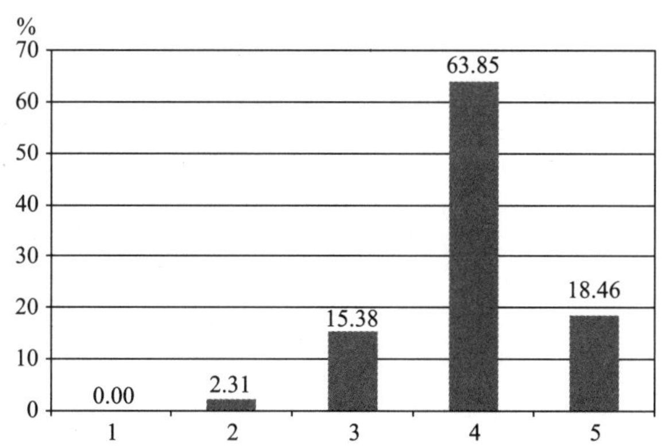

图 3 – 87　天津市创业者样本获得原材料的不确定性

河北省的调查结果显示，对于创业者样本来说，他们普遍认为在本区域获得原材料比较容易，选择比较困难和不好说的人群也非常多，这反映出本区域获得原材料仍有一定的不确定性。如图 3 – 88 所示：

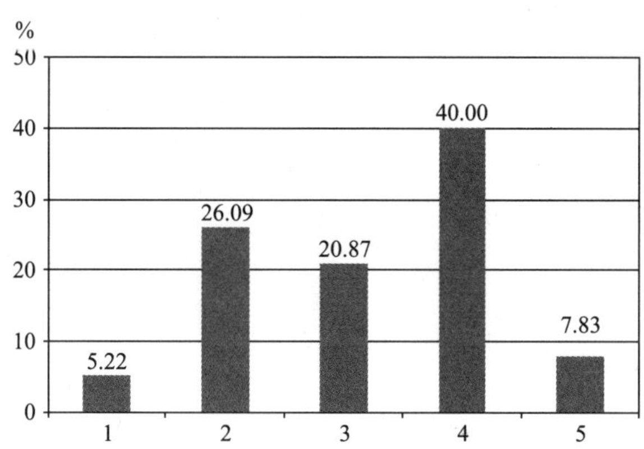

图 3 – 88　河北省创业者样本获得原材料的不确定性

山东省的调查结果显示，对于创业者样本来说，他们普遍认为在本区域获得原材料比较容易，选择比较困难和不好说的人群也非常多，这反映出本区域获得原材料仍有一定的不确定性。如图 3 – 89 所示：

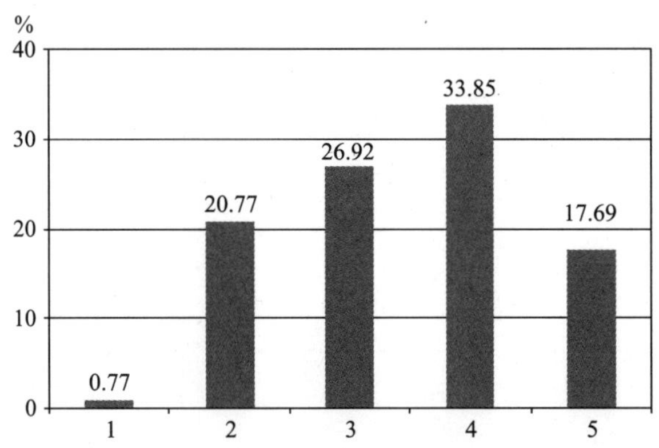

图 3－89　山东省创业者样本获得原材料的不确定性

辽宁省的调查结果显示，对于创业者样本来说，他们普遍认为在本区域获得原材料比较容易，接近了样本的一半，这反映出本区域获得原材料的不确定性较弱。如图 3－90 所示：

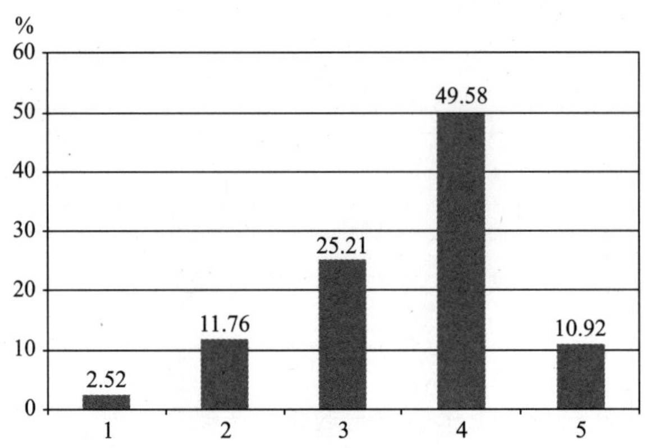

图 3－90　辽宁省创业者样本获得原材料的不确定性

经计算可得，全体样本在获得原材料的不确定性方面的得分为 3. 52 分，北京市的得分为 3. 38 分，天津市的得分为 3. 98 分，河北省的得分为 3. 19 分，山东省的得分为 3. 47 分，辽宁省的得分为 3. 55。

获得雇员的调查结果显示：创业者样本总体上认为在本区域获得雇员比较容易，选择比较容易和不好说的人群都非常多，这反映出本区域获得雇员的不确定性较为微弱。如图3－91所示：

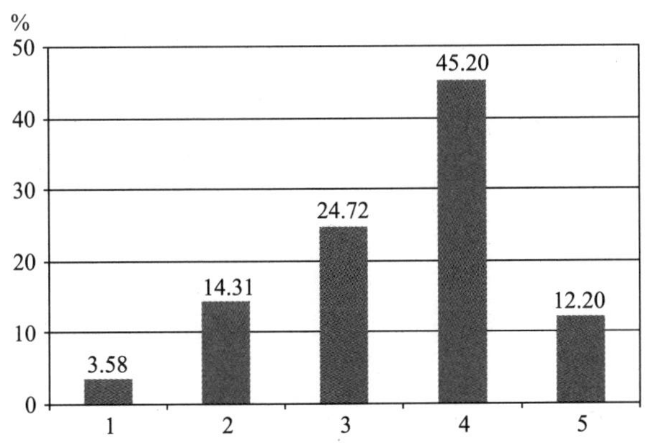

图3－91 总创业者样本获得雇员的不确定性

北京市的调查结果显示，创业者样本选择比较容易的比较多，这反映出本区域获得雇员的不确定性较弱。如图3－92所示：

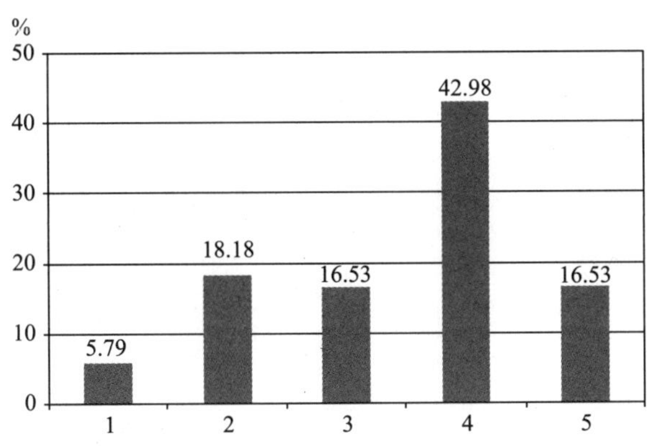

图3－92 北京市创业者样本获得雇员的不确定性

天津市的调查结果显示，创业者样本选择比较容易和选择不好说的人群都比较多，这反映出本区域获得雇员的不确定性较弱。如图3－93所示：

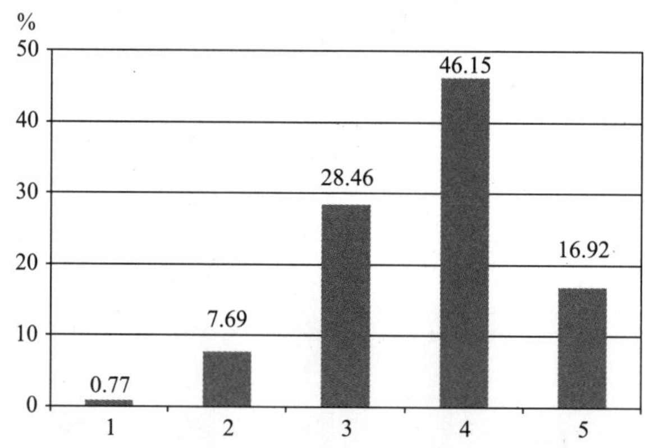

图 3－93　天津市创业者样本获得雇员的不确定性

河北省的调查结果显示，创业者样本选择比较容易的选项是最多的，而且超过了一半，这反映出本区域获得雇员较为容易。如图 3－94 所示：

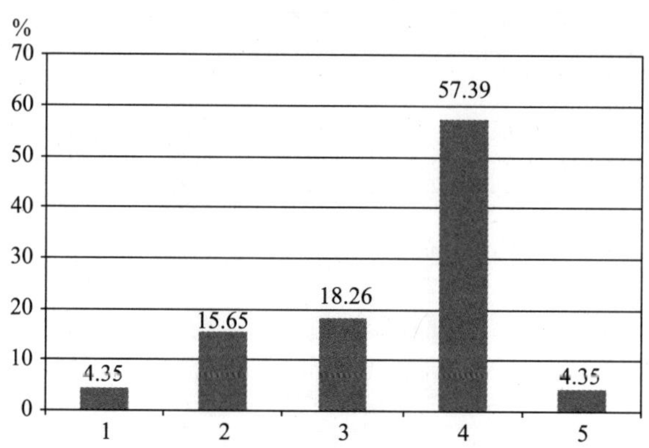

图 3－94　河北省创业者样本获得雇员的不确定性

山东省的调查结果显示，创业者样本选择比较容易的选项是最多的，近一半，这反映出本区域获得雇员较为容易。如图3－95所示：

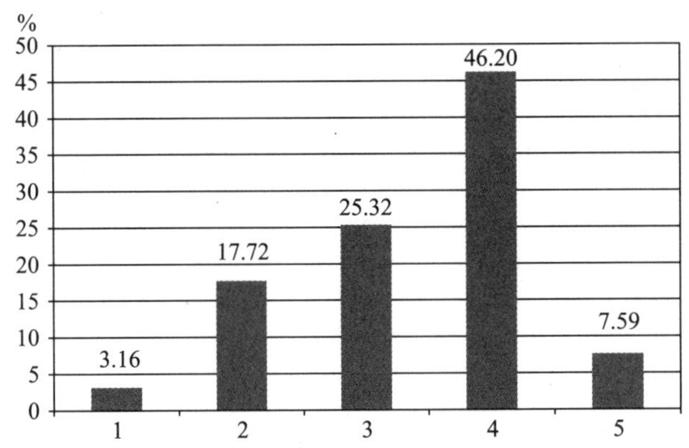

图 3 –95 山东省创业者样本获得雇员的不确定性

辽宁省的调查结果显示，创业者样本选择比较容易的选项是最多的，不过，他们选择不好说的比例也不低。这反映出本区域获得雇员仍有一定的不确定性。如图 3 –96 所示：

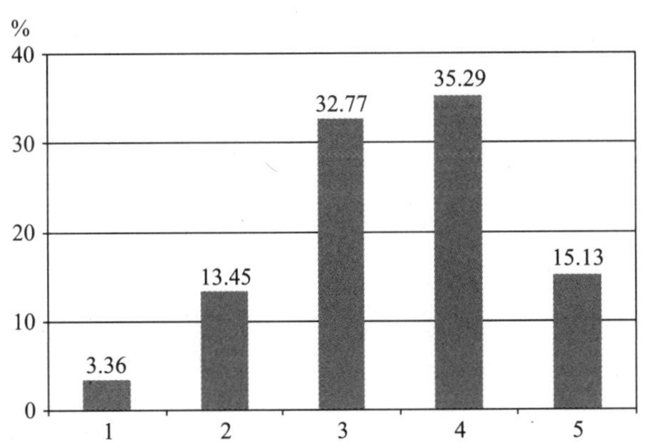

图 3 –96 辽宁省创业者样本获得雇员的不确定性

经计算可得，全体样本在获得雇员的不确定性方面的得分为 3. 48 分，北京市的得分为 3. 46 分，天津市的得分为 3. 71 分，河北省的得分为 3. 42 分，山东省的得分为 3. 35 分，辽宁省的得分为 3. 45。

获得销售商的不确定性调查结果显示：创业者样本总体上认为在本区域获得销售商比较容易，选择比较容易和不好说的人群都非常多，这反映出本区域获得销售商相对较为容易。如图 3 －97 所示：

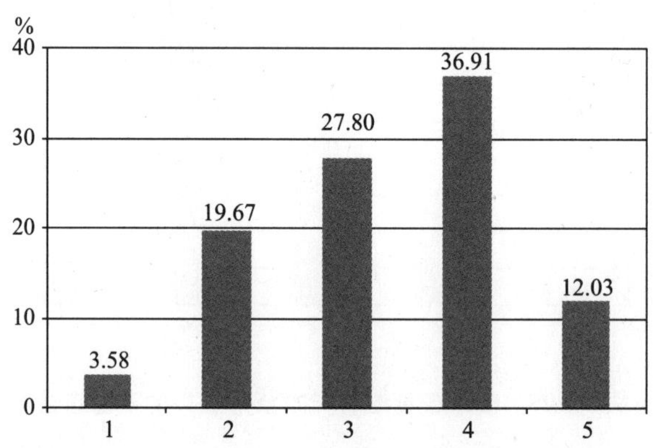

图 3 －97　总创业者样本获得销售商的不确定性

北京市的调查结果显示，创业者样本的选择和总样本存在差异，选择比较容易和比较不容易的人群都是最多的。如图 3 －98 所示：

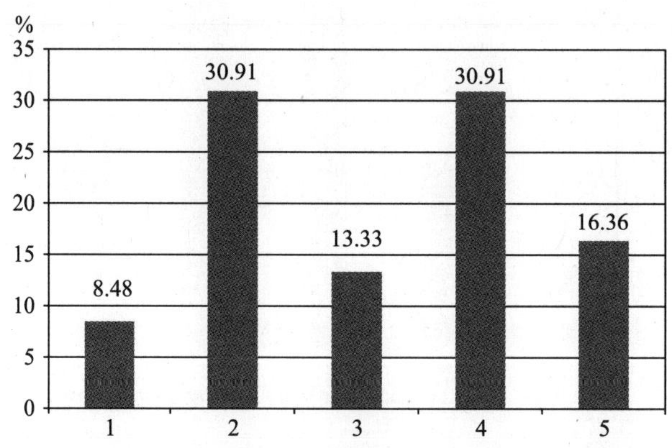

图 3 －98　北京市创业者样本获得销售商的不确定性

天津市的调查结果显示，创业者样本中选择比较容易和不好说的人群同样都是最多的，这反映出本区域获得销售商比较容易。如图 3 －99 所示：

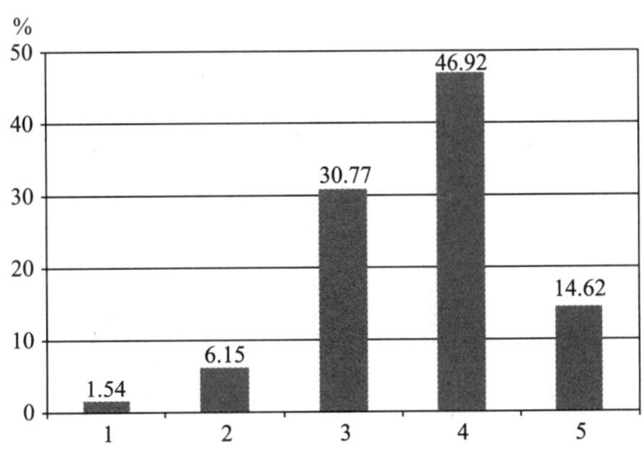

图 3－99　天津市创业者样本获得销售商的不确定性

河北省的调查结果显示，创业者样本选择比较容易的人数是最多的，不过选择比较困难的人数也非常多。这反映出本区域获得销售商仍有一定的不确定性。如图 3－100 所示：

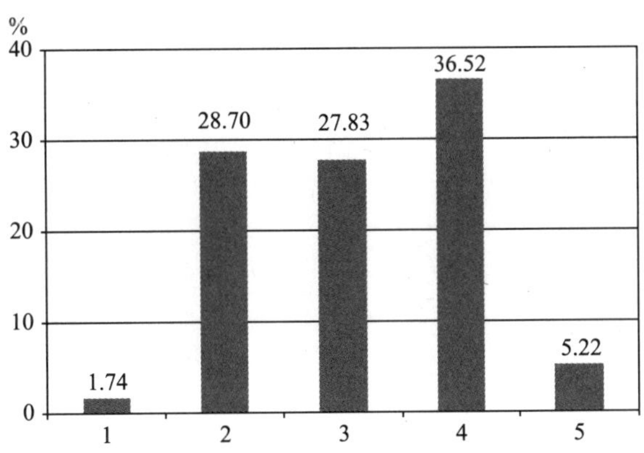

图 3－100　河北省创业者样本获得销售商的不确定性

山东省的调查结果显示，创业者样本普遍认为在本区域获得销售商不好说，选择比较容易和比较困难的人群都非常多，这反映出本区域获得销售商仍有一定的不确定性。如图 3－101 所示：

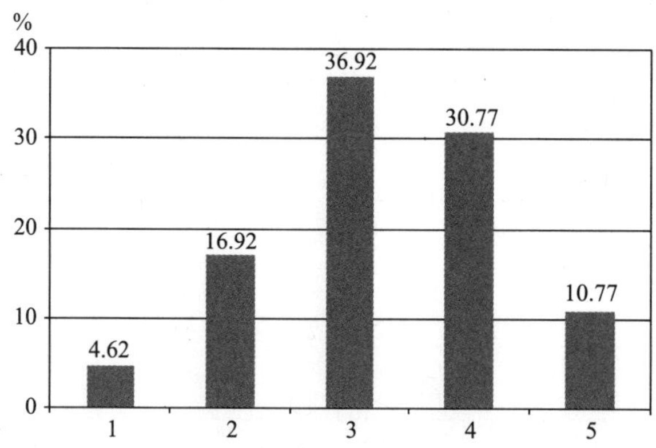

图 3－101　山东省创业者样本获得销售商的不确定性

辽宁省的调查结果显示，创业者样本选择比较容易的人群是最多的，选择不好说排在了第二位，这反映出本区域获得销售商仍有一定的不确定性。如图 3－102 所示：

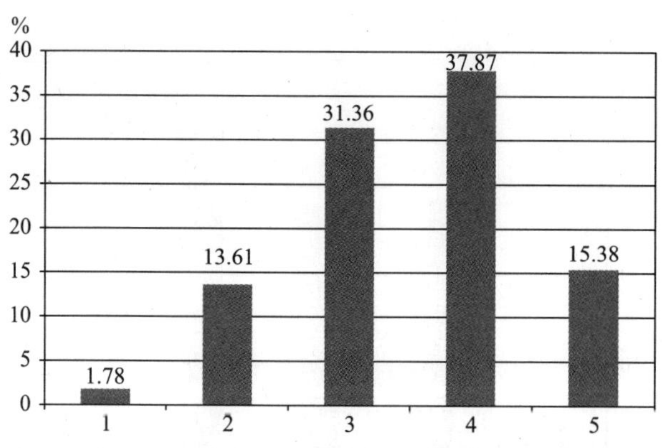

图 3－102　辽宁省创业者样本获得销售商的不确定性

经计算可得，全体样本在获得销售商的不确定性方面的得分为 3.10 分，北京市的得分为 3.67 分，天津市的得分为 3.15 分，河北省的得分为 3.26 分，山东省的得分为 3.50 分，辽宁省的得分为 3.34。

各题项得分结果加总平均得到了运营不确定性的得分为 3.36。其中北京市运营不确定性的得分为 3.37，天津市运营不确定性的得分为

3.57，河北省运营不确定性的得分为3.20，山东省运营不确定性的得分为3.38，辽宁省运营不确定性的得分为3.24。

三类不确定性得分加总得到了商业情境的总体得分为3.10分。其中北京市商业情境的得分为2.88分，天津市商业情境的得分为3.40分，河北省商业情境的得分为2.99分，山东省商业情境的得分为3.06分，辽宁省商业情境的得分为3.15分。

四　制度情境

在不同的制度层面，我们分别采用不同的题项询问创业者对于区域制度环境的看法。管控维度主要调查区域的政府是否能够帮助和支持创业者实施创业活动，认知维度主要调查区域人群对于创业活动所涉及的知识和信息的了解程度，规范主要调查区域人群对于创业活动的评价。

1. 管控维度

"政府机构帮助个人创办他们的企业（1，非常不赞同；2，有点不赞同；3，不好说；4，有点赞同；5，非常赞同）"的调查结果显示：创业者样本总体上肯定了政府对于创业活动的支持，其中有点赞同的选项所占比例是最高的，超过了30%。如图3－103所示：

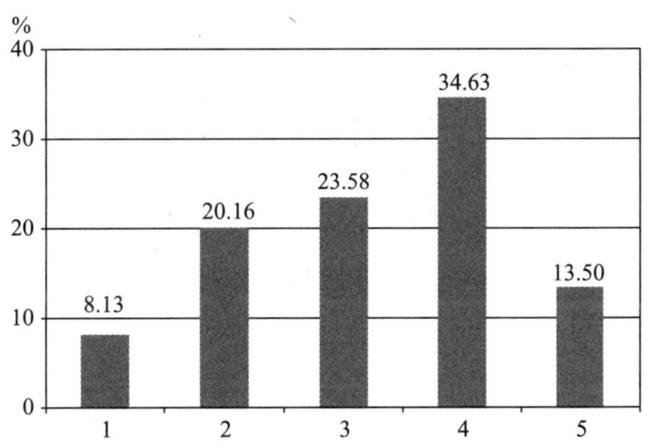

图3－103　总创业者样本管控维度题项1

北京市的调查结果显示，创业者样本总体上肯定了政府对于创业活动的支持，其中有点赞同和非常赞同的选择比例都非常高。如图3－104所示：

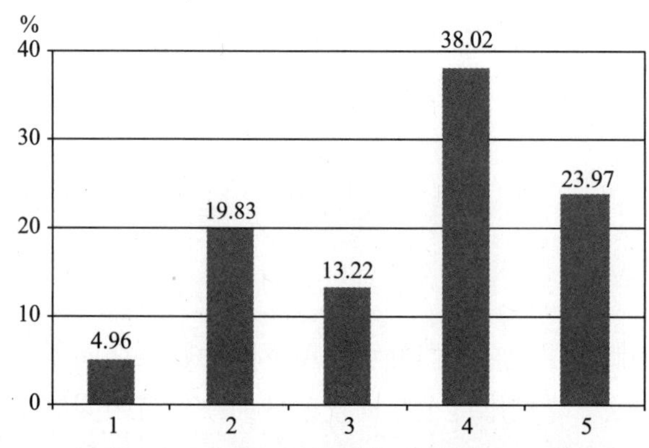

图3－104　北京市创业者样本管控维度题项1

天津市的调查结果显示，创业者样本的选择和北京市的大致相同，选择有点赞同的选项所占比例都是最高。如图3－105所示：

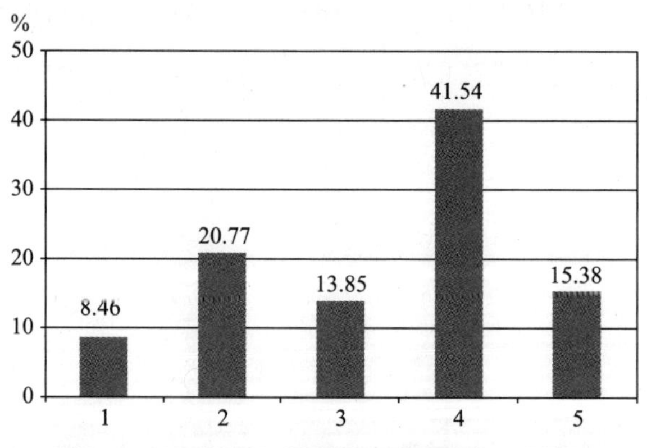

图3－105　天津市创业者样本管控维度题项1

河北省的调查结果显示，创业者样本选择不太肯定的选项比例是最高的，达到了40%，有点不赞成和有点赞成的比例大致相当，这说明总体上该区域政府的创业支持存在不确定性。如图 3 – 106 所示：

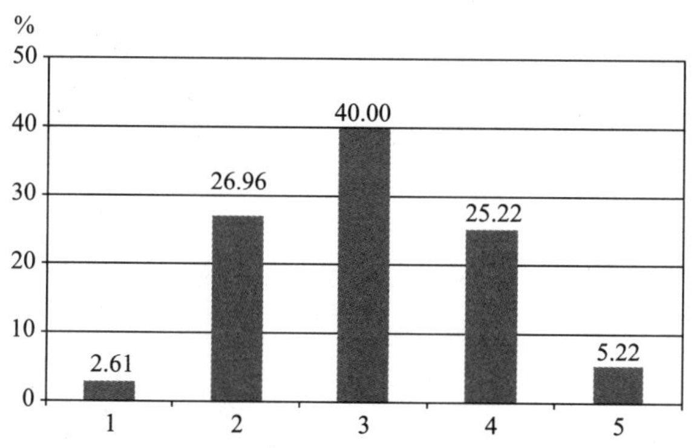

图 3 – 106　河北省创业者样本管控维度题项 1

山东省的调查结果显示，创业者样本中虽然选择有点赞同的比例是最高的，不过选择不好说的比例也相当高，因此这说明在该区域政府对于创业活动仍需进一步提升。如图 3 – 107 所示：

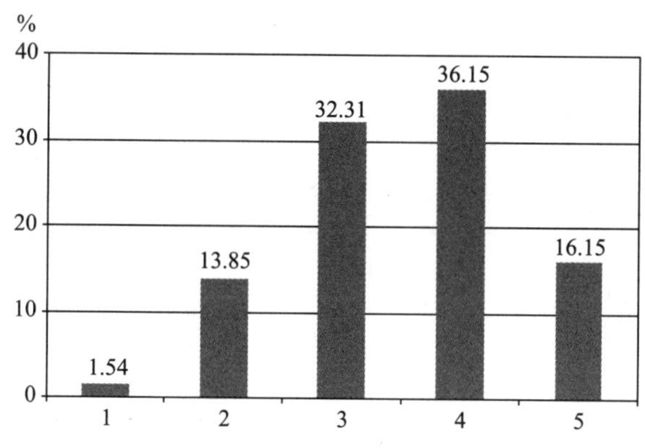

图 3 – 107　山东省创业者样本管控维度题项 1

辽宁省的调查结果显示，虽然创业者样本中选择有点赞同的比例仍是最高的，但是也有较大比例的样本选择完全不赞同和有点不赞同，这说明该区域政府对于创业活动的支持不足。如图3 – 108所示：

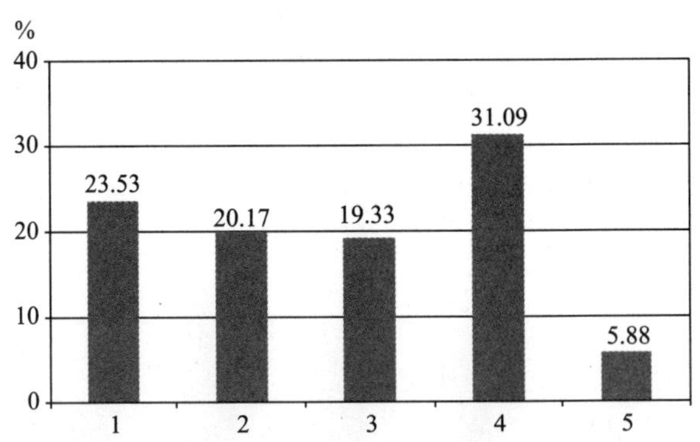

图3－108　辽宁省创业者样本管控维度题项1

经计算可得，全体样本在管控维度题项1方面的得分为3.25分，北京市的得分为3.56分，天津市的得分为3.35分，河北省的得分为3.03分，山东省的得分为3.52分，辽宁省的得分为2.76。

“政府为新创立的小企业提供政府项目（1，非常不赞同；2，有点不赞同；3，不好说；4，有点赞同；5，非常赞同）”的调查结果显示：创业者样本总体上都持正面态度，其中有点赞同的选项所占比例是最高的，超过了30%。这说明就整体区域而言，政府所提供的政府项目是有利的。分析结果如图3－109所示：

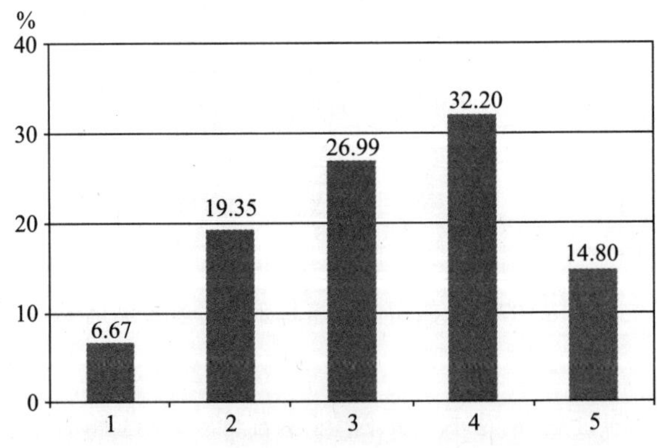

图3－109　总创业者样本管控维度题项2

北京市的调查结果显示，创业者样本的态度总体上仍是正面的，不过选择有点不赞同的比例略高于不好说的比例，因此相对整体样本而言，北京市政府项目的支持力度略低。如图 3－110 所示：

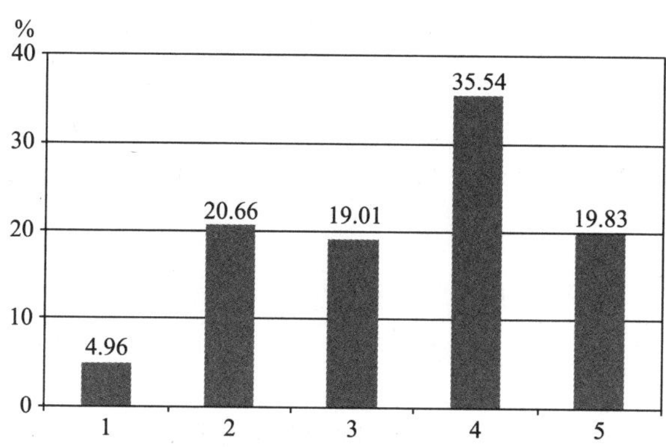

图 3－110　北京市创业者样本管控维度题项 2

天津市的调查结果显示，创业者样本对于政府项目的态度总体上也是比较正面的，其中有点赞同的选项所占比例是最高的，超过了 30%。如图 3－111 所示：

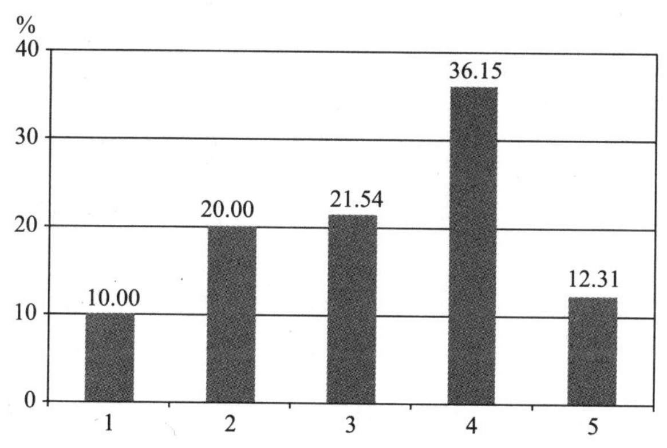

图 3－111　天津市创业者样本管控维度题项 2

河北省的调查结果显示，创业者样本对于政府项目的态度有较强的不确定性，选择不好说的选项的比例是最高的，超过了30%。如图3－112所示：

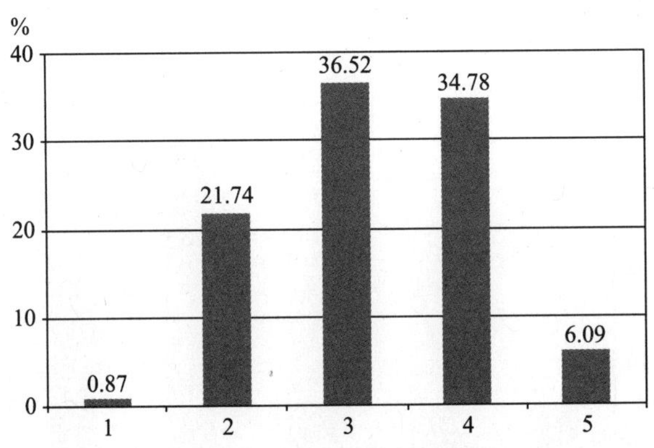

图3－112　河北省创业者样本管控维度题项2

山东省的调查结果显示，创业者样本对于政府支持项目的态度更为正面，其中选择有点赞同的选项所占比例是最高的，超过了30%，其次则是非常赞同。如图3－113所示：

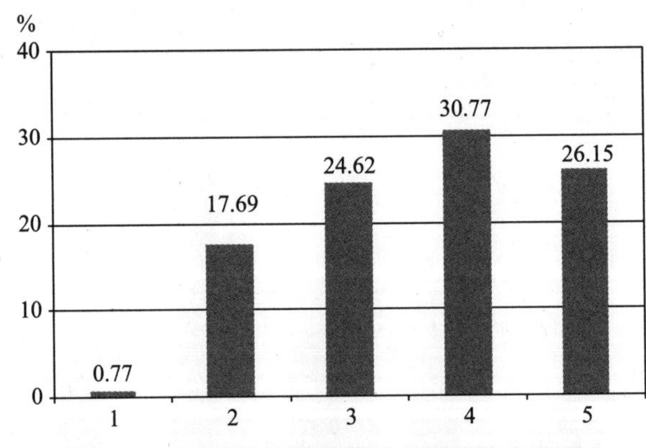

图3－113　山东省创业者样本管控维度题项2

辽宁省的调查结果显示，创业者样本对于政府支持项目的态度偏向负面。除了不好说的选项所占比例是最高的之外，选择非常不赞同和有点不赞同的比例都不低。如图 3 – 114 所示：

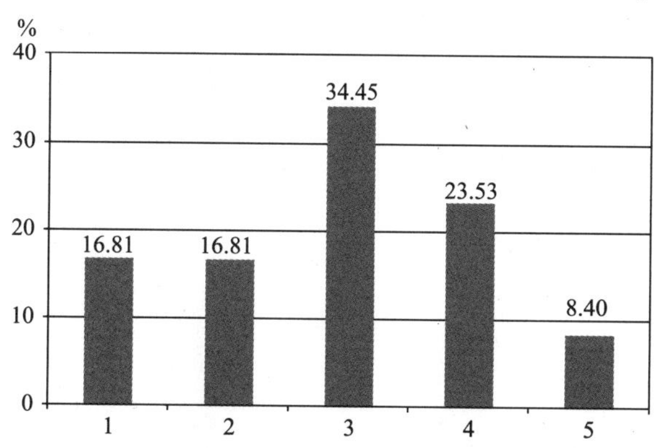

图 3 – 114　辽宁省创业者样本管控维度题项 2

经计算可得，全体样本在管控维度题项 2 上的得分为 3. 29 分，北京市的得分为 3. 45 分，天津市的得分为 3. 21 分，河北省的得分为 3. 23 分，山东省的得分为 3. 64 分，辽宁省的得分为 2. 90。

"政府针对准备创业的人提供专项支持（1，非常不赞同；2，有点不赞同；3，不好说；4，有点赞同；5，非常赞同）"的调查结果显示：创业者样本总体上都持正面态度，其中有点赞同的选项所占比例是最高的，超过了 30%，不过选择不好说选项的比例也比较高。如图 3 – 115 所示：

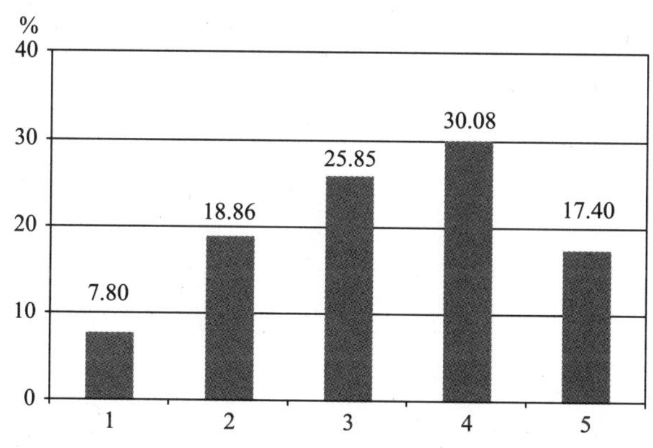

图 3 – 115　总创业者样本管控维度题项 3

北京市的调查结果显示，创业者样本总体上对于政府的专项支持是基本赞同的，其中有点赞同的选项所占比例是最高的，接近40%，选择非常赞同的比例也比较高。如图3－116所示：

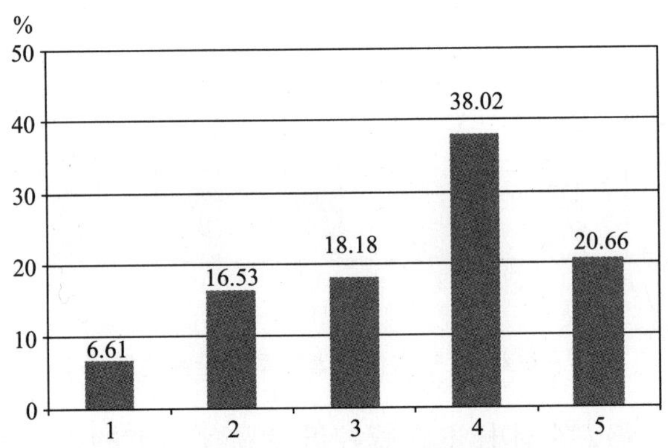

图3－116　北京市创业者样本管控维度题项3

天津市的调查结果显示，创业者样本总体上对于政府的专项支持同样是基本赞同的，其中有点赞同的选项所占比例是最高的，接近40%。如图3－117所示：

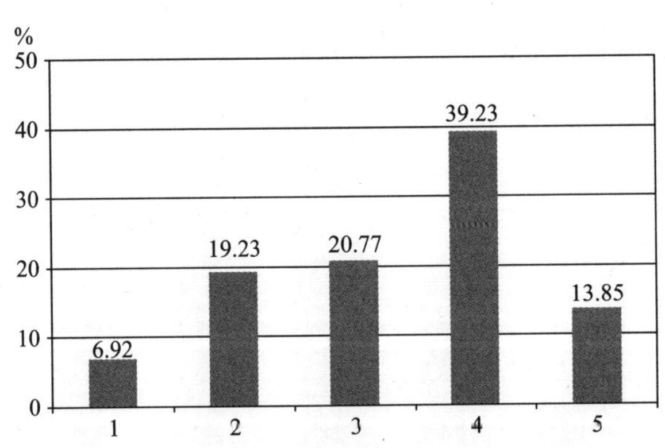

图3－117　天津市创业者样本管控维度题项3

河北省的调查结果显示，创业者样本总体上对于政府的专项支持是持基本赞同态度的，其中有点赞同的选项所占比例是最高的，超过了 30%，不过选择不好说和有点不赞同的比例也非常高。如图3－118所示：

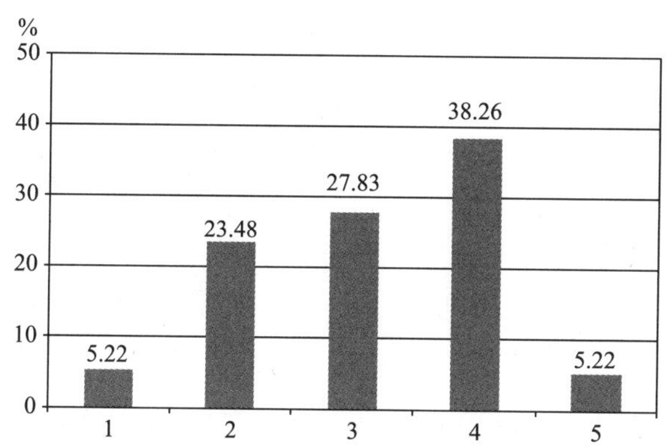

图 3－118　河北省创业者样本管控维度题项 3

山东省的调查结果显示，创业者样本对于政府的专项支持的态度是最为积极的，其中选择非常赞同的比例是最高的。如图3－119所示：

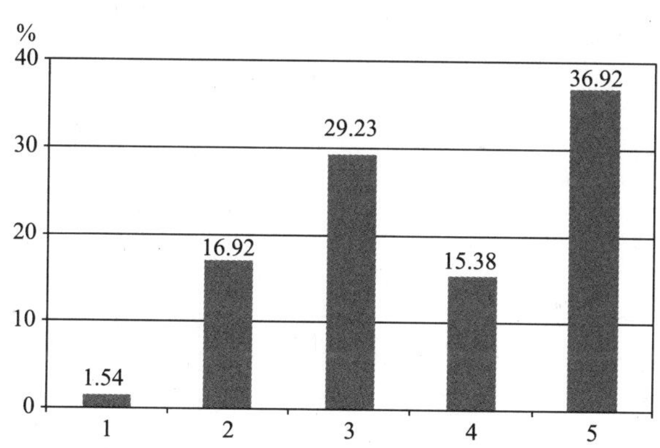

图 3－119　山东省创业者样本管控维度题项 3

辽宁省的调查结果显示，创业者样本对于政府的专项支持的态度则相对而言是最低的，除了有33.61%的样本选择了不好说以外，选择完全不赞同和有点不赞同的也较多。如图3－120所示：

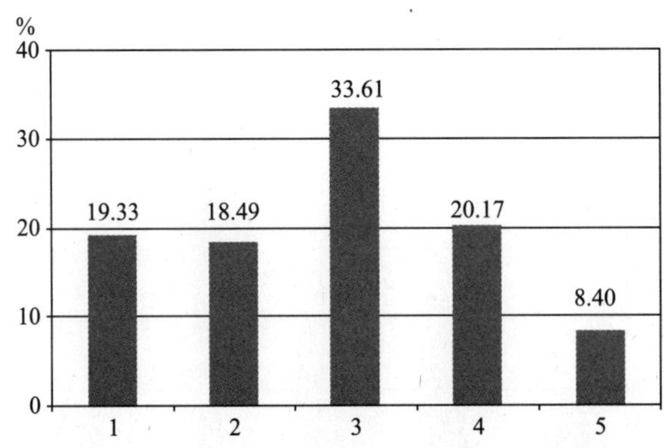

图3－120　辽宁省创业者样本管控维度题项3

经计算可得，全体样本在管控维度题项3上的得分为3.30分，北京市的得分为3.50分，天津市的得分为3.34分，河北省的得分为3.15分，山东省的得分为3.69分，辽宁省的得分为2.80。

“政府赞助那些帮助新创企业发展的组织或机构（1，非常不赞同；2，有点不赞同；3，不好说；4，有点赞同；5，非常赞同）”的调查结果显示：创业者样本对于政府提供的支持总体上持比较积极态度，有点赞同的选项所占比例是最高的，接近30%。如图3－121所示：

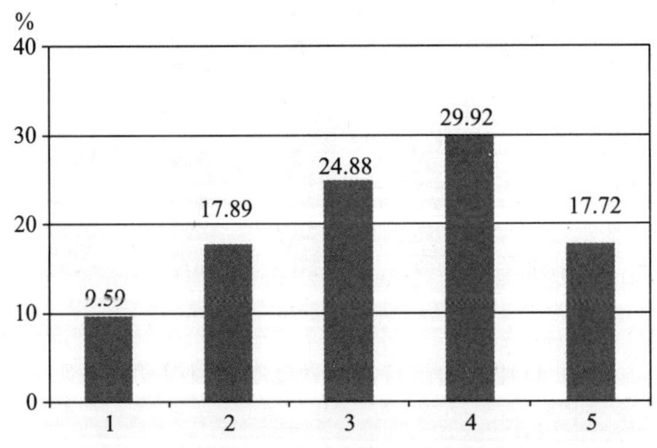

图3－121　总创业者样本管控维度题项4

北京市的调查结果显示，创业者样本对于政府支持的态度非常积极，除了有点赞同的选项所占比例是最高的之外，选择完全赞同的比例也超过了1/4。如图3－122所示：

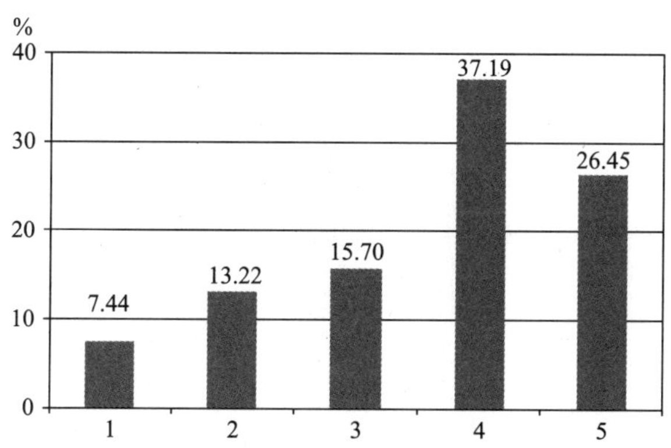

图3－122　北京市创业者样本管控维度题项4

天津市的调查结果显示，创业者样本同样对于政府支持持较为积极的态度，不过这一态度低于北京市样本。其中有点赞同的选项所占比例是最高的，不过选择不好说也有一定的比例。如图3－123所示：

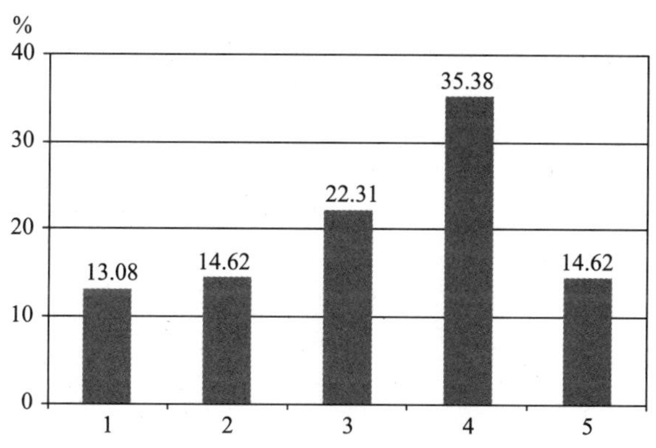

图3－123　天津市创业者样本管控维度题项4

河北省的调查结果显示，创业者样本对于政府支持的态度呈现明显的区别，选择有点赞同和有点不赞同的比例都比较高，这说明该区域的政府支持存在一定的不确定性。如图 3 – 124 所示：

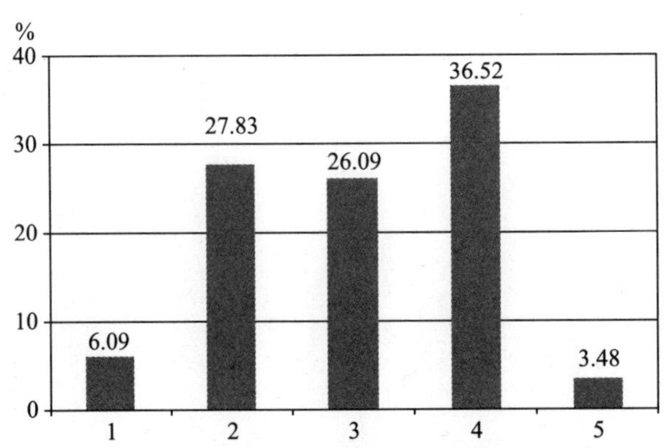

图 3 – 124　河北省创业者样本管控维度题项 4

山东省的调查结果显示，创业者样本对于政府支持的态度总体上是较为积极的，选择不好说的选项所占比例是最高的，超过了 30%，不过选择完全赞同的比例也非常高，接近 30%。如图 3 – 125 所示：

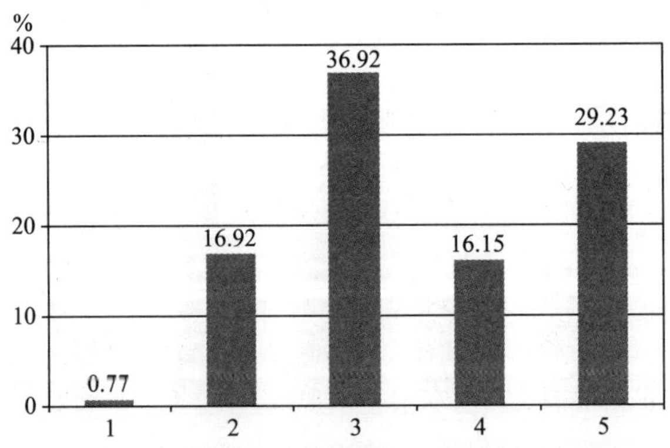

图 3 – 125　山东省创业者样本管控维度题项 4

辽宁省的调查结果显示，创业者样本对于政府支持总体上是持相对负面的态度的。其中选择完全不赞同和有点不赞同的比例都比较高。如图 3 - 126 所示：

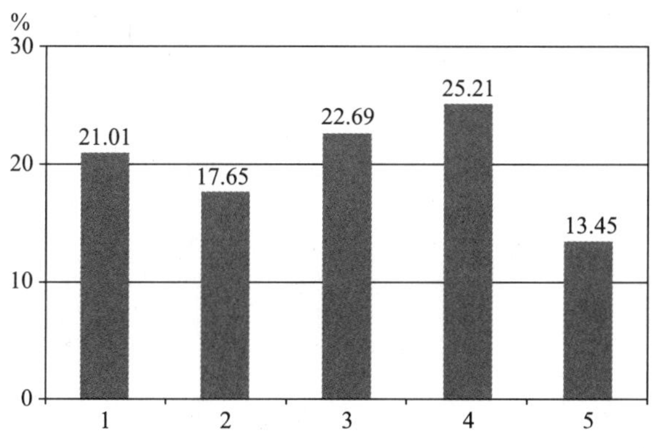

图 3 - 126 辽宁省创业者样本管控维度题项 4

经计算可得，全体样本在管控维度题项 4 上的得分为 3. 28 分，北京市的得分为 3. 62 分，天津市的得分为 3. 24 分，河北省的得分为 3. 03 分，山东省的得分为 3. 56 分，辽宁省的得分为 2. 92。

“即使在创业初期遭遇失败，政府将支持创业者重新开始（1，非常不赞同；2，有点不赞同；3，不好说；4，有点赞同；5，非常赞同）”的调查结果显示：总创业者样本对于政府支持的态度，其中有点赞同的选项所占比例是最高的，超过了 30%，其次是不好说。如图 3 - 127所示：

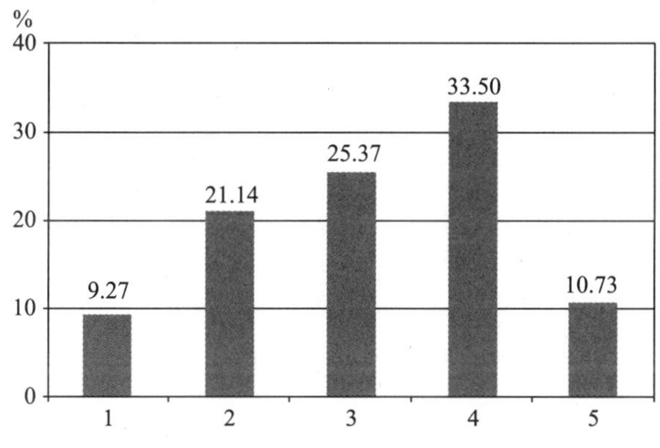

图 3 - 127 总创业者样本管控维度题项 5

北京市的调查结果显示，创业者样本对于政府支持的态度是较为正面的，除了有点赞同的选项所占比例是最高的以外，选择完全赞同的比例也非常高。如图 3－128 所示：

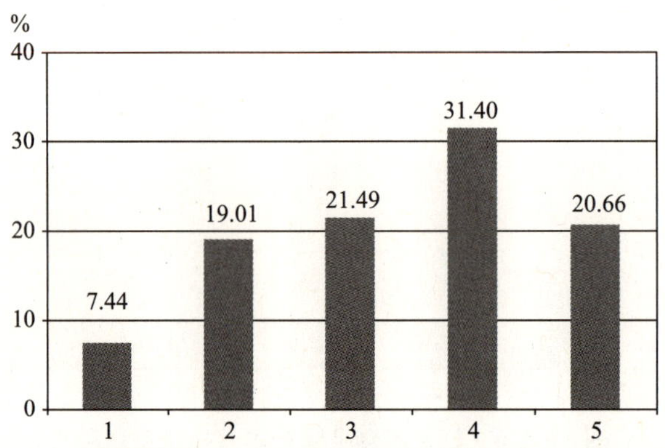

图 3－128　北京市创业者样本管控维度题项 5

天津市的调查结果显示，创业者样本在总体上对于政府支持的态度保持正面的同时，也有相当比例的样本选择了完全不赞同和有点不赞同。如图 3－129 所示：

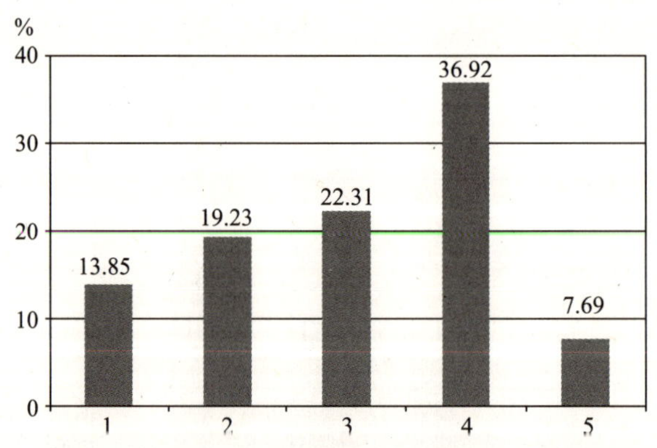

图 3－129　天津市创业者样本管控维度题项 5

河北省的调查结果显示，创业者样本的态度呈现两个较明显的分歧。选择有点赞同和有点不赞同的比例都非常高。如图 3－130 所示：

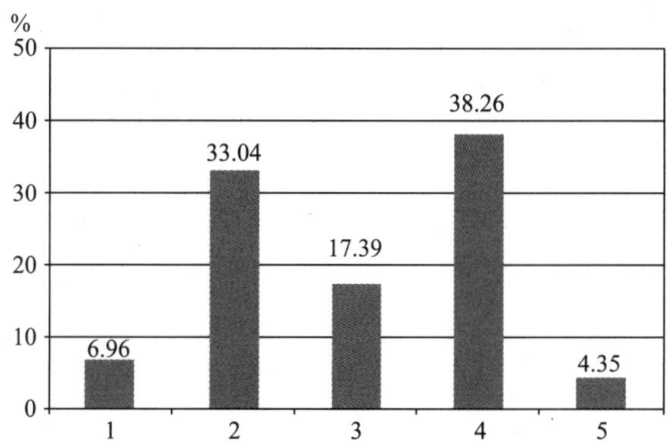

图 3－130　河北省创业者样本管控维度题项 5

山东省的调查结果显示，创业者样本在总体上的态度比较正面，其中有点赞同的选项所占比例是最高的，超过了 30%，其次是不好说。如图 3－131 所示：

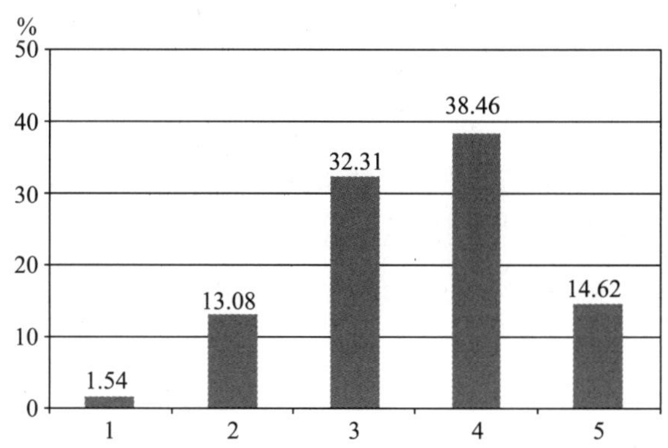

图 3－131　山东省创业者样本管控维度题项 5

辽宁省的调查结果显示，创业者样本总体上的态度略偏向负面一侧。其中不好说的选项所占比例是最高的，超过了 30%，不过选择完全不赞同和有点不赞同的比例都比较高。如图 3－132 所示：

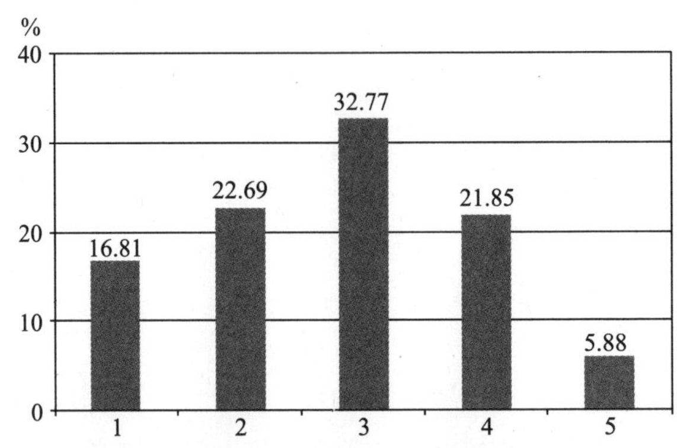

图3－132　辽宁省创业者样本管控维度题项5

经计算可得，全体样本在管控维度题项5上的得分为3.15分，北京市的得分为3.39分，天津市的得分为3.05分，河北省的得分为3.00分，山东省的得分为3.52分，辽宁省的得分为2.77。

各题项得分结果加总平均得到了管控维度的得分为3.26。其中北京市的管控维度得分为3.50，天津市的管控维度得分为3.24，河北省的管控维度得分为3.09，山东省的管控维度得分为3.58，辽宁省的管控维度得分为2.83。

2. 认知维度

“人们清楚从法律上如何保护一个新企业（1，非常不赞同；2，有点不赞同；3，不好说；4，有点赞同；5，非常赞同）”的调查结果显示：创业者样本对于制度的认知总体上是正面的，其中有点赞同的选项所占比例是最高的，超过了30%，其次是不好说。如图3－133所示。

北京市的调查结果显示，创业者样本对于制度的认知比起整体样本来更偏向于积极的一侧。其中有点赞同的选项所占比例是最高的，超过了30%，其次则是非常赞同。如图3－134所示。

天津市的调查结果显示，创业者样本对于制度的认知虽然仍偏向积极一侧，不过选择不好说的比例则达到了最高的水平。如图3－135所示。

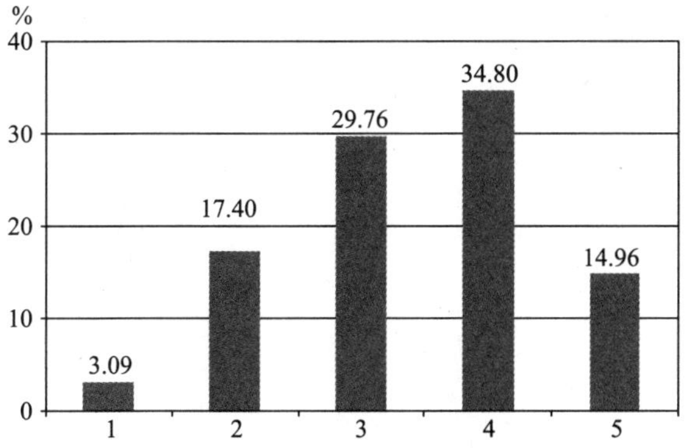

图 3－133　总创业者样本认知维度题项 1

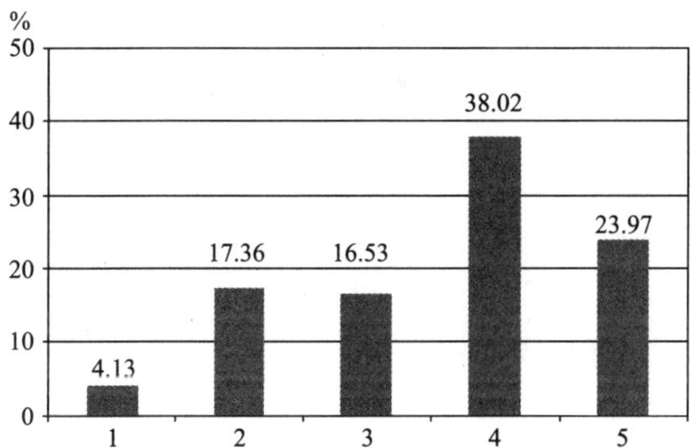

图 3－134　北京市创业者样本认知维度题项 1

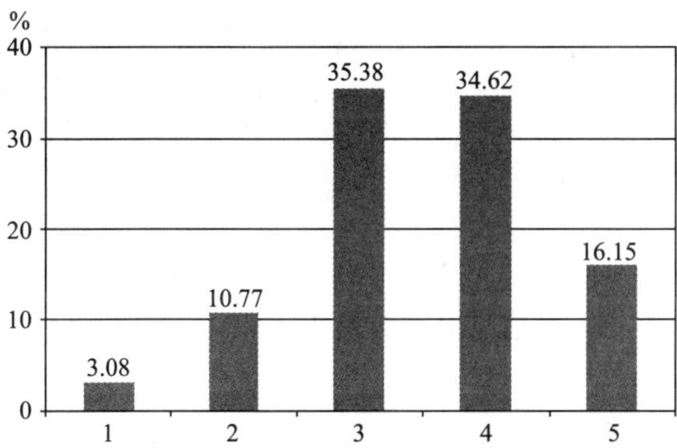

图 3－135　天津市创业者样本认知维度题项 1

河北省的调查结果显示，创业者样本对于制度的认知则呈现出较强的不确定性。选择为有点不赞同、不好说、有点赞同的比例非常接近。如图 3－136 所示：

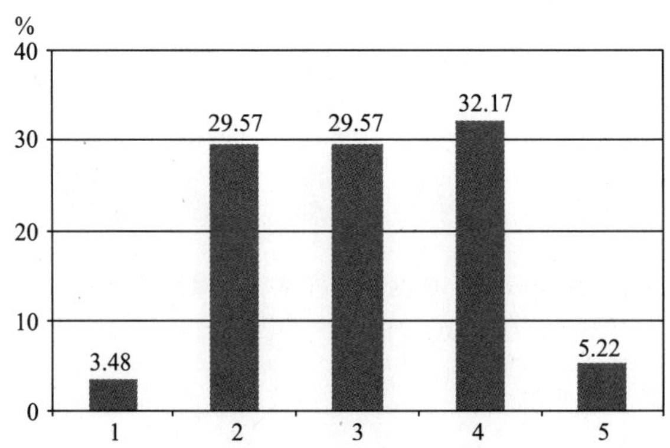

图 3－136　河北省创业者样本认知维度题项 1

山东省的调查结果显示，创业者样本对于制度的认知和北京市的情况较为接近，虽然整体上较为积极，不过不好说的选项比例仍达到了最高。如图 3－137 所示：

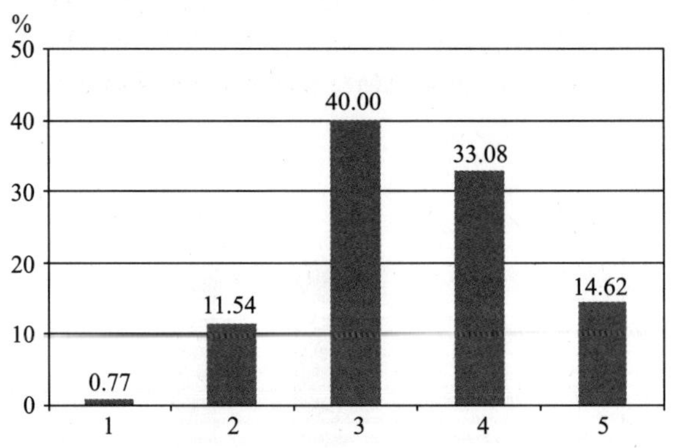

图 3－137　山东省创业者样本认知维度题项 1

辽宁省的调查结果显示，创业者样本对于制度的认知也是偏向积极一侧的，其中有点赞同的选项所占比例是最高的，超过了 30%，其次是不好说。如图 3－138 所示：

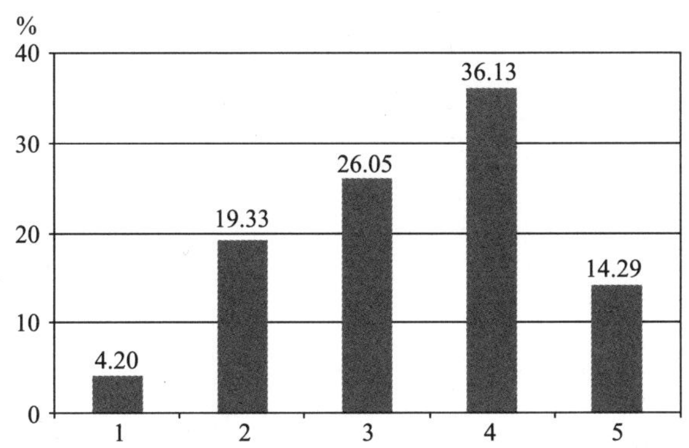

图 3－138　辽宁省创业者样本认知维度题项 1

经计算可得，全体样本在认知维度题项 1 上的得分为 3.41 分，北京市的得分为 3.60 分，天津市的得分为 3.50 分，河北省的得分为 3.06 分，山东省的得分为 3.49 分，辽宁省的得分为 3.37。

“那些创办新企业的人知道如何应对风险（1，非常不赞同；2，有点不赞同；3，不好说；4，有点赞同；5，非常赞同）”的调查结果显示：创业者样本对于制度的认知总体上呈现积极的态度，其中有点赞同的选项所占比例是最高的，超过了 30%，其次是不好说。如图 3－139所示：

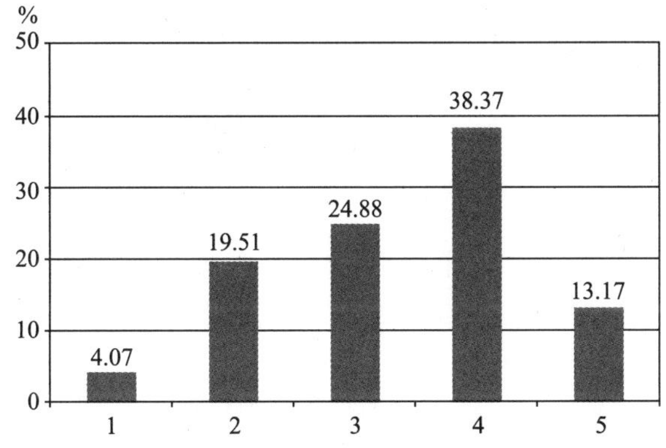

图 3－139　总创业者样本认知维度题项 2

北京市的调查结果显示，创业者样本对于制度的认知虽然总体上仍是正面的，有点赞同的选项所占比例是最高的，不过有点不赞同的比例也比较高。如图 3－140 所示：

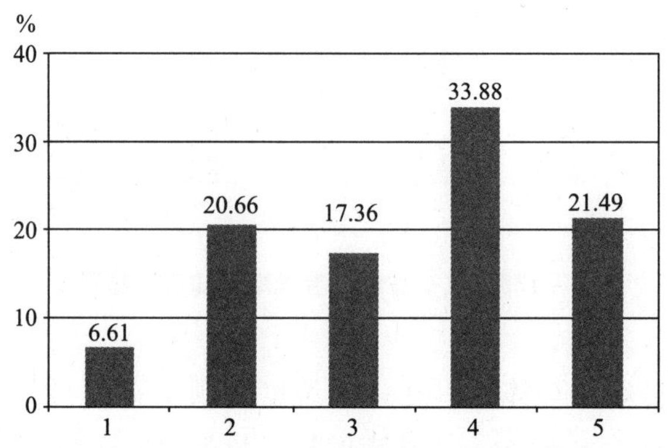

图 3－140　北京市创业者样本认知维度题项 2

天津市的调查结果显示，创业者样本对于制度的认知和整体样本比较接近，其中有点赞同的选项所占比例是最高的，超过了 30%，其次是不好说。如图 3－141 所示：

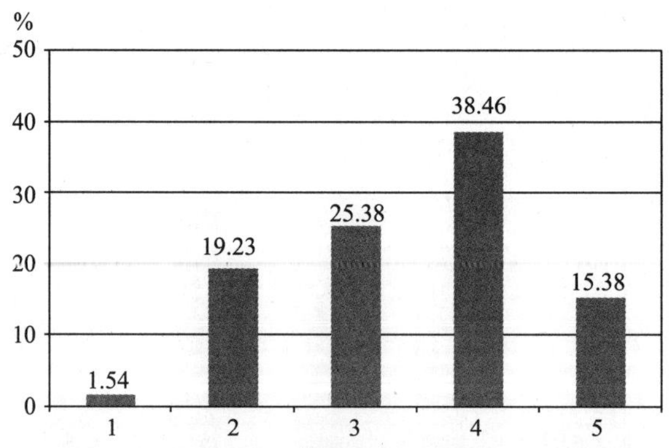

图 3－141　天津市创业者样本认知维度题项 2

河北省的调查结果显示，创业者样本对于制度的认知呈现两个明显的分歧，选择有点赞同和有点不赞同的比例都比较高。如图 3－142 所示：

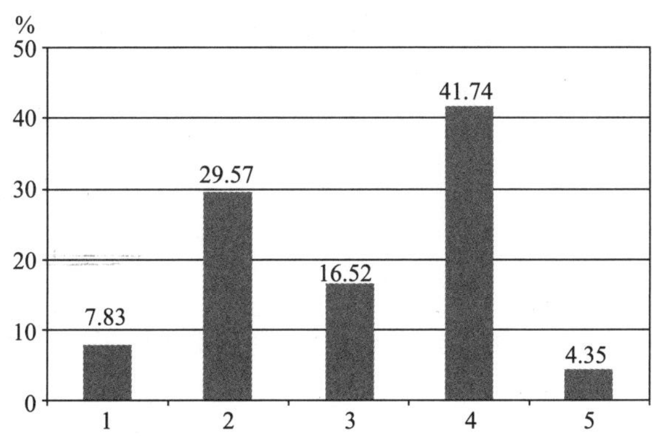

图 3－142　河北省创业者样本认知维度题项 2

山东省的调查结果显示，创业者样本对于制度的认知是较为正面的，其中有点赞同的选项所占比例是最高的，超过了 30%，其次是不好说。如图 3－143 所示：

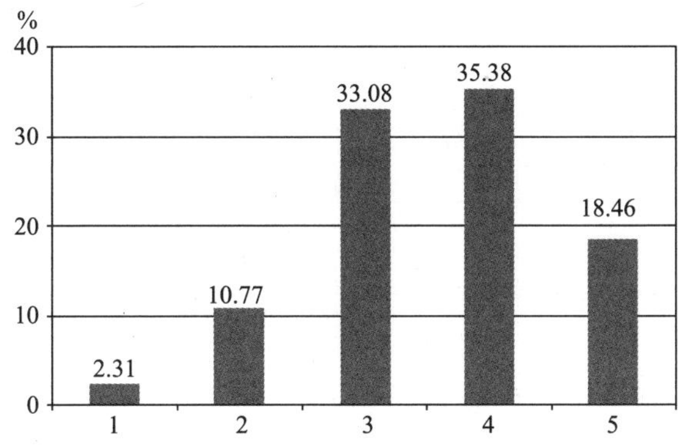

图 3－143　山东省创业者样本认知维度题项 2

辽宁省的调查结果显示，创业者样本对于制度的认知较为正面，其中有点赞同的选项所占比例是最高的，超过了 40%，其次是不好说。如图 3－144 所示：

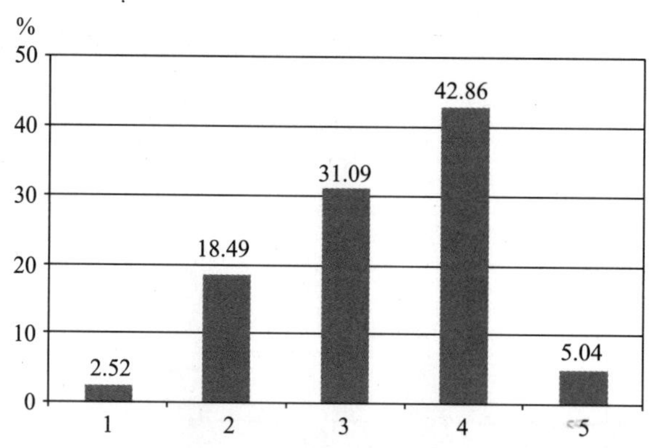

图 3－144　辽宁省创业者样本认知维度题项 2

经计算可得，全体样本在认知维度题项 2 上的得分为 3.37 分，北京市的得分为 3.43 分，天津市的得分为 3.47 分，河北省的得分为 3.05 分，山东省的得分为 3.57 分，辽宁省的得分为 3.29。

“那些创办新企业的人知道如何管理风险（1，非常不赞同；2，有点不赞同；3，不好说；4，有点赞同；5，非常赞同）”的调查结果显示：总创业者样本对于制度认知的态度是正面的，其中有点赞同的选项所占比例是最高的，超过了 30%，其次是不好说。如图 3－145 所示：

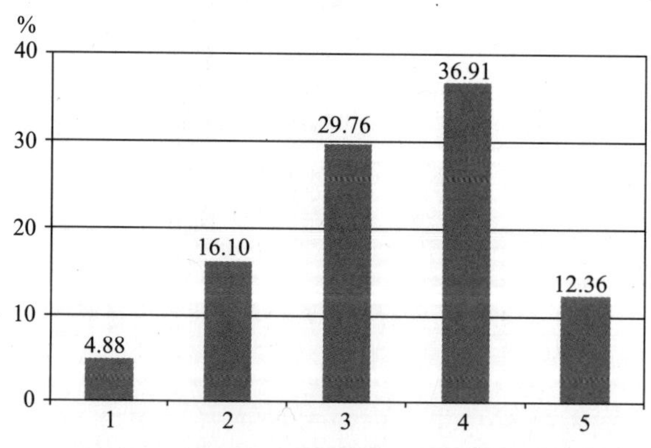

图 3－145　总创业者样本认知维度题项 3

北京市的调查结果显示，创业者样本对于制度的认知非常积极。其中有点赞同的选项所占比例是最高的，超过了30%，其次则是非常赞同。如图3－146所示：

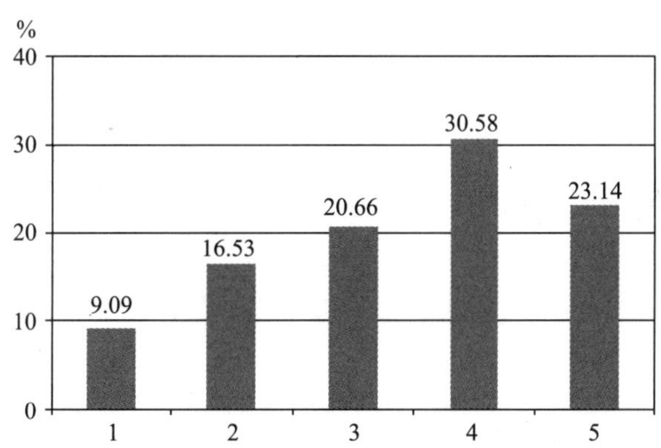

图3－146　北京市创业者样本认知维度题项3

天津市的调查结果显示，创业者样本对于制度的认知也是倾向于积极的，其中有点赞同的选项所占比例是最高的，超过了40%，其次则是不好说。如图3－147所示：

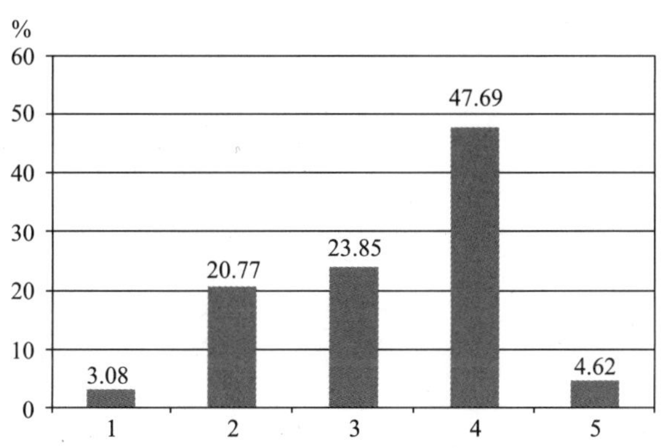

图3－147　天津市创业者样本认知维度题项3

河北省的调查结果显示，创业者样本对于制度的认知和其他省份大致类似，其中有点赞同的选项所占比例是最高的，超过了40%，其次是不好说。如图3－148所示：

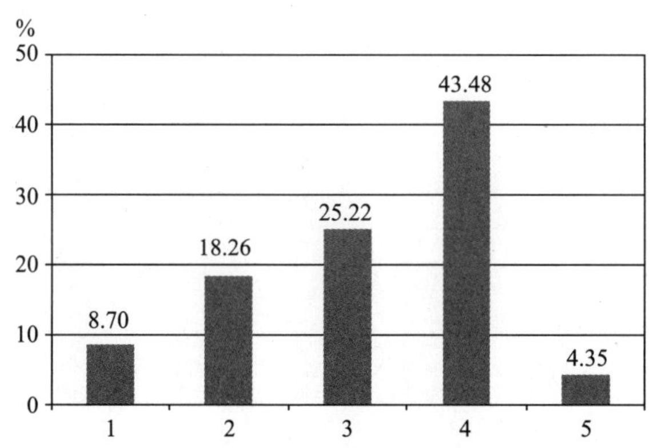

图3－148　河北省创业者样本认知维度题项3

山东省的调查结果显示，创业者样本对于制度的认知较为积极。虽然不好说的选项所占比例是最高的，但是选择有点赞同和完全赞同的比例都比较高。如图3－149所示：

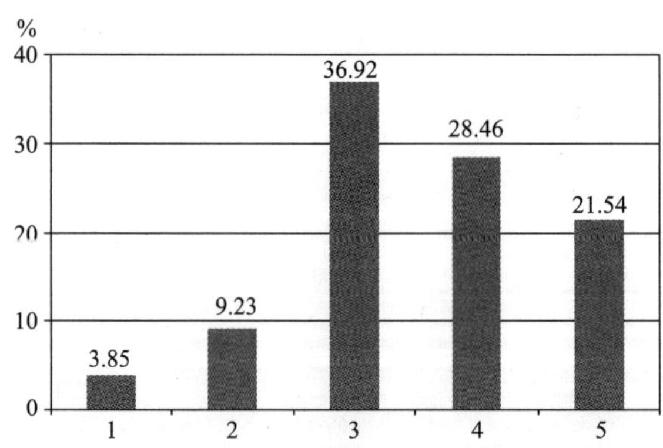

图3－149　山东省创业者样本认知维度题项3

辽宁省的调查结果显示，创业者样本对于制度的认知和山东省较为激进，不好说的选项所占比例也是最高的，不过选择有点赞同的也很高。如图 3－150 所示：

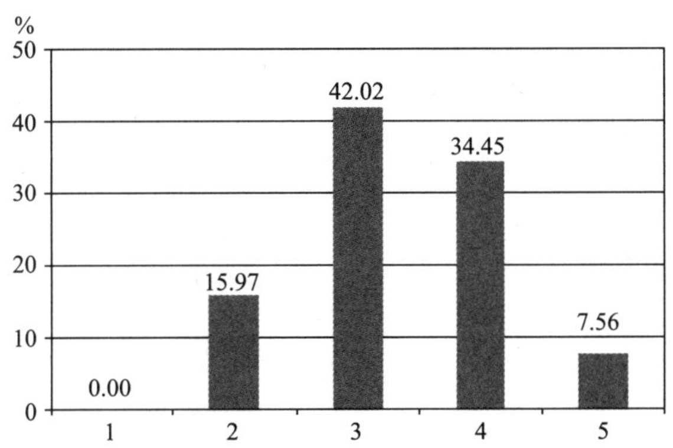

图 3－150　辽宁省创业者样本认知维度题项 3

经计算可得，全体样本在认知维度题项 3 上的得分为 3. 36 分，北京市的得分为 3. 42 分，天津市的得分为 3. 30 分，河北省的得分为 3. 17 分，山东省的得分为 3. 55 分，辽宁省的得分为 3. 54。

“大部分人知道如何寻找关于产品和市场的信息（1，非常不赞同；2，有点不赞同；3，不好说；4，有点赞同；5，非常赞同）”的调查结果显示：总创业者样本对于制度的认知总体上都是正面的，其中有点赞同的选项所占比例是最高的，超过了 40%，其次是不好说。如图 3－151 所示：

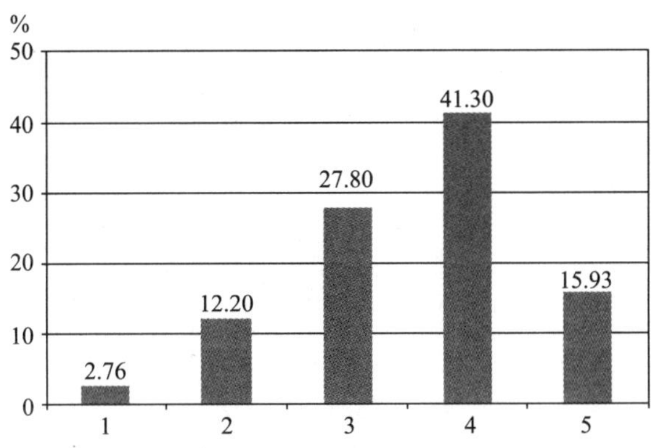

图 3－151　总创业者样本认知维度题项 4

北京市的调查结果显示，创业者样本对于制度的认知总体上是正面的，其中有点赞同的选项所占比例是最高的，超过了40%，其次是非常赞同。如图3－152所示：

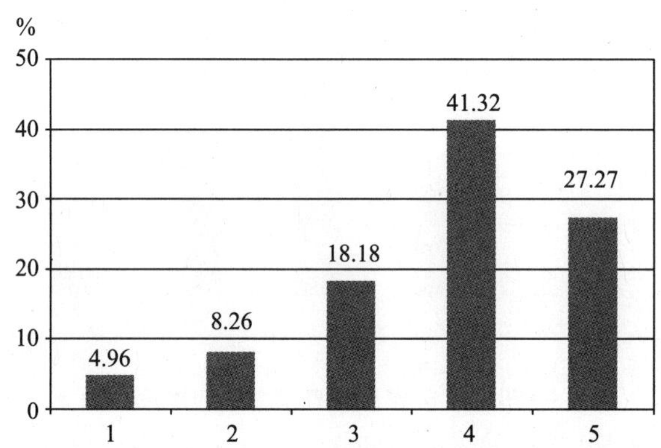

图3－152　北京市创业者样本认知维度题项4

天津市的调查结果显示，创业者样本对于制度的认知非常积极，其中有点赞同的选项所占比例是最高的，超过了50%，而选择完全不赞同和有点不赞同的比例都非常低。如图3－153所示：

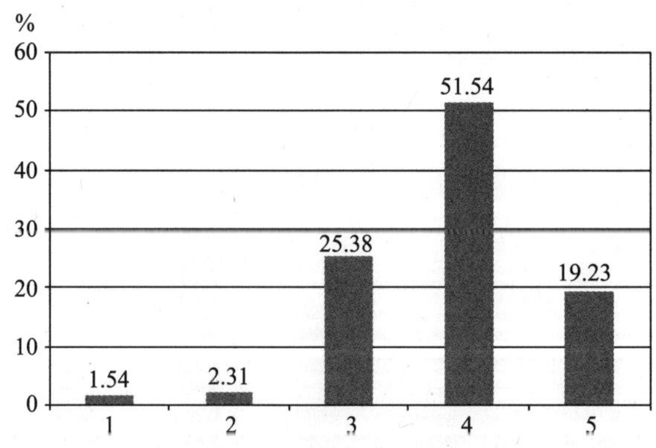

图3－153　天津市创业者样本认知维度题项4

河北省的调查结果显示，创业者样本在对于制度的认知总体上是正面的，其中有点赞同的选项所占比例是最高的，超过了40%，其次是不好说。如图3－154所示：

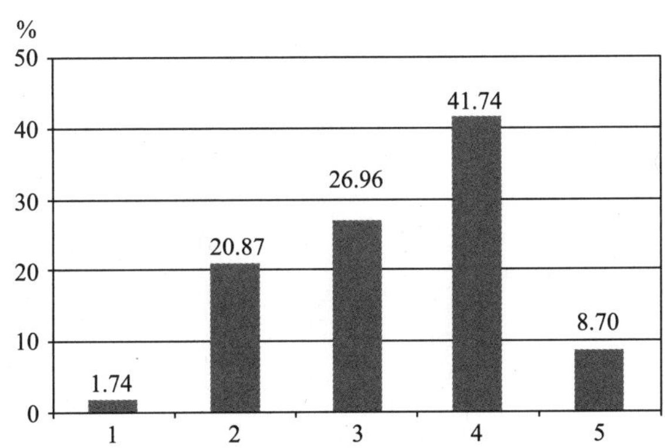

图3－154 河北省创业者样本认知维度题项4

山东省的调查结果显示，创业者样本对于制度的认知总体上是正面的，其中有点赞同的选项所占比例是最高的，超过了30%，不过不好说的选项比例也比较高。如图3－155所示：

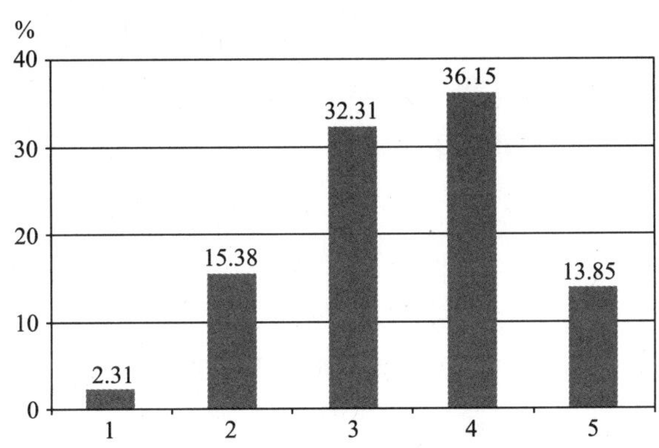

图3－155 山东省创业者样本认知维度题项4

辽宁省的调查结果显示，创业者样本对于制度的认知总体上略微偏向正面。不好说的选项所占比例是最高的，超过了30%，其次是有点赞同。如图3－156所示：

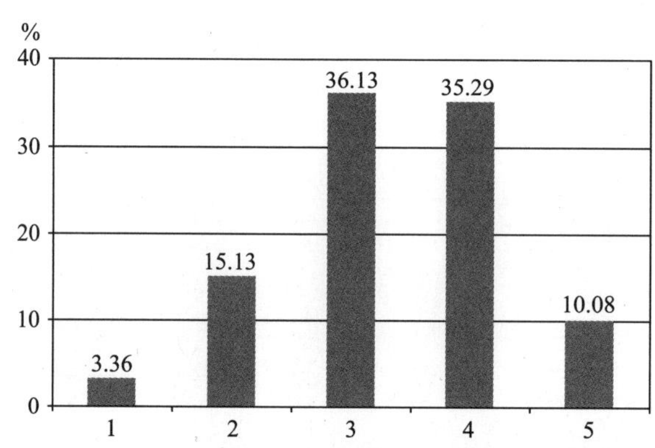

图3－156　辽宁省创业者样本认知维度题项4

经计算可得，全体样本在认知维度题项4上的得分为3.55分，北京市的得分为3.78分，天津市的得分为3.85分，河北省的得分为3.35分，山东省的得分为3.44分，辽宁省的得分为3.34。

各题项得分结果加总平均得到了认知维度的得分为3.42分。其中北京市的认知维度得分为3.56分，天津市的认知维度得分为3.53分，河北省的认知维度得分为3.16分，山东省的认知维度得分为3.51分，辽宁省的认知维度得分为3.33分。

3. 规范维度

“在本区域，创业行动值得羡慕（1，非常不赞同；2，有点不赞同；3，不好说；4，有点赞同；5，非常赞同）”的调查结果显示：总创业者样本对于创业活动的看法总体上是正面的，其中有点赞同的选项所占比例是最高的，超过了40%，其次是不好说。如图3－157所示：

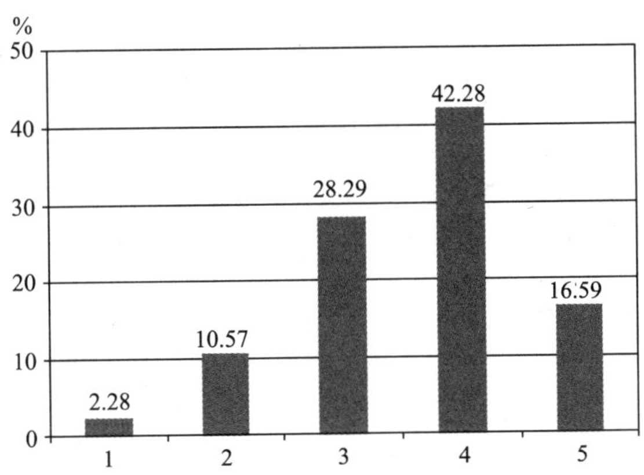

图 3－157　总创业者样本规范维度题项 1

北京市的调查结果显示，创业者样本对于创业活动的看法非常正面，其中有点赞同的选项所占比例是最高的，超过了 40%，其次是非常赞同，选择的比例也比较高。如图 3－158 所示：

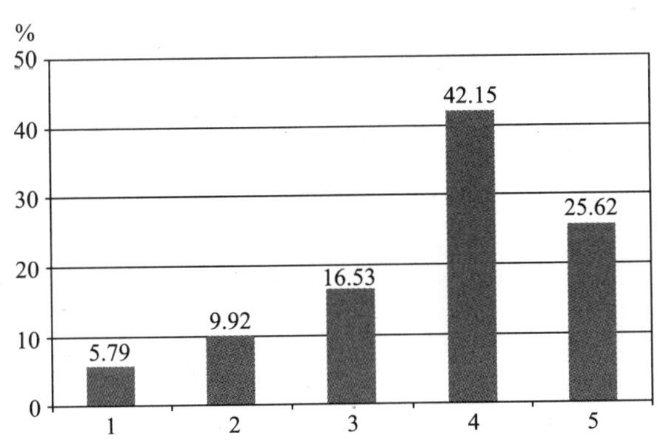

图 3－158　北京市创业者样本规范维度题项 1

天津市的调查结果显示，创业者样本对于创业活动的看法总体上是正面的，其中有点赞同的选项所占比例是最高的，超过了 40%，其次是不好说。如图 3－159 所示：

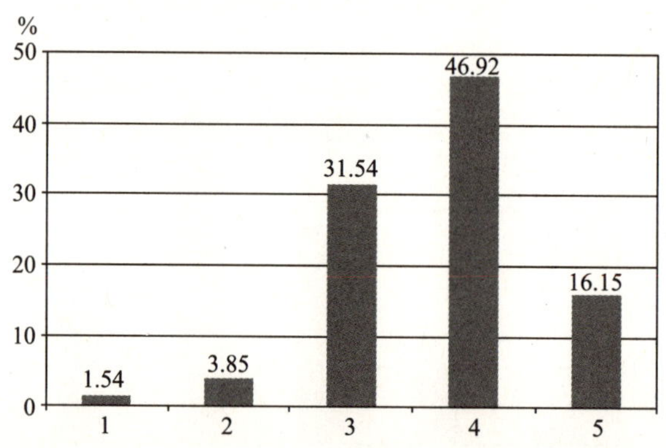

图 3－159　天津市规范维度题项 1

河北省的调查结果显示，创业者样本对于创业活动的看法总体上是正面的，其中有点赞同的选项所占比例是最高的，超过了 40%，其次是不好说。如图 3－160 所示：

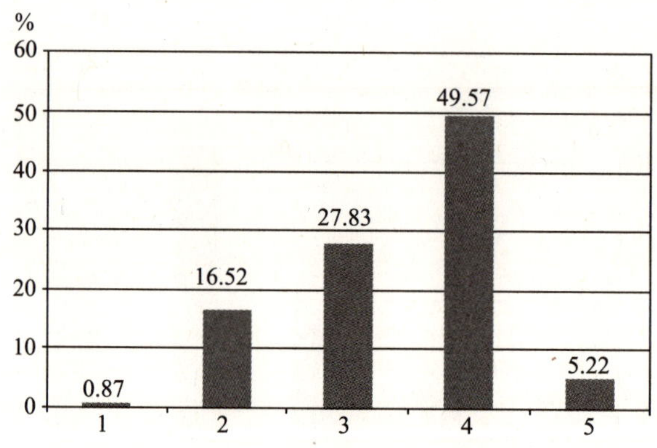

图 3－160　河北省规范维度题项 1

山东省的调查结果显示，创业者样本对于创业活动的看法相对来说较为正面，虽然不好说的选项所占比例是最高的，超过了 40%，不过选择有点赞同和完全赞同的比例也比较高。如图 3－161 所示：

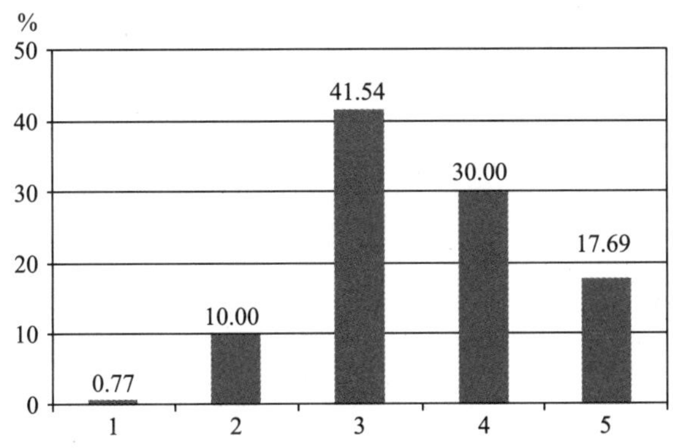

图 3－161　山东省创业者样本规范维度题项 1

辽宁省的调查结果显示，创业者样本对于创业活动的看法总体上是正面的，其中有点赞同的选项所占比例是最高的，超过了 40%，其次是不好说。如图 3－162 所示：

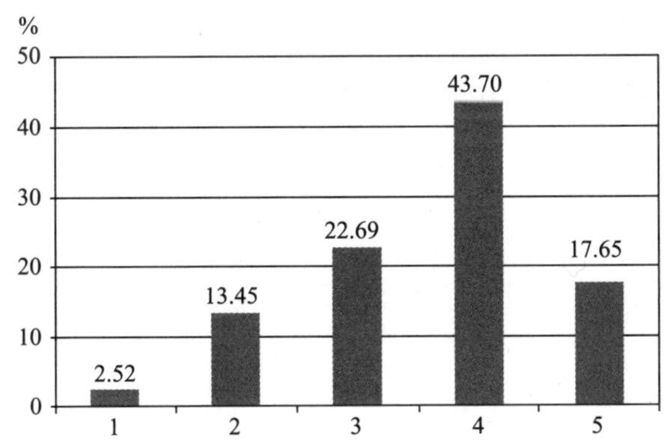

图 3－162　辽宁省创业者样本规范维度题项 1

经计算可得，全体样本在规范维度题项 1 上的得分为 3. 60 分，北京市的得分为 3. 72 分，天津市的得分为 3. 72 分，河北省的得分为 3. 42 分，山东省的得分为 3. 54 分，辽宁省的得分为 3. 61。

“在本区域，创新性和创造性的思维被看成通向成功的途径（1，非常不赞同；2，有点不赞同；3，不好说；4，有点赞同；5，非常赞同)”的调查结果显示：总创业者样本对于创业活动的看法总体上是正面的，其中有点赞同的选项所占比例是最高的，超过了40%，其次是不好说。如图3－163所示：

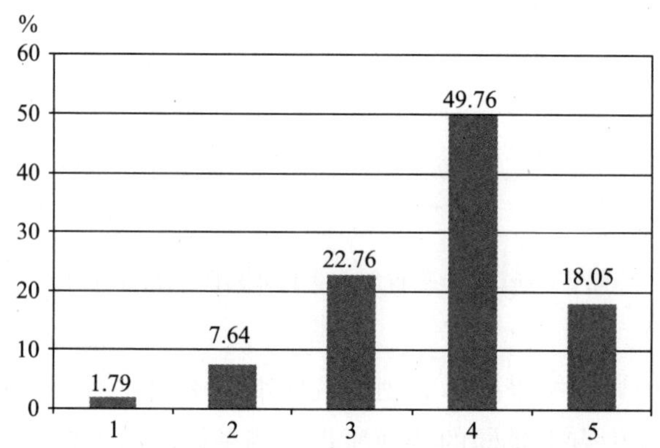

图3－163　总创业者样本规范维度题项2

北京市的调查结果显示，对于创业活动的看法总体非常正面，其中有点赞同的选项所占比例是最高的，超过了40%，其次是完全赞同，选择比例也接近1/4。如图3－164所示：

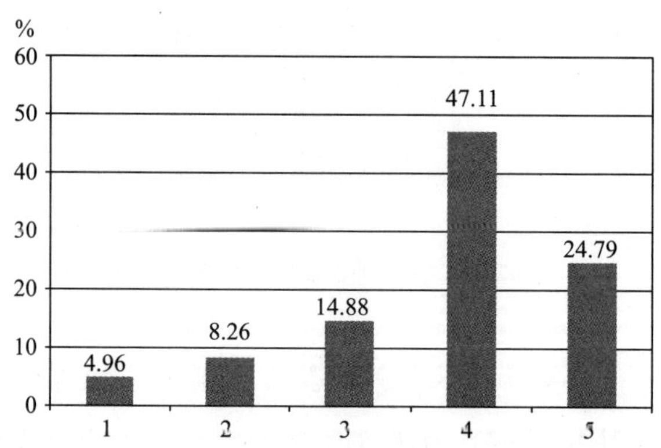

图3－164　北京市创业者样本规范维度题项2

天津市的调查结果显示，创业者样本对于创业活动的看法总体上是正面的，其中有点赞同的选项所占比例是最高的，超过了50%，其次是不好说。如图3－165所示：

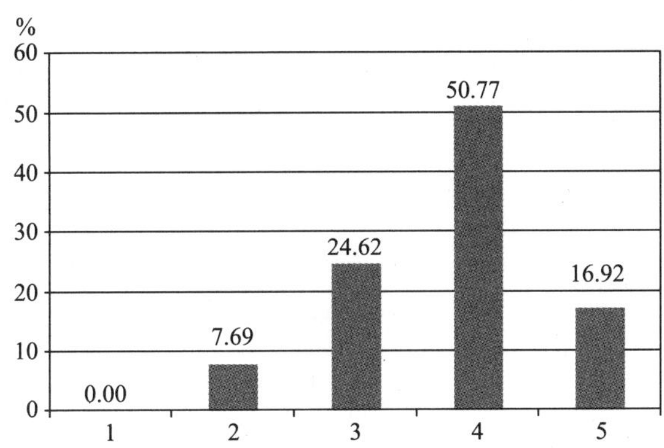

图3－165　天津市创业者样本规范维度题项2

河北省的调查结果显示，创业者样本对于创业活动的看法总体上是正面的，其中有点赞同的选项所占比例是最高的，超过了60%，其次是不好说。如图3－166所示：

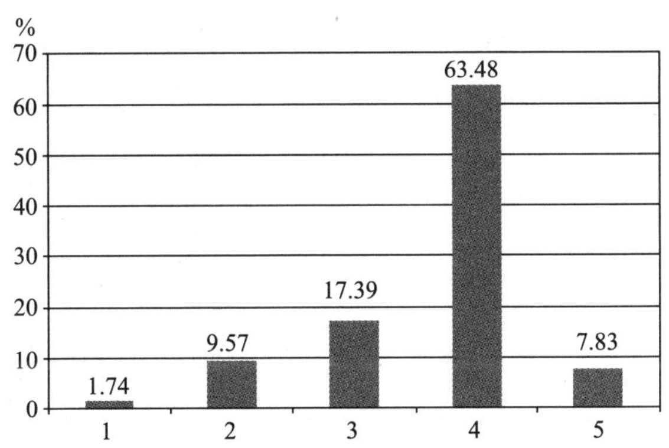

图3－166　河北省创业者样本规范维度题项2

山东省的调查结果显示，创业者样本对于创业活动的看法总体上是正面的，有点赞同的选项所占比例是最高的，接近40%，不过选择不好说的比例也比较高。如图3－167所示：

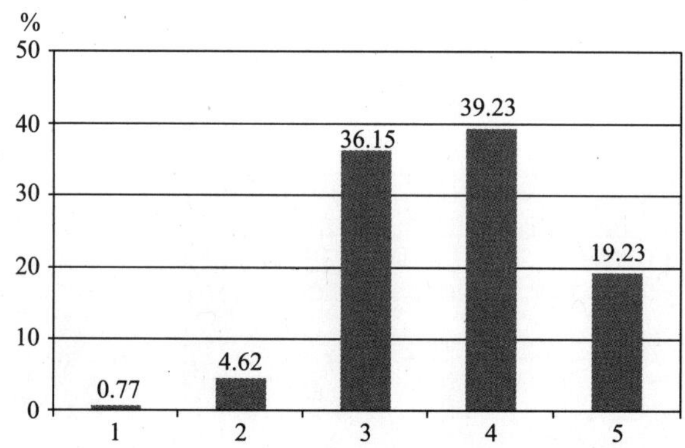

图3－167　山东省创业者样本规范维度题项2

辽宁省的调查结果显示，创业者样本对于创业活动的看法总体上是正面的，其中有点赞同的选项所占比例是最高的，超过了40%，其次是不好说。如图3－168所示：

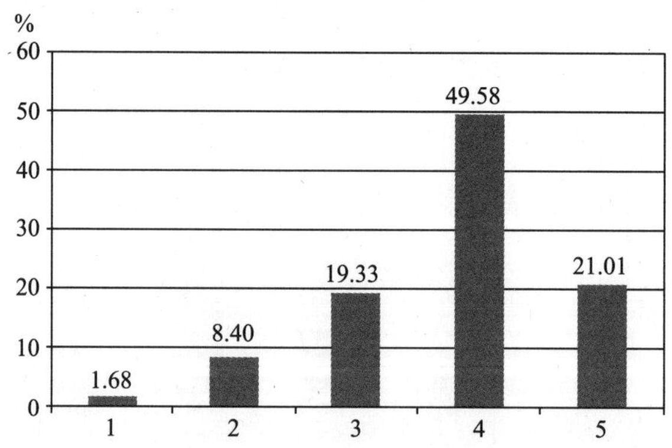

图3－168　辽宁省创业者样本规范维度题项2

经计算可得，全体样本在规范维度题项 2 上的得分为 3.75 分，北京市的得分为 3.79 分，天津市的得分为 3.77 分，河北省的得分为 3.66 分，山东省的得分为 3.72 分，辽宁省的得分为 3.80 分。

"在本区域，创业者被广为赞赏（1，非常不赞同；2，有点不赞同；3，不好说；4，有点赞同；5，非常赞同）"的调查结果显示：总创业者样本对于创业活动的看法总体上是正面的，其中有点赞同的选项所占比例是最高的，超过了 40%，其次是不好说。如图 3－169 所示：

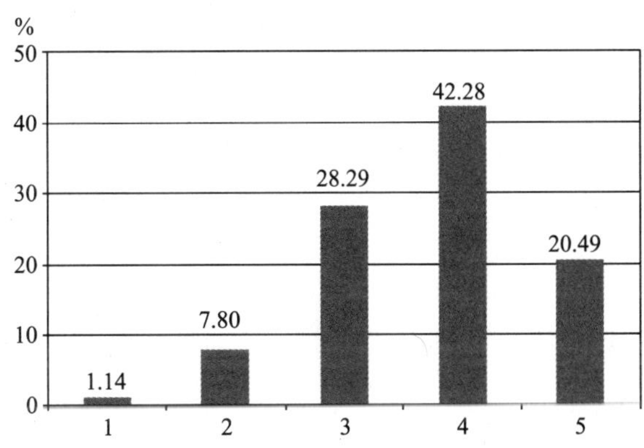

图 3－169　总创业者样本规范维度题项 3

北京市的调查结果显示，创业者样本对于创业活动的看法总体上是正面的，其中有点赞同的选项所占比例是最高的，超过了 40%，其次是非常赞同。如图 3－170 所示。

天津市的调查结果显示，创业者样本对于创业活动的看法总体上是正面的，其中有点赞同的选项所占比例是最高的，超过了 40%，其次是不好说。如图 3－171 所示。

河北省的调查结果显示，创业者样本对于创业活动的看法总体上是正面的，其中有点赞同的选项所占比例是最高的，超过了 50%，其次是不好说。如图 3－172 所示。

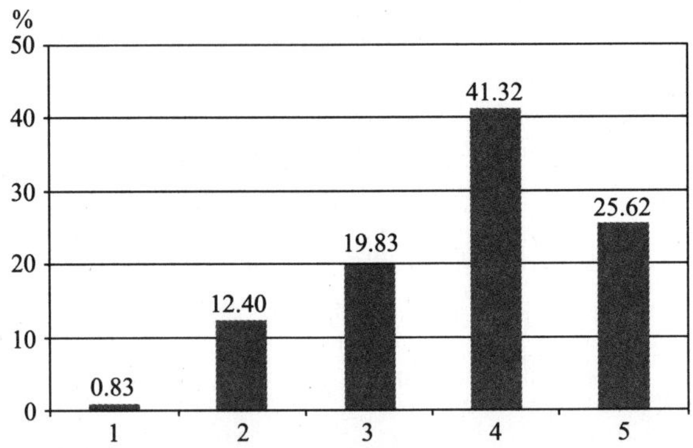

图 3－170　北京市创业者样本规范维度题项 3

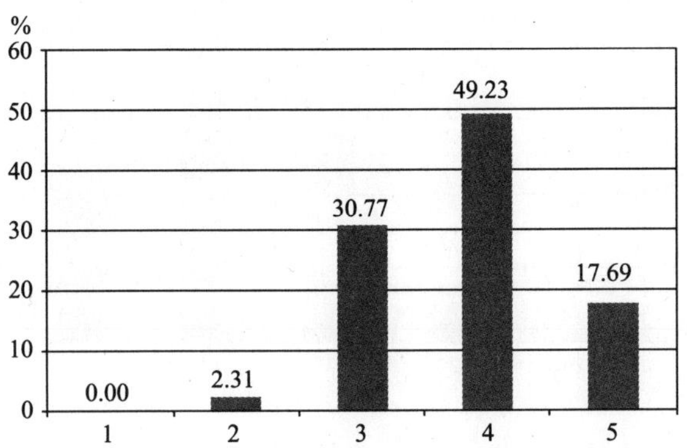

图 3－171　天津市创业者样本规范维度题项 3

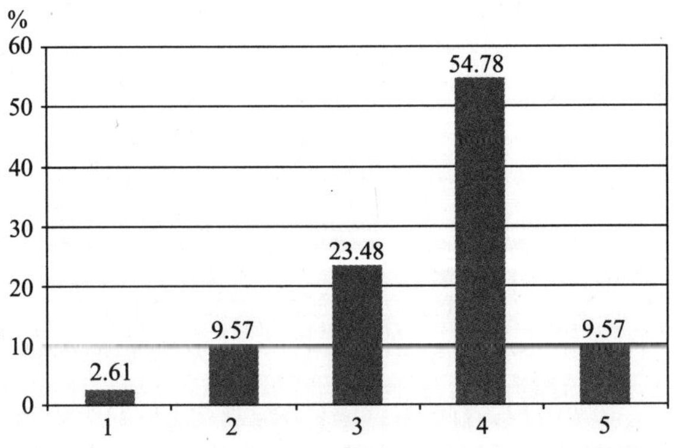

图 3－172　河北省创业者样本规范维度题项 3

山东省的调查结果显示，创业者样本在总体上的态度都持正面态度，其中不好说的选项所占比例是最高的，正好是40%，其次是有点赞同。如图3－173所示：

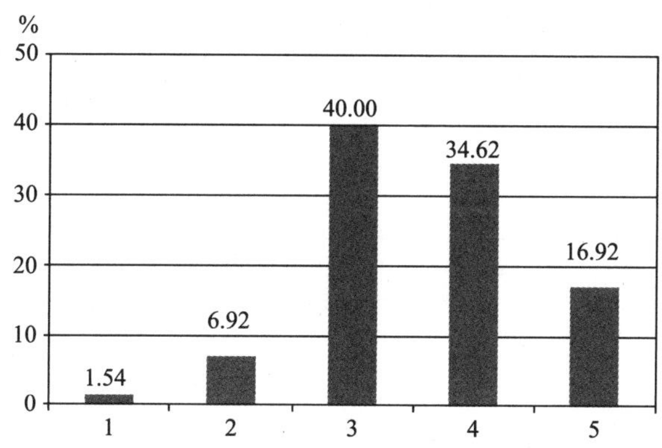

图3－173　山东省创业者样本规范维度题项3

辽宁省的调查结果显示，创业者样本对于创业活动的看法非常正面，有点赞同和完全赞同的选择比例都非常高，二者加起来已经超过了60%。如图3－174所示：

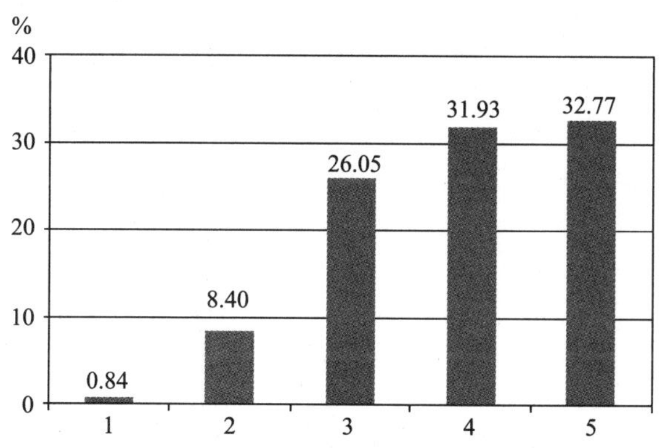

图3－174　辽宁省创业者样本规范维度题项3

经计算可得，全体样本在规范维度题项 3 上的得分为 3.73 分，北京市的得分为 3.79 分，天津市的得分为 3.82 分，河北省的得分为 3.59 分，山东省的得分为 3.58 分，辽宁省的得分为 3.87 分。

“本区域的人更加欣赏那些创办自己企业的人（1，非常不赞同；2，有点不赞同；3，不好说；4，有点赞同；5，非常赞同）”的调查结果显示：总创业者样本对于创业活动的看法总体上是正面的，其中有点赞同的选项所占比例是最高的，接近 50%，其次是不好说。如图3－175所示：

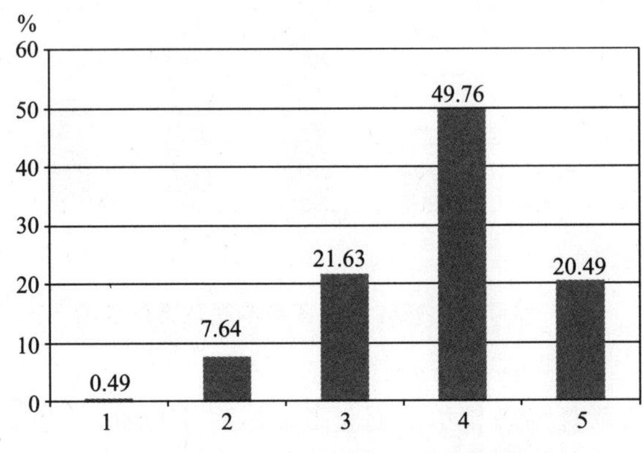

图 3－175　总创业者样本规范维度题项 4

北京市的调查结果显示，创业者样本对于创业活动的看法总体上是正面的，其中有点赞同的选项所占比例是最高的，超过了 40%，其次则是非常赞同。如图 3－176 所示：

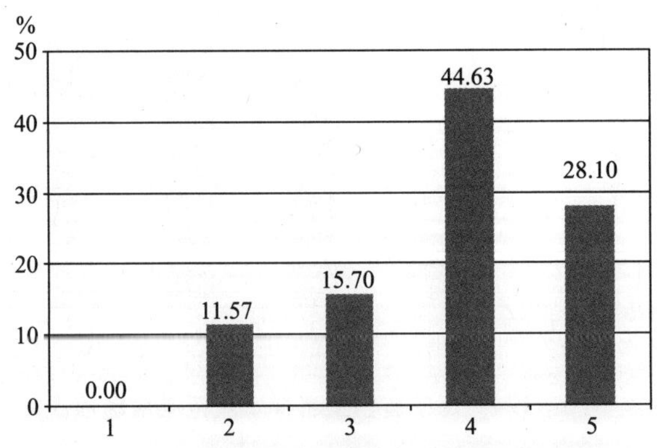

图 3－176　北京市创业者样本规范维度题项 4

天津市的调查结果显示，创业者样本对于创业活动的看法总体上是正面的，其中有点赞同的选项所占比例是最高的，超过了40%，其次则是非常赞同。如图3－177所示：

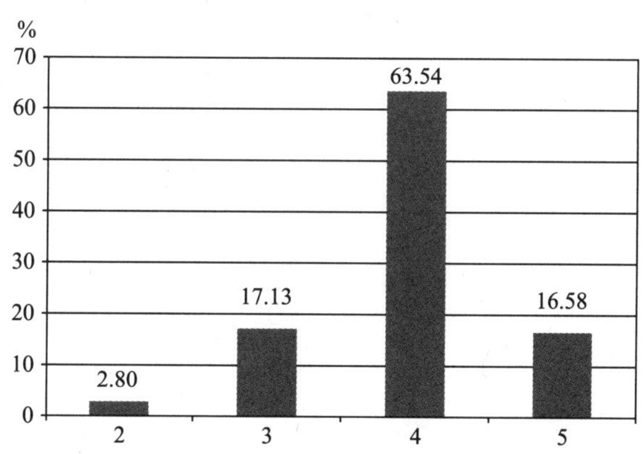

图3－177　天津市创业者样本规范维度题项4

注：1无统计意义，未标注。

河北省的调查结果显示，创业者样本对于创业活动的看法总体上非常正面，其中有点赞同的选项所占比例是最高的，超过了50%，其次则是不好说。如图3－178所示：

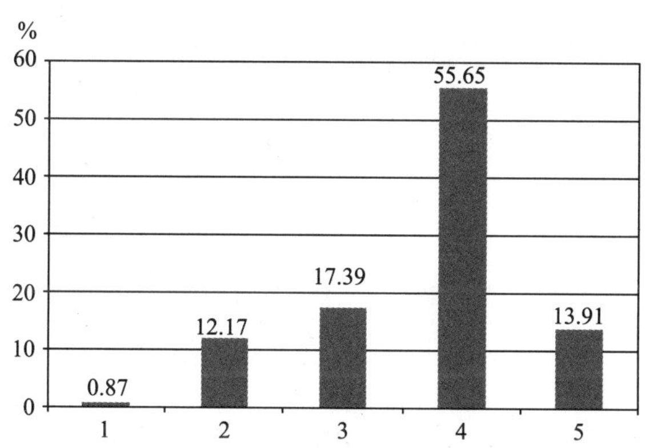

图3－178　河北省创业者样本规范维度题项4

山东省的调查结果显示，创业者样本对于创业活动的看法总体上是正面的，其中有点赞同的选项所占比例是最高的，超过了40%，其次是不好说。如图3－179所示：

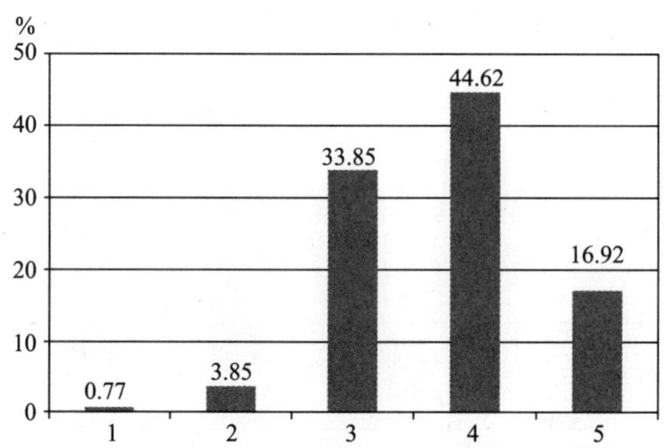

图3－179　山东省创业者样本规范维度题项4

辽宁省的调查结果显示，创业者样本对于创业活动的看法总体上非常正面，其中有点赞同的选项所占比例是最高的，超过了40%，其次则是非常赞同。如图3－180所示：

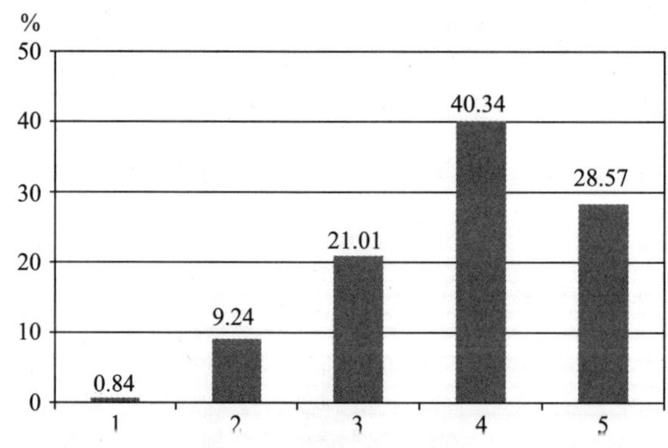

图3－180　辽宁省创业者样本规范维度题项4

经计算可得，全体样本在规范维度题项4上的得分为3.82分，北京市的得分为3.89分，天津市的得分为3.92分，河北省的得分为3.70分，山东省的得分为3.73分，辽宁省的得分为3.87分。

各题项得分结果加总平均得到了环渤海地区规范维度的得分为3.73分。其中北京市的规范维度得分为3.80分，天津市的规范维度得分为3.81分，河北省的规范维度得分为3.59分，山东省的规范维度得分为3.64分，辽宁省的规范维度得分为3.79分。

管控维度、认知维度和规范维度的得分加总平均得到了制度层面的环渤海地区总体得分为3.47分。其中，北京市的制度情境得分为3.62分，天津市的制度情境得分为3.62分，河北省的制度情境得分为3.28分，山东省的制度情境得分为3.58分，辽宁省的制度情境得分为3.32分。

五　本章小结

本章主要关注创业生态指数的多重创业情境维度，它包含了家庭情境、社会情境、商业情境和制度情境。我们将家庭和社会情境的得分、商业情境的得分、制度情境的得分加总平均得到京津冀地区创业生态的多重创业情境指数为3.03。其中北京市多重创业情境指数为2.95，天津市多重创业情境指数为3.17，河北省多重创业情境指数为2.69，山东省多重创业情境指数为2.94，辽宁省多重创业情境指数为3.02。

第四章　环渤海地区区域空间环境指数

创业生态的区域空间环境指数是指区域宏观层面的资源禀赋。这是特定区域的总体特征，创业种群的活跃发展、家庭和社会对于创业者的支持、商业和制度方面的限制或支持都是依托于区域空间的。自2011年的创业生态调研开始，我们就将区域层面的宏观数据分析整合到创业生态指数中，试图完整勾勒区域创业活动的总体特征。在2015年的调研和分析中，我们同样将区域空间环境指数作为与创业种群活跃指数、多重创业情境指数并列的创业生态要素，考察环渤海地区在这一维度上的分布特征。

一　区域空间环境指标设计

同2011年北京市创业生态指数一样，我们主要使用从统计年鉴等公开资料中所收集到的数据。我们的数据主要来自国家统计局提供的各地区2015年数据。同时，考虑到不同区域之间的固有差异（面积、人口、资源的差异），对于大多数指标，我们使用了该地区的人口数量作为分母，测算出这些地区基于已有人口基数所得到的指标密集度，这就能更准确地反映该地区的发展状况。

我们所考察的区域空间环境特征包括区域科技水平、教育水平、劳动力充裕度、经济发展水平、居民可支配收入五个方面。这些内容涵盖了区域层面可以为创业活动发展所提供的各类资源，也是创业者在选择特定区域创业时会考虑的选址因素。

二　区域空间环境评价

1. 区域科技水平

科技是地区的重要资源禀赋。从国内外创业活动的实践来看，科技进步是推进创业活动、特别是高科技创业活动的重要力量。而且，科技具有很强的外溢性。区域内技术活动的蓬勃发展，往往会带动整个区域在技术研发和创新方面的商业活动。我们对于区域科技水平的评价是使用地区的专利授权数量。这也是反映区域科技水平的常见测量指标。同上面说明一样，我们使用人口数量作为专利授权数量的分母，以获得可横向比较的区域相对科技水平。

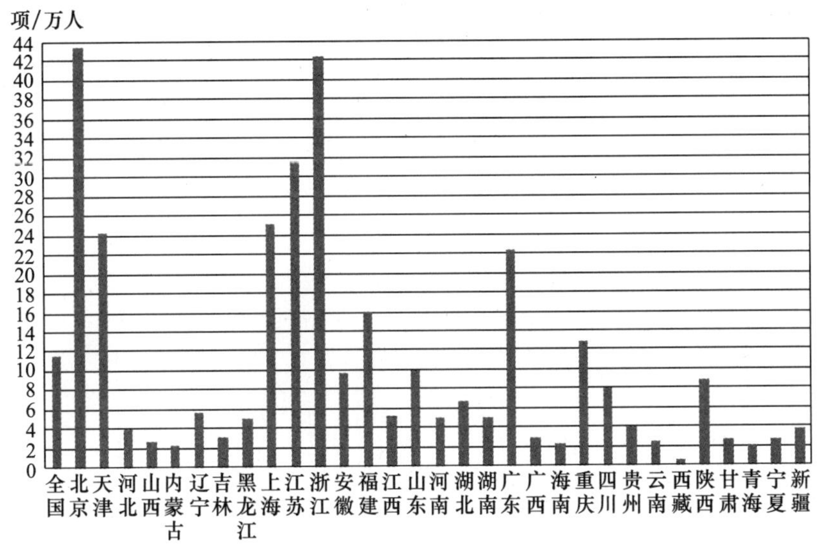

图 4－1　地区每万人专利授权数比较

地区专利授权数/地区人口（单位：项/万人）的数据显示（见图 4－1），北京市和天津市每万人专利授权数量在全国范围内处于较高水平，高于河北省、山东省和辽宁省的水平。河北省、山东省和辽宁省的水平都较低，比全国水平低。如果将数值在0—5项以内的计为1分，5—10项的得分计为2分，10—15项的得分计为3分，15—20项的得分计为4分，20项以上的得分计为5分，那么北京市在该项的得分为5分，天津市在该项的得分为5分，河北省在该项的得分为1分，山东省在该项的得分为2分，辽宁省在该项的得分为2分。

2. 区域教育水平

区域教育水平反映了区域内社会人群的总体教育层次。区域教育水平对于创业活动的影响是积极的。一方面，教育水平与区域的科技发展有一定相关性，因此，教育水平越高意味着区域可能有较强的技术外溢效应；另一方面，教育水平也与区域人群的综合素质有相关性，区域教育水平越高，创业者越有可能在当地获得高层次的雇佣人群。我们使用区域高等学校毕业生人数作为区域教育水平的指标。同样在指标上，我们使用统计局提供的高等学校毕业生人数/地区人口的数据作为教育水平的测量指标。数据显示（见图4－2）：天津市的每万人高等学校毕业生人数居于全国之首，其次是陕西省，北京处于第三位，河北省低于全国水平，山东省几乎接近全国水平。如果将数值

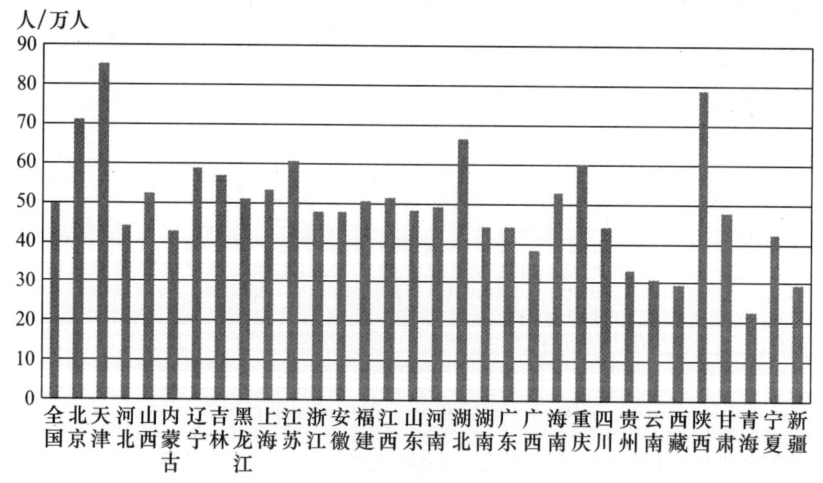

图4－2　地区每万人高等学校毕业生人数比较

在。0—15 人以内的计为 1 分，15—30 人的得分计为 2 分，30—45 人的得分计为 3 分，45—60 人的得分计为 4 分，60 人以上的得分计为 5 分，那么，北京市在该项的得分为 5 分，天津市在该项的得分为 5 分，河北省在该项的得分为 4 分，山东省在该项的得分为 4 分，辽宁省在该项的得分为 4 分。

3. 区域劳动力水平

区域劳动力禀赋是区域创业活动的重要支持力量。劳动力充裕，意味着创业者可以获得更多的雇佣人员，也意味着有可能从这些成年劳动者中诞生更多的潜在创业者。我们使用统计局提供的各地区城镇就业人员数量作为区域劳动力水平的指标。城镇就业人员/地区人口的横向比较显示（见图 4－3）：北京市的每万人城镇就业人口数目在全国范围处于最高水平，而天津市、河北省和山东省的每万人城镇就业人口数低于全国水平，辽宁省的每万人城镇就业人口数几乎接近全国水平。如果将数值在 0—1000 以内的得分计为 1 分，1000—2000 以内的得分计为 2 分，2000—3000 以内的得分计为 3 分，3000—4000 以内的得分计为 4 分，4000 以上的得分计为 5 分，那么，北京市在该项的得分为 3 分，天津市在该项的得分为 2 分，河北省在该项的得分为 1 分，山东省在该项的得分为 1 分，辽宁省在该项的得分为 2 分。

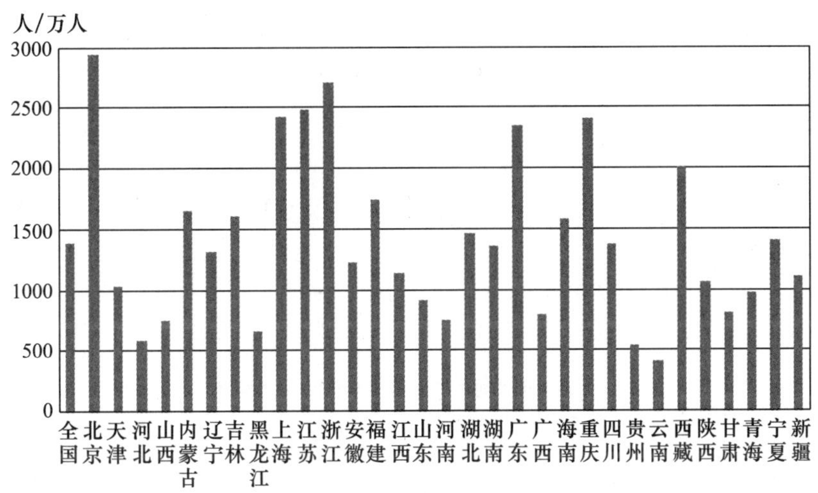

图 4－3　地区每万人城镇就业人员数量比较

4. 区域经济水平

区域经济水平是创业者在选择创业区域时候需要考虑的经济要素。区域经济水平高，意味着创业者能够获得较稳定的消费人群，从而为市场需求的开发提供基础。区域经济水平的高低同时也意味着区域的基础设施状况的优劣。在经济较发达地区，往往也有较先进的基础设施，这些都是创业者的选址因素。我们使用地区财政收入作为区域经济水平的衡量指标。地区财政收入/地区人口的横向比较显示（见图4－4）：北京市和上海市每万人创造的地区财政收入处于全国的前列，其次是天津。河北省的水平较低，低于全国水平。如果将数值在0—0.2以内的得分计为1分，0.2—0.4以内的得分计为2分，0.4—0.6以内的得分计为3分，0.6—0.8以内的得分计为4分，0.8以上的得分计为5分，那么，北京市在该项的得分为5，天津市在该项的得分为5，河北省在该项的得分为2，山东省在该项的得分为3，辽宁省在该项的得分为3。

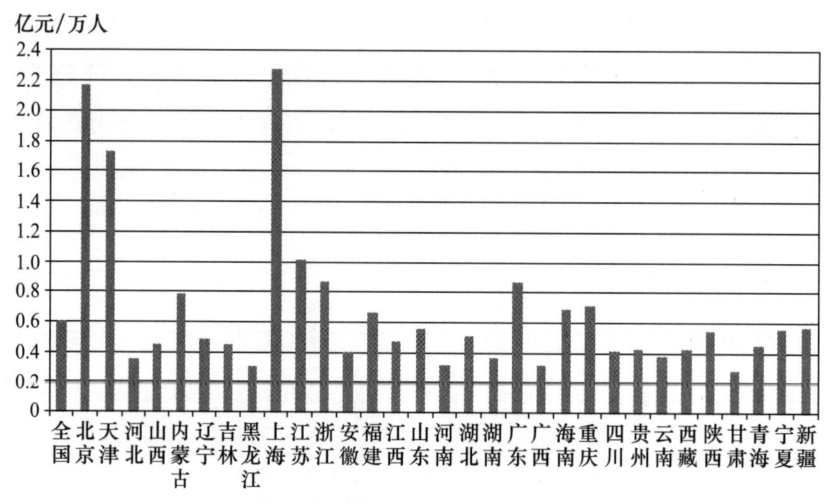

图4－4　地区每万人财政收入比较

5. 区域居民可支配收入

区域居民可支配收入同样反映的是区域的经济水平，不过它与区域市场需求规模的关系更为直接。同时，区域居民可支配收入也间接反映了潜在创业者可以用于创业的资金充裕程度。居民可支配收入越高，潜在的创业者越有可能募集到更多的资金来实施创业行动。我们使用城镇居民工资水平作为区域居民可支配收入的测量指标。城镇居民年工资水平的横向比较显示（见图4－5）：北京市和上海市的人员工资平均水平位居全国前列首，天津处于第四位，都高于全国水平。河北省、山东省和辽宁省的人员工资平均水平低于全国水平。如果将数值处于0—10000的得分计为1分，10000—20000的得分计为2分，20000—30000的得分计为3分，30000—40000的得分计为4分，40000以上的得分计为5分，那么北京市在该项的得分为5分，天津市在该项的得分为4分，河北省在该项的得分为2分，山东省在该项的得分为3分，辽宁省在该项的得分为3分。

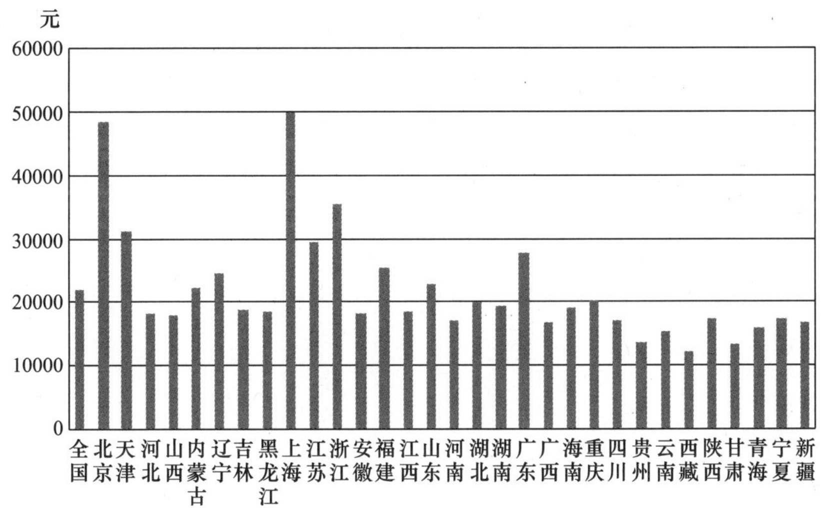

图4－5　地区城镇居民工资水平比较

三　本章小结

本章主要关注区域空间环境指数。这是区域创业生态系统的最外围特征。在创业者选择空间区域时，这些因素构成了区域环境的主要方面。从区域科技水平、区域教育水平、区域劳动力水平、区域经济水平、区域居民可支配收入五个方面的数据分布来看，环渤海地区在不同方面存在着发展差异。上面五个方面得分加总得到了环渤海地区空间层面的总体平均得分，为3.24分。其中北京市空间环境的得分为4.60分，天津市空间环境的得分为4.20分，河北省空间环境的得分为2.00分，山东省空间环境的得分为2.60分，辽宁省空间环境的得分为2.80分。

第五章　环渤海地区创业种群创新指数

本章是在《北京市创业生态指数报告（2011）》《京津冀创业生态指数报告（2013）》的基础上新增的板块，主要展示环渤海地区创业种群创新程度的评测结果。为了把企业的创新活动独立出来生成一个相对系统化的创新指数，本章从创新产出、创新活动和吸收能力三个方面来描述创业种群的创新指数。

一　创新产出

1. 产品创新

不同行业对产品创新有不同的界定。工业企业产品创新是指企业推出了全新的或有重大改进的产品；服务业企业产品（服务）创新是指企业向市场推出了全新的或有重大改进的服务或产品。本书采用企业已经开展的产品创新的次数作为产品创新的测量指标。总体样本的调研结果显示，创业企业的产品创新次数集中在 0 次，达到了 29.20%，其次是 1 次，均为 25.00%。如图 5－1 所示。

北京市的调研结果显示，创业企业的产品创新次数集中在 1 次，达到了 45.52%，其次是 0 次，达到了 35.17%。如图 5－2 所示。

天津市的调研结果显示，创业企业的产品创新次数集中在 1 次，达到了 40.78%，其次是 2 次和 3 次，均为 20.39%。如图 5－3 所示。

河北省的调研结果显示，创业企业的产品创新次数集中在 2 次，达到了 32.31%，其次是 1 次，达到了 29.23%。如图 5－4 所示。

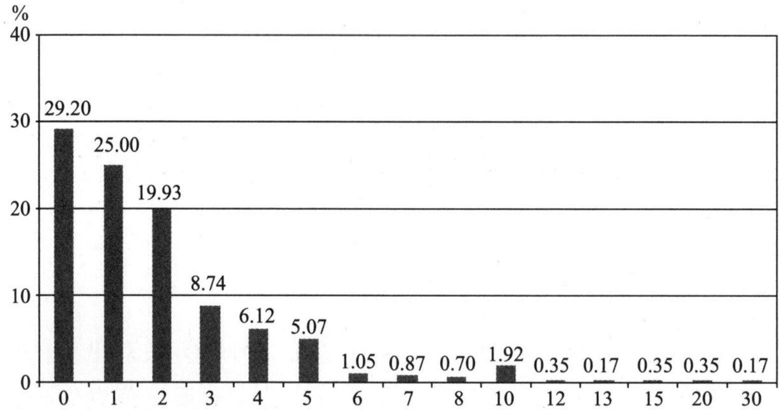

图 5－1　总创业企业样本产品创新次数分布

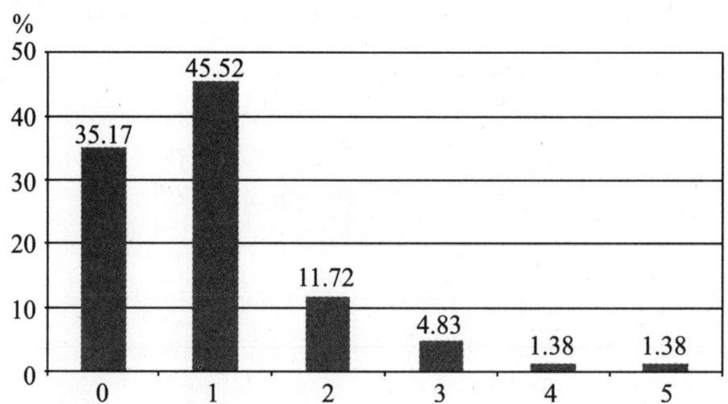

图 5－2　北京市创业企业样本产品创新次数分布

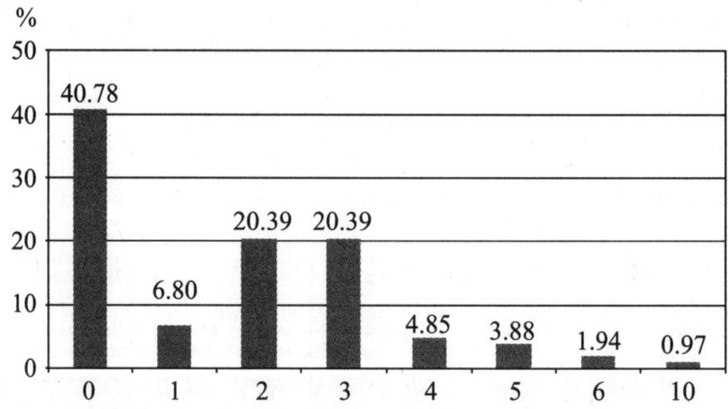

图 5－3　天津市创业企业样本产品创新次数分布

注：7、8、9 均为 0，因此未标注。

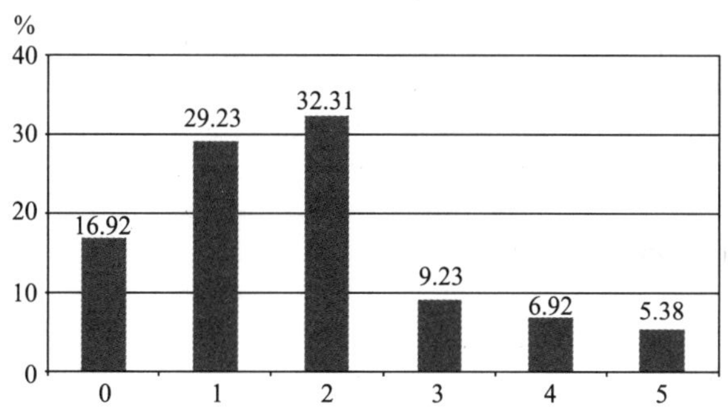

图 5－4　河北省创业企业样本产品创新次数分布

山东省的调研结果显示，创业企业的产品创新次数集中在 1 次，达到了 26. 14%，其次是 0 次，达到了 23. 86%。如图 5－5 所示：

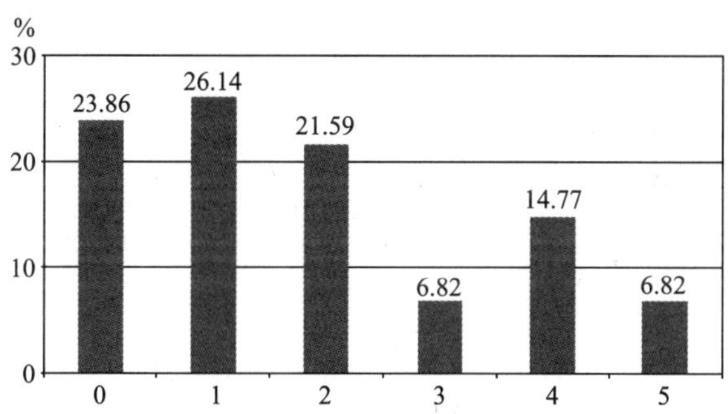

图 5－5　山东省创业企业样本产品创新次数分布

辽宁省的调研结果显示，创业企业的产品创新次数集中在 0 次，达到了 29. 25%，其次是 2 次，达到了 14. 15%。如图 5－6 所示：

经计算可得，全体样本企业产品创新的平均次数为 2. 02 次，北京市样本企业产品创新的平均次数为 0. 96 次，天津市样本企业产品创新的平均次数为 1. 69 次，河北省样本企业产品创新的平均次数为 1. 76 次，山东省样本企业产品创新的平均次数为 1. 83 次，辽宁省样本企业产品创新的平均次数为 4. 27 次。如果小于 1 次计为 1 分，1 次到 2 次之间的计为 2 分，2 次到 3 次之间的计为 3 分，3 次到 4 次之间的计为4分，4次以上的计为5分，那么，全体样本企业产品创新的得分为2.4分，北京市的得分为1分，天津市的得分为2分，河北省的得分为2分，山东省的得分为2分，辽宁省的得分为5分。

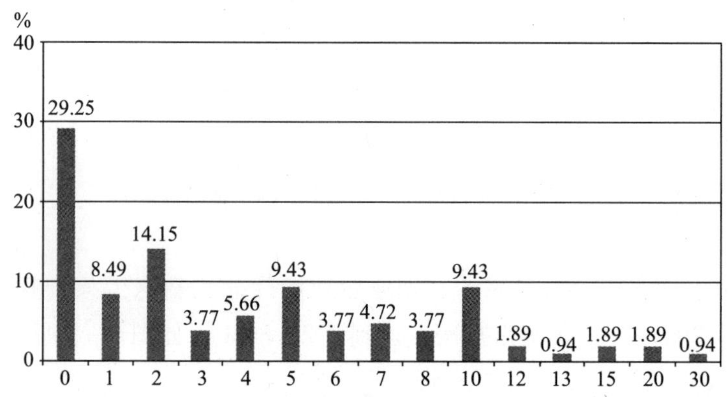

图5－6　辽宁省创业企业样本产品创新次数分布

2. 工艺创新

不同的行业对工艺创新也有着不同的界定。工业企业工艺创新是指企业采用了全新的或有重大改进的生产方法、工艺设备或辅助性活动；服务业工艺（流程）创新是指企业在推出服务或其他产品的过程以及辅助性活动中采用了全新的或有重大改进的技术、设备或软件等。总体样本的调研结果显示，创业企业的工艺创新次数集中在0次，达到了33.57%，其次是1次，达到了23.43%。如图5－7所示。

北京市的调研结果显示，创业企业的工艺创新次数集中在1次，达到了38.62%，其次是0次，达到了37.93%。如图5－8所示。

天津市的调研结果显示，创业企业的工艺创新次数集中在0次，都是40.78%，其次是2次和3次，都是16.50%。如图5－9所示。

河北省的调研结果显示，创业企业的工艺创新次数集中在1次，达到了30.77%，其次是0次，达到了24.62%。如图5－10所示。

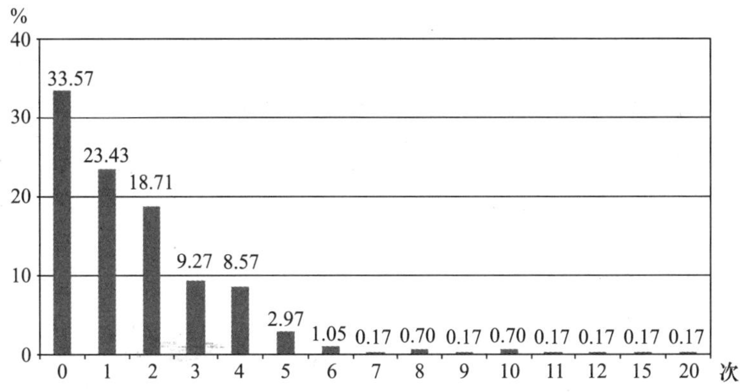

图 5－7　总创业企业样本工艺创新次数分布

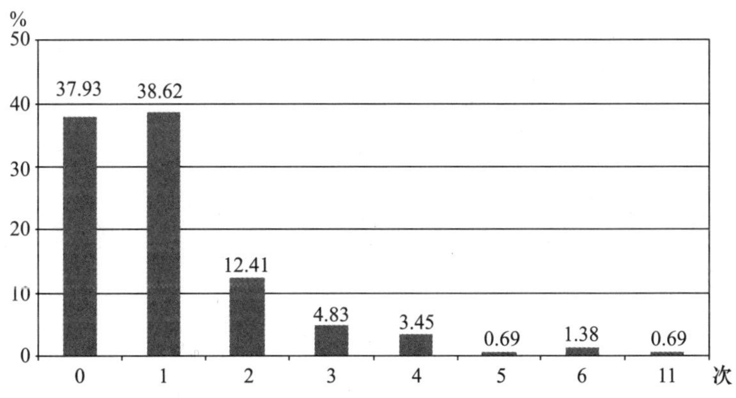

图 5－8　北京市创业企业样本工艺创新次数分布

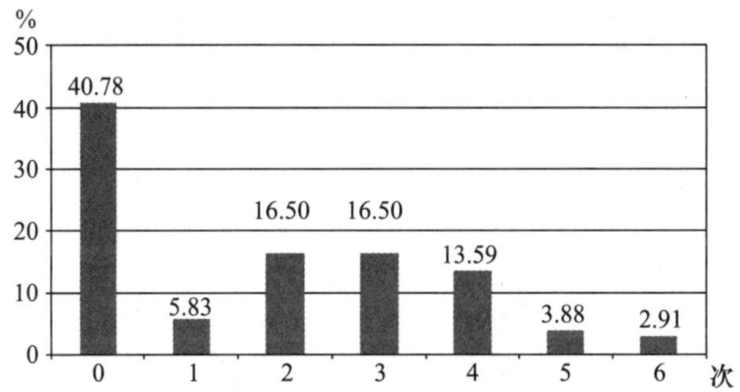

图 5－9　天津市创业企业样本工艺创新次数分布

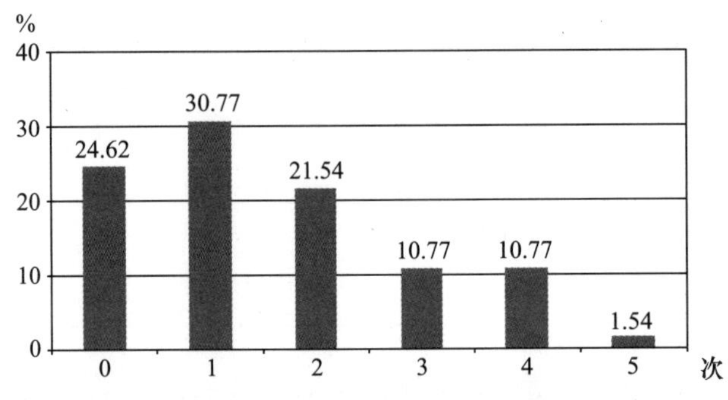

图 5－10　河北省创业企业样本工艺创新次数分布

山东省的调研结果显示，创业企业的工艺创新次数集中在 2 次，达到了 29.55%，其次是 1 次，达到了 22.73%。如图 5－11 所示：

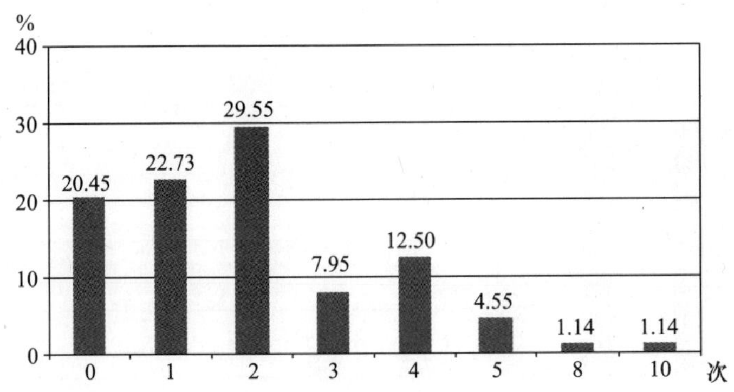

图 5－11　山东省创业企业样本工艺创新次数分布

辽宁省的调研结果显示，创业企业的工艺创新次数集中在 0 次，达到了 42.45%，其次是 2 次，达到了 16.98%。如图 5－12 所示：

经计算可得，全体样本企业工艺创新的平均次数为 1.70 次，北京市样本企业工艺创新的平均次数为 1.11 次，天津市样本企业工艺创新的平均次数为 1.80 次，河北省样本企业工艺创新的平均次数为 1.57 次，山东省样本企业工艺创新的平均次数为 1.99 次，辽宁省样本企业工艺创新的平均次数为 2.31 次。如果小于 1 次计为 1 分，1 次到 2 次之间的计为 2 分，2 次到 3 次之间的计为 3 分，3 次到 4 次之间的计为 4 分，4 次以上的计为 5 分，那么，全体样本企业工艺创新的得分为 2.2 分，北京市的得分为 2 分，天津市的得分为 2 分，河北省的得分为 2 分，山东省的得分为 2 分，辽宁省的得分为 3 分。

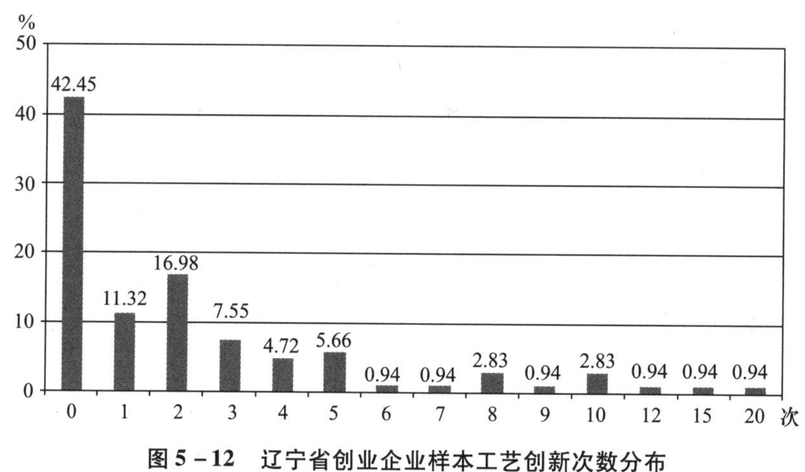

图 5-12　辽宁省创业企业样本工艺创新次数分布

3. 组织创新

组织创新是指企业采取了此前从未使用过的全新的组织管理方式，主要涉及企业的经营模式、组织结构或外部关系等方面。总体样本的调研结果显示，创业企业的组织创新次数集中在 0 次，达到了 36.01%，其次是 2 次，达到了 14.34%。如图 5-13 所示：

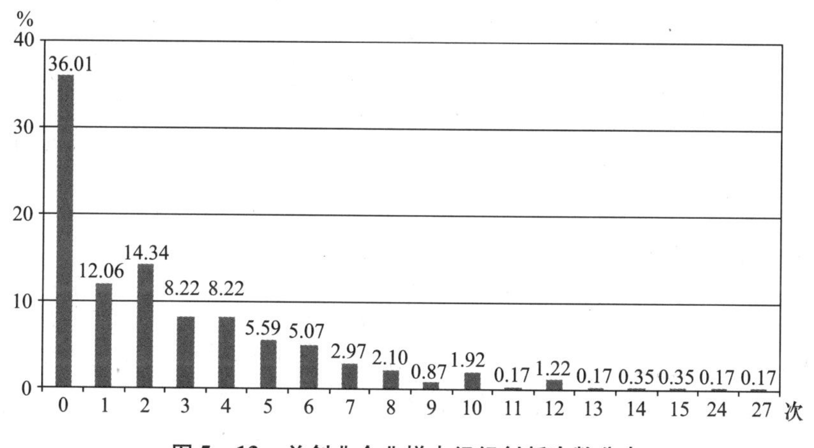

图 5-13　总创业企业样本组织创新次数分布

北京市的调研结果显示，创业企业的组织创新次数集中在0次，达到了33.10%，其次是2次，达到了20.00%。如图5-14所示：

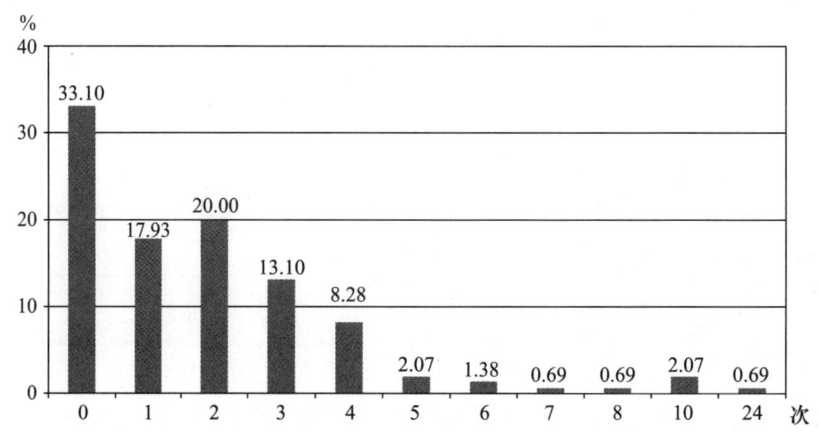

图5-14　北京市创业企业样本组织创新次数分布

天津市的调研结果显示，创业企业的组织创新次数集中在0次，达到了30.10%，其次是5次，达到了13.59%。如图5-15所示：

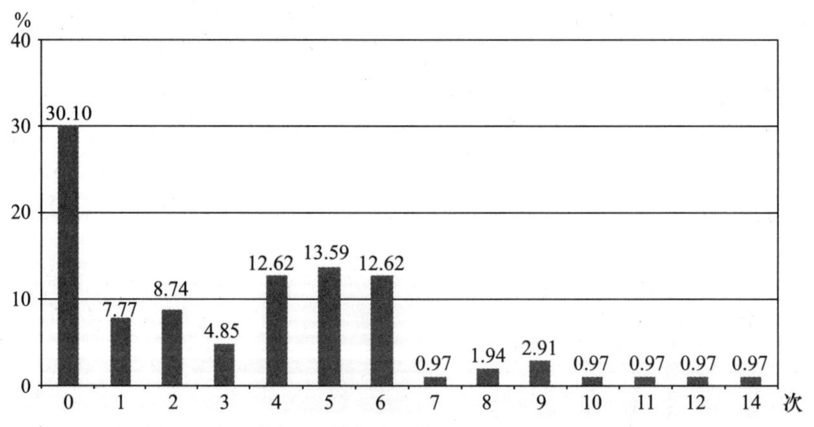

图5-15　天津市创业企业样本组织创新次数分布

河北省的调研结果显示，创业企业的组织创新次数集中在 0 次，达到了 27.69%，其次是 2 次，达到了 18.46%。如图 5－16 所示：

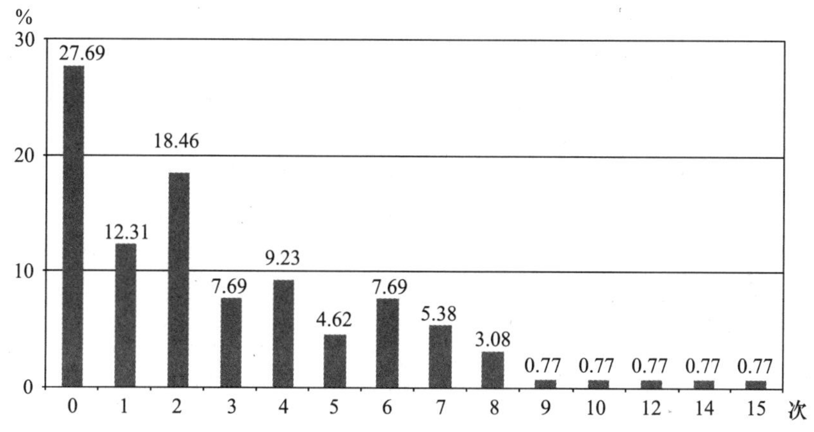

图 5－16　河北省创业企业样本组织创新次数分布

山东省的调研结果显示，创业企业的组织创新次数集中在 0 次，达到了 50.00%，其次是 1 次和 2 次，均为 7.95%。如图 5－17 所示：

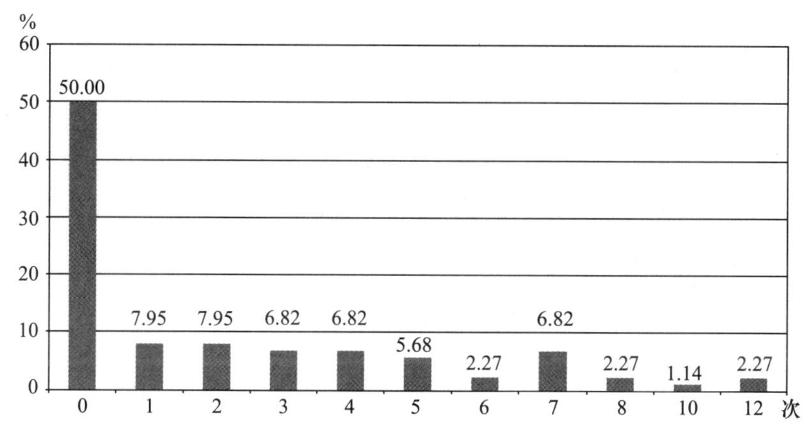

图 5－17　山东省创业企业样本组织创新次数分布

辽宁省的调研结果显示，创业企业的组织创新次数集中在0次，达到了44.34%，其次是2次，达到了12.26%。如图5－18所示：

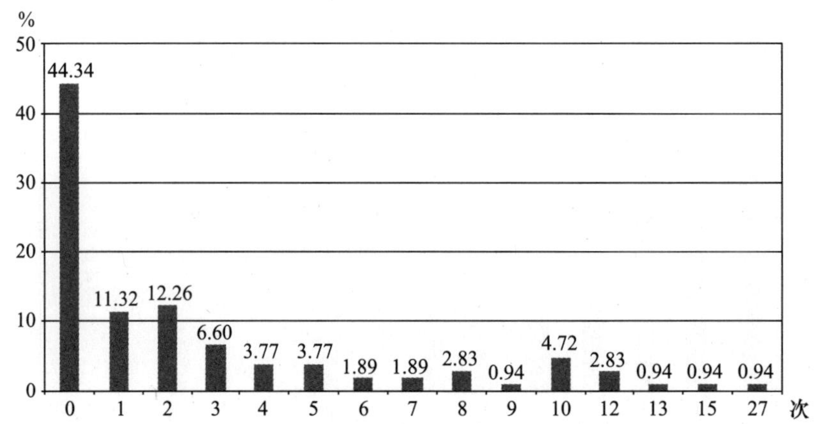

图5－18　辽宁省创业企业样本组织创新次数比例

经计算可得，全体样本企业组织创新的平均次数为2.59次，北京市样本企业组织创新的平均次数为1.97次，天津市样本企业组织创新的平均次数为3.28次，河北省样本企业组织创新的平均次数为2.87次，山东省样本企业组织创新的平均次数为2.18次，辽宁省样本企业组织创新的平均次数为2.78次。如果小于1次计为1分，1次到2次之间的计为2分，2次到3次之间的计为3分，3次到4次之间的计为4分，4次以上的计为5分，那么，全体样本企业产品创新的得分为3分，北京市的得分为2分，天津市的得分为4分，河北省的得分为3分，山东省的得分为3分，辽宁省的得分为3分。

4. 营销创新

营销创新是指企业采用了此前从未使用过的全新的营销概念或营销策略，主要涉及产品（服务）设计或包装、产品（服务）推广、产品（服务）销售渠道、产品（服务）定价等方面。总体样本的调研结果显示，创业企业的营销创新次数集中在2次，达到了14.69%，其次是0次，达到了11.36%。如图5－19所示：

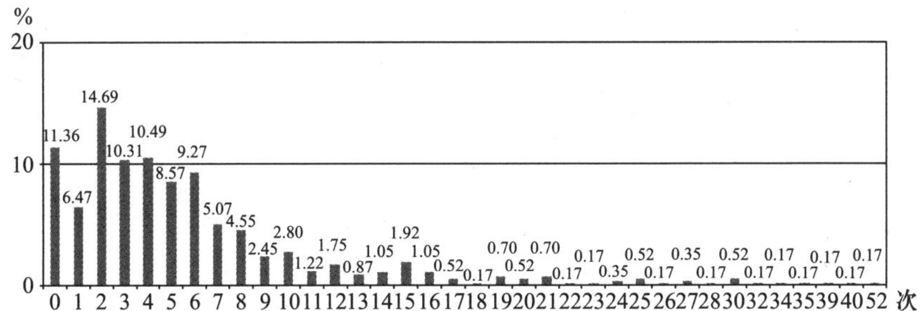

图5－19　总创业企业样本营销创新次数分布

北京市的调研结果显示，创业企业的营销创新次数集中在2次，达到了24.83%，其次是3次，达到了22.07%。如图5－20所示：

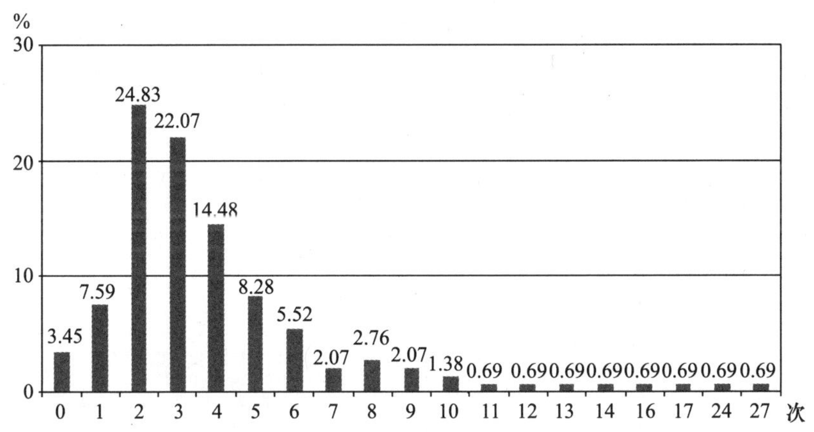

图5－20　北京市创业企业样本营销创新次数分布

天津市的调研结果显示，创业企业的营销创新次数集中在6次，达到了23.76%，其次是0次，达到了18.81%。如图5－21所示。

河北省的调研结果显示，创业企业的营销创新次数集中在2次，达到了16.92%，其次是4次和6次，均为8.46%。如图5－22所示。

山东省的调研结果显示，创业企业的营销创新次数集中在4次，达到了17.05%，其次是5次，达到了14.77%。如图5－23所示。

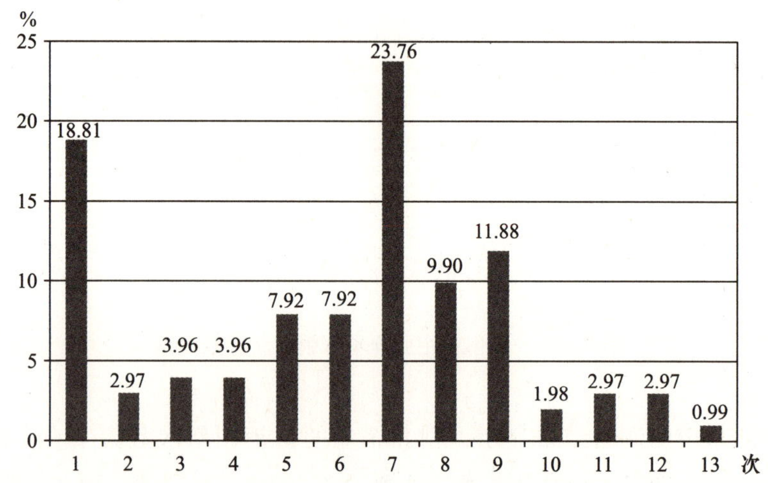

图 5－21　天津市创业企业样本营销创新次数分布

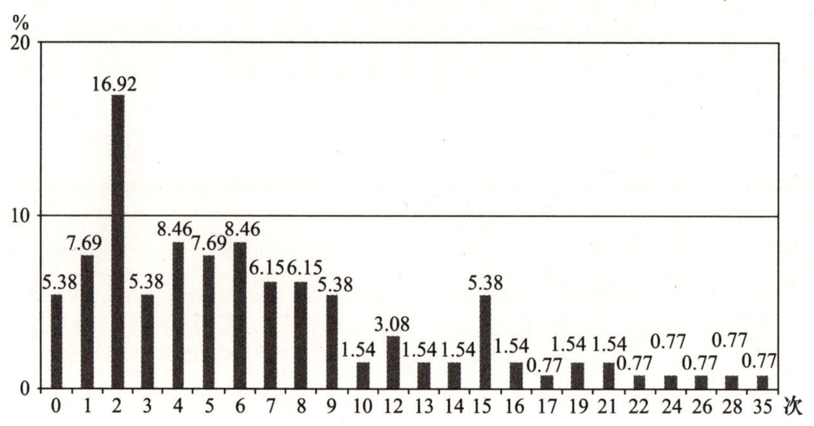

图 5－22　河北省创业企业样本营销创新次数分布

辽宁省的调研结果显示，创业企业的营销创新次数集中在 0 次，达到了 29. 25%，其次是 2 次，达到了 13. 21%。如图 5－24 所示：

经计算可得，全体样本企业营销创新的平均次数为 5. 90 次，北京市样本企业营销创新的平均次数为 4. 17 次，天津市样本企业营销创新的平均次数为 4. 96 次，河北省样本企业营销创新的平均次数为 6. 99 次，山东省样本企业营销创新的平均次数为 9. 16 次，辽宁省样本企业营销创新的平均次数为 5. 14 次。如果小于 1 次计为 1 分，1 次到 2 次之间的计为 2 分，2 次到 3 次之间的计为 3 分，3 次到 4 次之间的计为 4 分，4 次以上的计为 5 分，那么，全体样本企业产品创新的得分为 5 分，北京市的得分为 5 分，天津市的得分为 5 分，河北省的得分为 5 分，山东省的得分为 5 分，辽宁省的得分为 5 分。

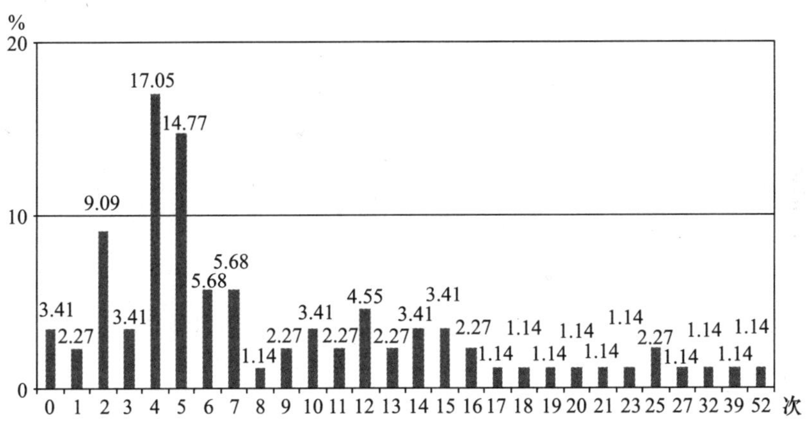

图 5-23　山东省创业企业样本营销创新不同次数比例

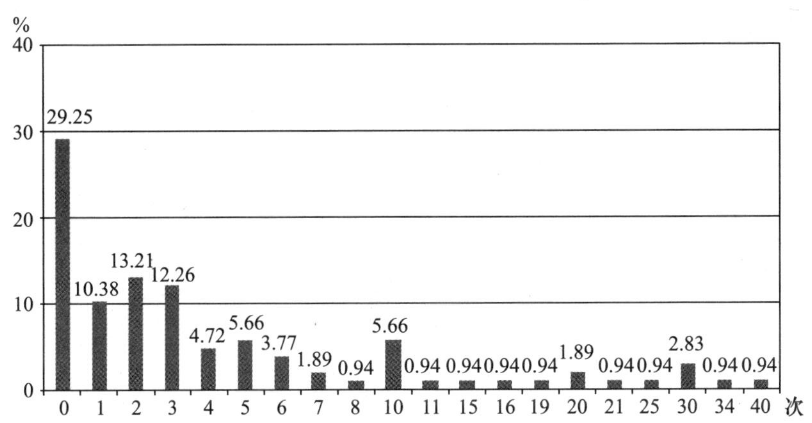

图 5-24　辽宁省创业企业样本营销创新不同次数比例

我们把各个地区的产品创新、工艺创新、组织创新和营销创新得分汇总取平均值就得到了各个地区在创新产出上的得分。数据显示，环渤海地区在创新产出方面的得分为3.15，其中北京市的得分为2.5，天津市的得分为3.25，河北省的得分为3，山东省的得分为3，辽宁省的得分为4。

二　创新活动

创新活动是研发活动以及为实现产品创新或工艺创新而进行的各种活动的总称。本书借鉴近年来创新活动的最新研究，将创新活动分为探索式创新活动和开发式创新活动两种类型。探索式创新活动是指激进的、大幅度的而且有一定风险的创新行为。探索式创新活动旨在寻求新的可能性，强调创造或获取全新的知识。

1. 探索式创新活动

本书中的探索式创新活动包括6个题项：寻找与产品/服务、生产工艺或市场相关的新的机会，评价与产品/服务、生产工艺或市场相关的多种选择，专注于产品/服务或生产工艺的大力更新，要求您具备决策和计划灵活性的活动，要求您学习新技能或新知识的活动，您已经积累了很多经验的活动。开发式创新活动是指渐进的、小幅度的创新行为。

（1）寻找与产品/服务、生产工艺或市场相关的新的机会

“寻找与产品/服务、生产工艺或市场相关的新的机会（1，完全未参与过；2，不太参与；3，不好说；4，积极参与；5，非常积极参与）”的调查结果显示：总创业者样本在总体上呈积极态度，其中积极参与的选项所占比例是最高的，超过40%，其次是非常积极参与。如图5-25所示。

北京市的调查结果显示：创业者样本在总体上呈积极态度，其中积极参与的选项所占比例是最高的，超过50%，其次是不好说。如图5-26所示。

天津市的调查结果显示：创业者样本在总体上呈积极态度，其中非常积极参与的选项所占比例是最高的，超过40%，其次是积极参

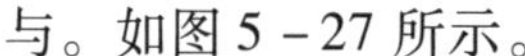
与。如图 5 - 27 所示。

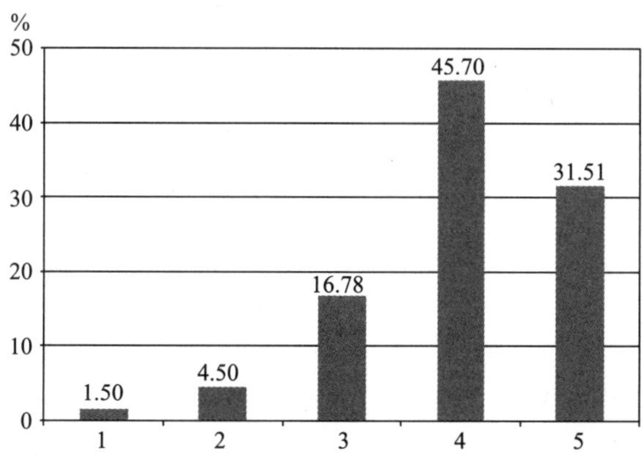

图 5 - 25　总创业者样本参加与工作相关的活动题项 1

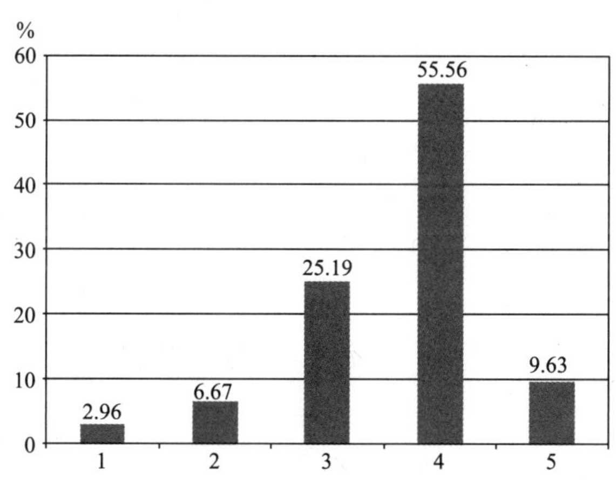

图 5 - 26　北京市创业者样本参加与工作相关的活动题项 1

河北省的调查结果显示：创业者样本在总体上呈积极态度，其中非常积极参与的选项所占比例是最高的，超过 50%，其次是积极参与。如图 5 - 28 所示。

山东省的调查结果显示：创业者样本在总体上呈积极态度，其中积极参与的选项所占比例是最高的，超过 50%，其次是非常积极参与。如图 5 - 29 所示。

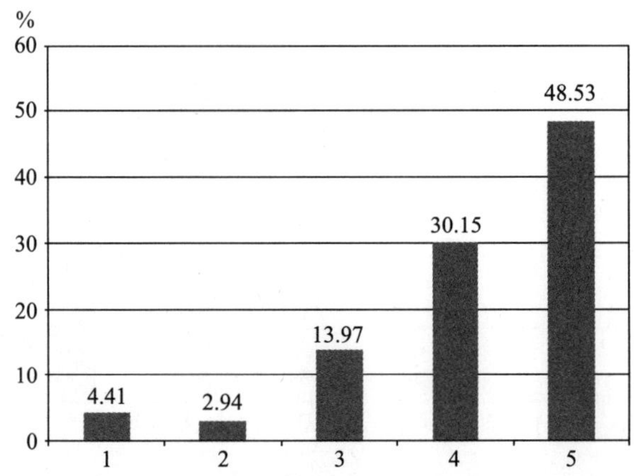

图 5 –27　天津市创业者样本参加与工作相关的活动题项 1

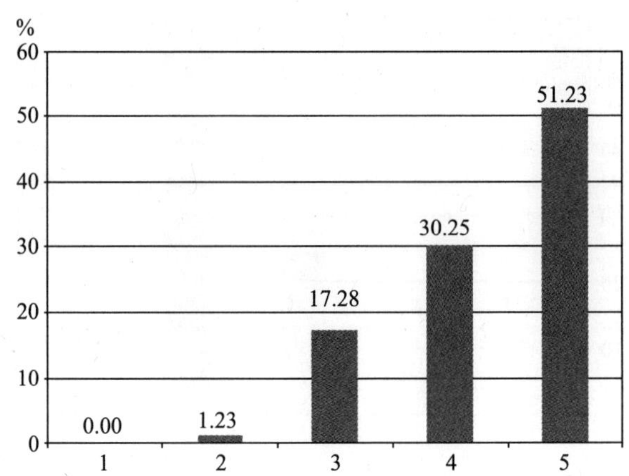

图 5 –28　河北省创业者样本参加与工作相关的活动题项 1

辽宁省的调查结果显示：创业者样本在总体上呈积极态度，其中积极参与的选项所占比例是最高的，超过 50%，其次是不好说。如图 5 –30 所示。

经计算可得，全体样本在“寻找与产品/服务、生产工艺或市场相关的新的机会”方面的得分为 4. 01 分，北京市的得分为 3. 62 分，天津市的得分为 4. 15 分，河北省的得分为 4. 31 分，山东省的得分为

4.19 分，辽宁省的得分为 3.74 分。

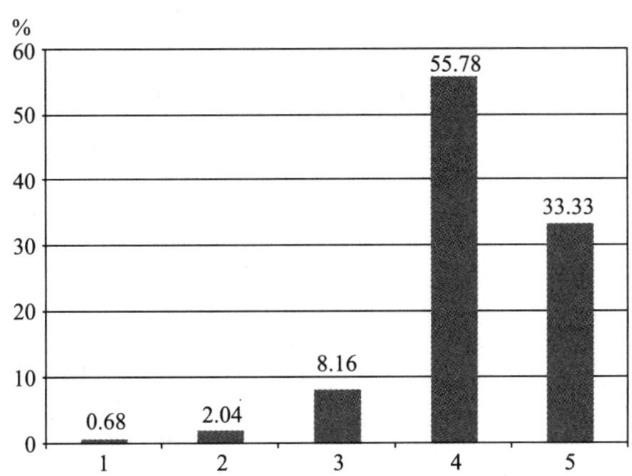

图 5 –29　山东省创业者样本参加与工作相关的活动题项 1

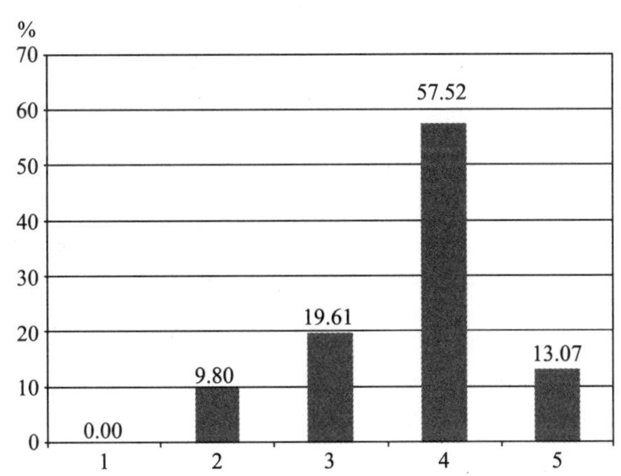

图 5 –30　辽宁省创业者样本参加与工作相关的活动题项 1

（2）评价与产品/服务、生产工艺或市场相关的多种选择

“评价与产品/服务、生产工艺或市场相关的多种选择（1，完全未参与过；2，不太参与；3，不好说；4，积极参与；5，非常积极参与）”的调查结果显示：创业者样本在总体上呈积极态度，其中积极

参与的选项所占比例是最高的，超过 45%，其次是不好说。如图 5－31所示：

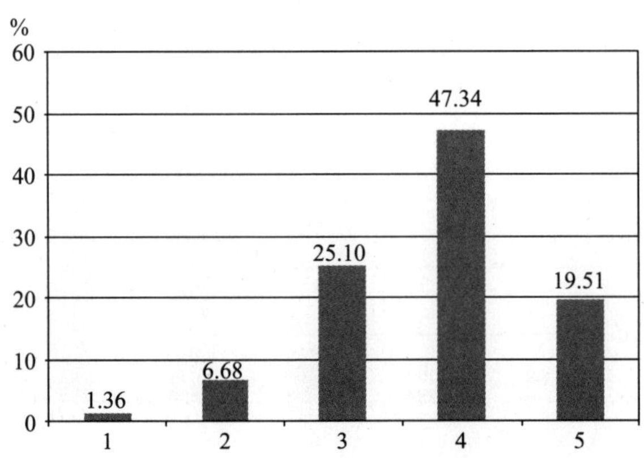

图 5－31　总创业者样本参加与工作相关的活动题项 2

北京市的调查结果显示：创业者样本在总体上呈积极态度，其中积极参与的选项所占比例是最高的，超过 40%，其次是不好说。如图 5－32 所示：

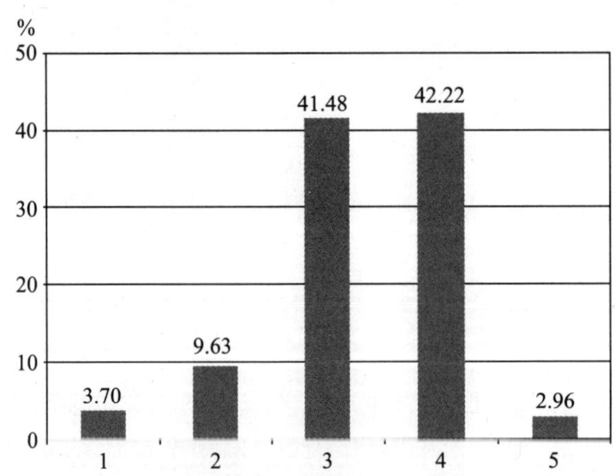

图 5－32　北京市创业者样本参加与工作相关的活动题项 2

天津市的调查结果显示：创业者样本在总体上呈积极态度，其中积极参与的选项所占比例是最高的，超过 40%，其次是非常积极参与。如图 5－33 所示：

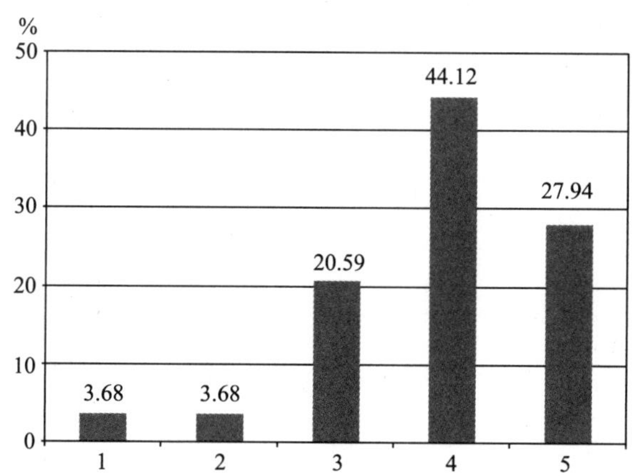

图 5－33　天津市创业者样本参加与工作相关的活动题项 2

河北省的调查结果显示：创业者样本在总体上呈积极态度，其中积极参与的选项所占比例是最高的，超过 40%，其次是非常积极参与。如图 5－34 所示：

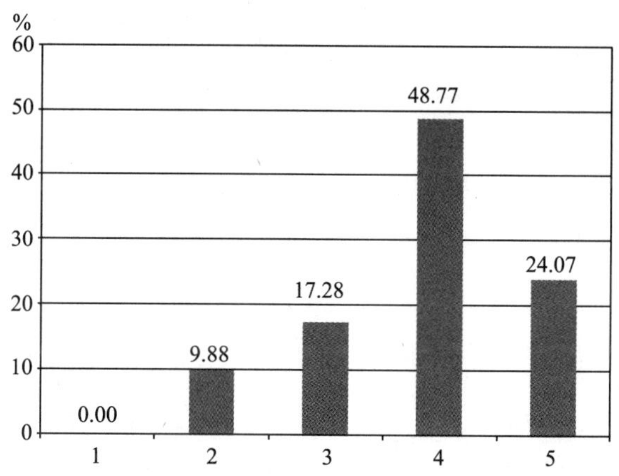

图 5－34　河北省创业者样本参加与工作相关的活动题项 2

山东省的调查结果显示：创业者样本在总体上呈积极态度，其中积极参与的选项所占比例是最高的，接近50%，其次是非常积极参与。如图5－35所示：

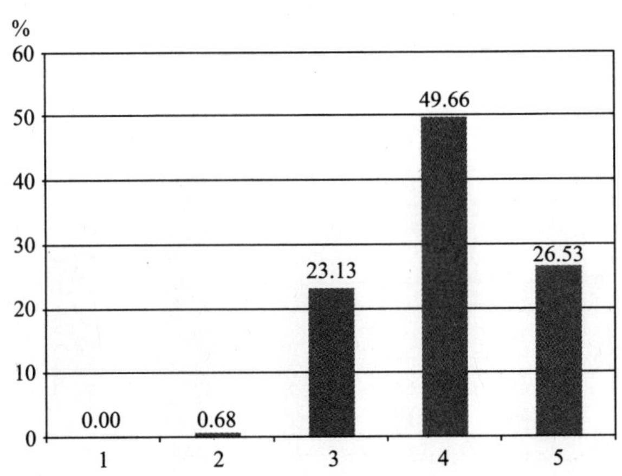

图5－35　山东省创业者样本参加与工作相关的活动题项2

辽宁省的调查结果显示：创业者样本在总体上呈积极态度，其中积极参与的选项所占比例是最高的，超过50%，其次是不好说。如图5－36所示：

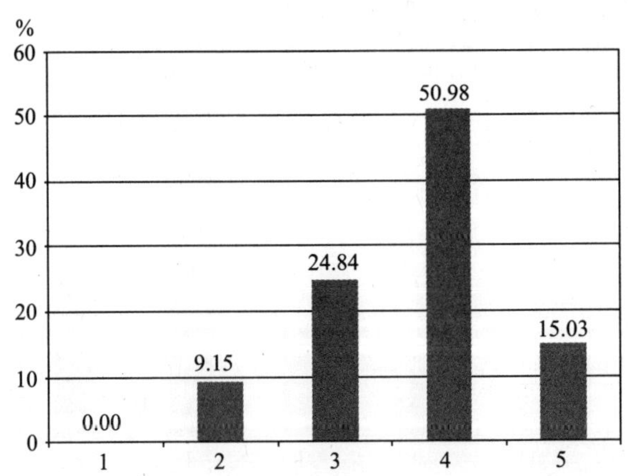

图5－36　辽宁省创业者样本参加与工作相关的活动题项2

经计算可得，全体样本在“评价与产品/服务、生产工艺或市场相关的多种选择”方面的得分为 3. 77 分，北京市的得分为 3. 31 分，天津市的得分为 3. 89 分，河北省的得分为 3. 87 分，山东省的得分为 4. 02 分，辽宁省的得分为 3. 72 分。

（3）专注于产品/服务或生产工艺的大力更新

“专注于产品/服务或生产工艺的大力更新（1，完全未参与过；2，不太参与；3，不好说；4，积极参与；5，非常积极参与）”的调查结果显示：创业者样本在总体上呈积极态度，其中积极参与的选项所占比例是最高的，超过 40%，其次是不好说。如图 5－37 所示：

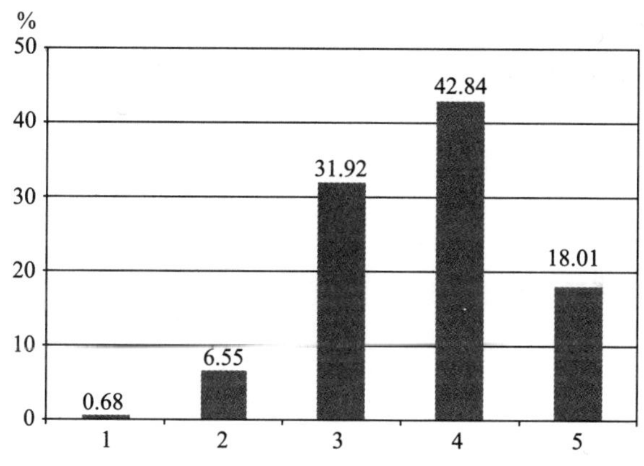

图 5－37　总创业者样本参加与工作相关的活动题项 3

北京市的调查结果显示：创业者样本在总体上呈积极态度，其中不好说选项所占比例是最高的，超过 40%，其次是积极参与。如图 5－38所示。

天津市的调查结果显示：创业者样本在总体上呈积极态度，其中积极参与的选项所占比例是最高的，超过 50%，其次是非常积极参与。如图 5－39 所示。

河北省的调查结果显示：创业者样本在总体上呈积极态度，其中积极参与的选项所占比例是最高的，超过 40%，其次是不好说。如图 5－40 所示。

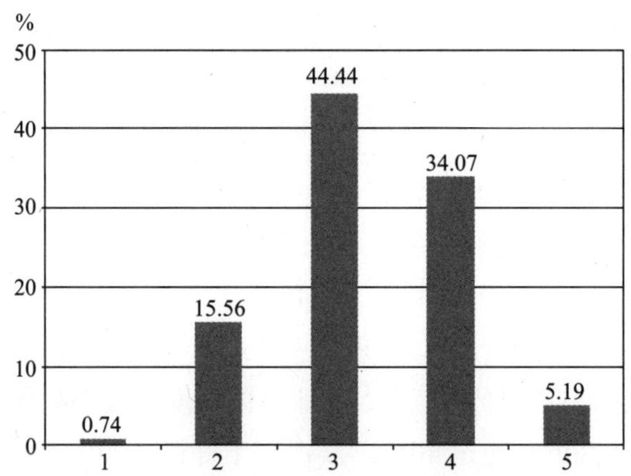

图 5 – 38　北京市创业者样本参加与工作相关的活动题项 3

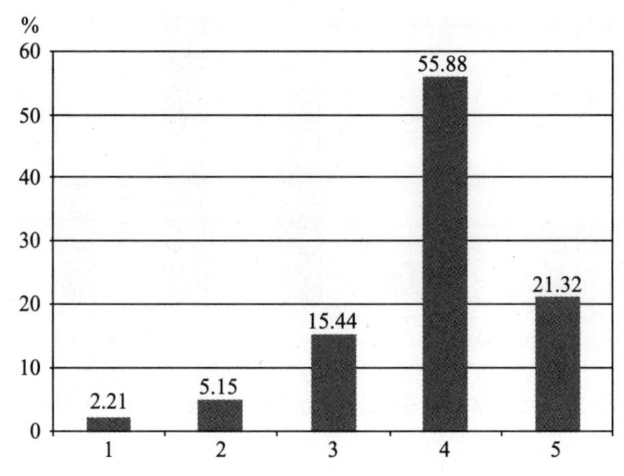

图 5 – 39　天津市创业者样本参加与工作相关的活动题项 3

山东省的调查结果显示：创业者样本在总体上呈积极态度，其中积极参与的选项所占比例是最高的，超过 40%，其次是不好说。如图 5 – 41 所示：

辽宁省的调查结果显示：创业者样本在总体上呈积极态度，其中积极参与的选项所占比例是最高的，超过 30%，其次是不好说。如图 5 – 42 所示：

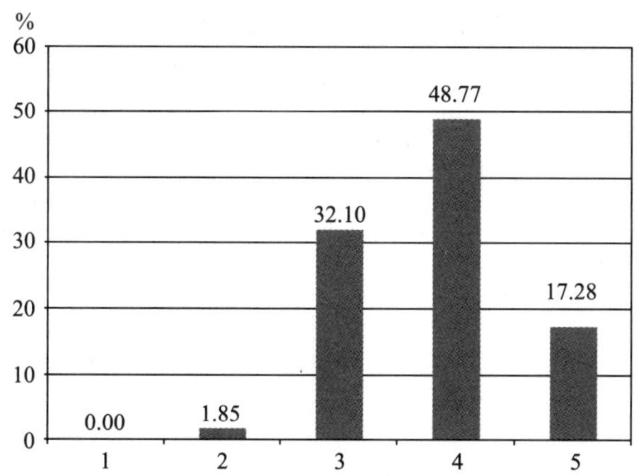

图 5－40　河北省创业者样本参加与工作相关的活动题项 3

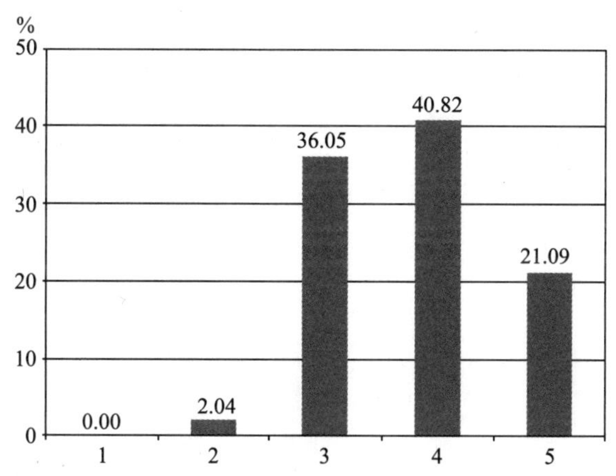

图 5－41　山东省创业者样本参加与工作相关的活动题项 3

经计算可得，全体样本在“专注于产品/服务或生产工艺的大力更新”方面的得分为 3.71 分，北京市的得分为 3.27 分，天津市的得分为 3.89 分，河北省的得分为 3.81 分，山东省的得分为 3.73 分，辽宁省的得分为 3.71 分。

（4）要求您具备决策和计划灵活性的活动

“要求您具备决策和计划灵活性的活动（1，完全未参与过；2，不太参与；3，不好说；4，积极参与；5，非常积极参与）”的调查结果显示：总创业者样本在总体上呈积极态度，其中积极参与的选项所占比例是最高的，超过40%，其次是不好说。如图5－43所示：

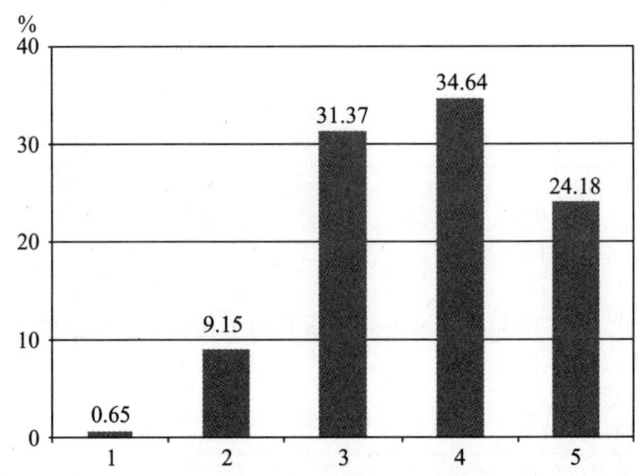

图5－42　辽宁省创业者样本参加与工作相关的活动题项3

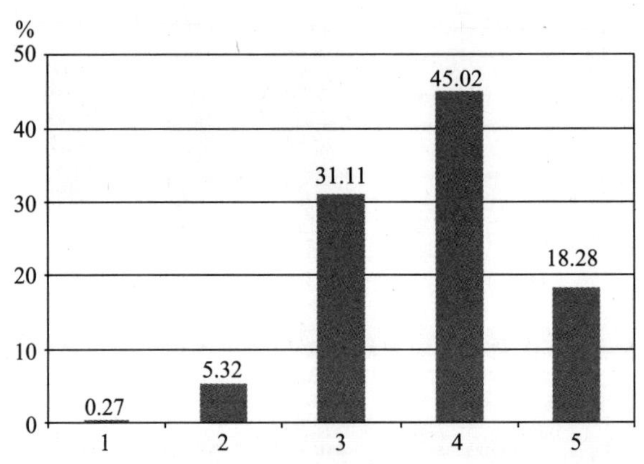

图5－43　总创业者样本参加与工作相关的活动题项4

北京市的调查结果显示：创业者样本在总体上呈积极态度，其中不好说的选项所占比例是最高的，超过40%，其次是积极参与。如图5－44所示：

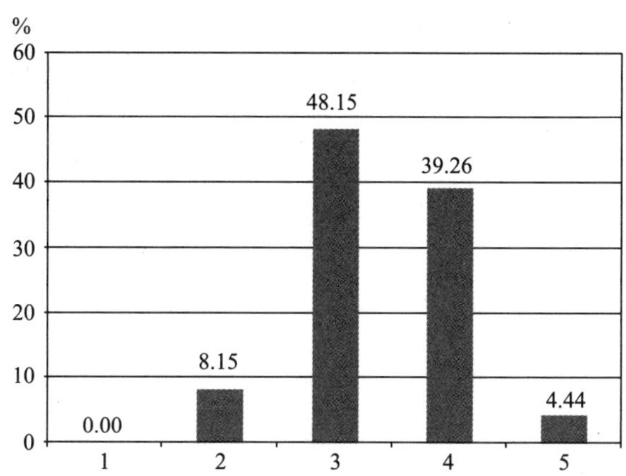

图 5-44　北京市创业者样本参加与工作相关的活动题项 4

天津市的调查结果显示：创业者样本在总体上呈积极态度，其中积极参与的选项所占比例是最高的，超过 40%，其次是非常积极参与。如图 5-45 所示：

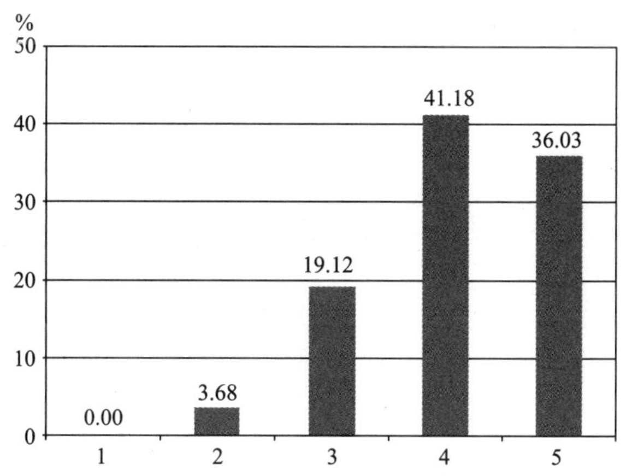

图 5-45　天津市创业者样本参加与工作相关的活动题项 4

河北省的调查结果显示：创业者样本在总体上呈积极态度，其中积极参与的选项所占比例是最高的，接近 50%，其次是不好说。如图

5 -46 所示：

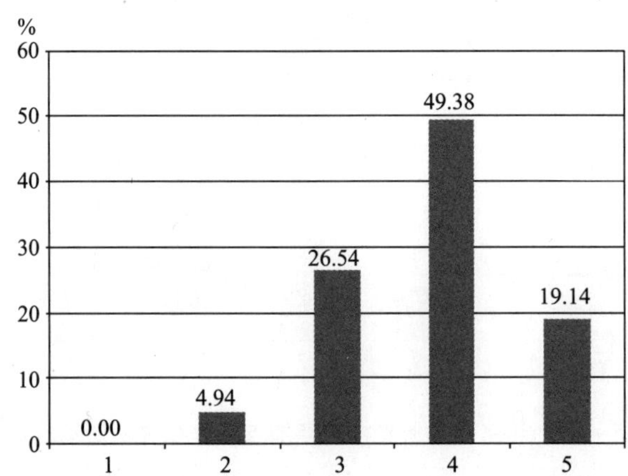

图 5 -46　河北省创业者样本参加与工作相关的活动题项 4

山东省的调查结果显示：创业者样本在总体上呈积极态度，其中积极参与的选项所占比例是最高的，超过 40%，其次是不好说。如图 5 -47 所示：

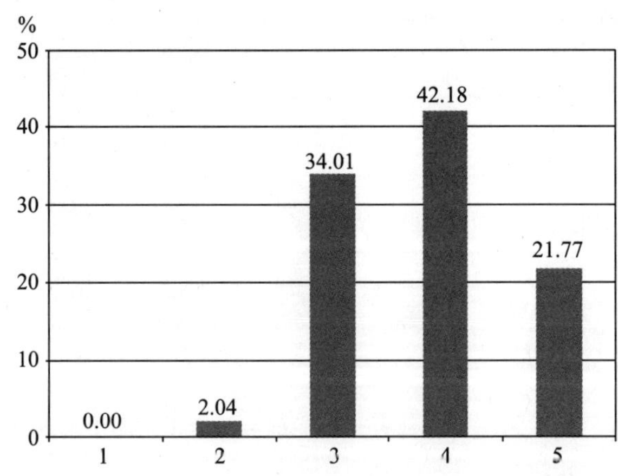

图 5 -47　山东省创业者样本参加与工作相关的活动题项 4

辽宁省的调查结果显示：创业者样本在总体上呈积极态度，其中积极参与的选项所占比例是最高的，超过 50%，其次是不好说。如图 5-48 所示：

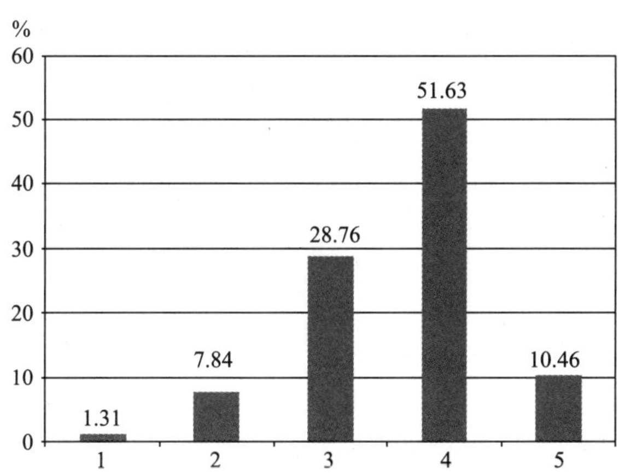

图 5-48 辽宁省创业者样本参加与工作相关的活动题项 4

经计算可得，全体样本在“要求您具备决策和计划灵活性的活动”方面的得分为 3.76 分，北京市的得分为 3.40 分，天津市的得分为 4.10 分，河北省的得分为 3.83 分，山东省的得分为 3.84 分，辽宁省的得分为 3.62 分。

（5）要求您学习新技能或新知识的活动

“要求您学习新技能或新知识的活动（1，完全未参与过；2，不太参与；3，不好说；4，积极参与；5，非常积极参与）”的调查结果显示：创业者样本在总体上呈积极态度，其中积极参与的选项所占比例是最高的，超过 40%，其次是不好说。如图 5-49 所示：

北京市的调查结果显示：创业者样本在总体上呈积极态度，其中不好说的选项所占比例是最高的，超过 50%，其次是积极参与。如图 5-50 所示：

天津市的调查结果显示：创业者样本在总体上呈积极态度，其中非常积极参与的选项所占比例是最高的，超过 50%，其次是积极参与。如图 5－51 所示：

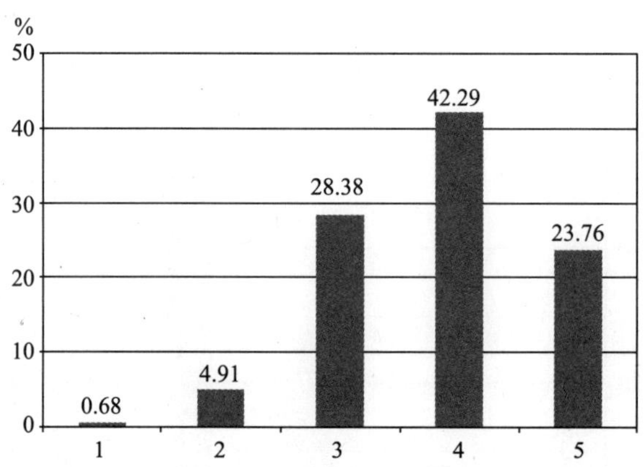

图 5－49　总创业者样本参加与工作相关的活动题项 5

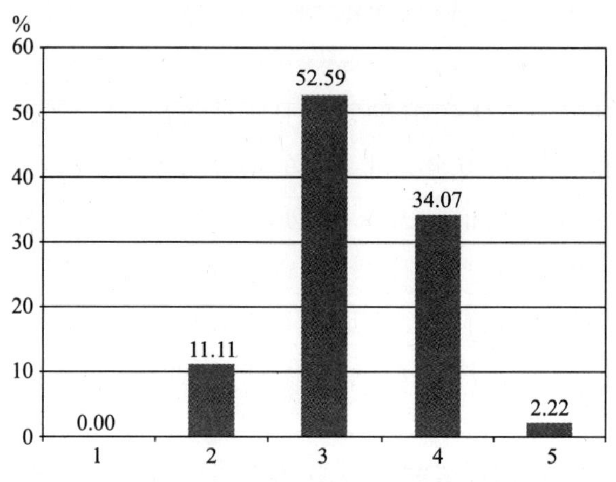

图 5－50　北京市创业者样本参加工作相关的活动题项 5

河北省的调查结果显示：创业者样本在总体上呈积极态度，其中积极参与的选项所占比例是最高的，超过 30%，其次是非常积极参与。如图 5－52 所示：

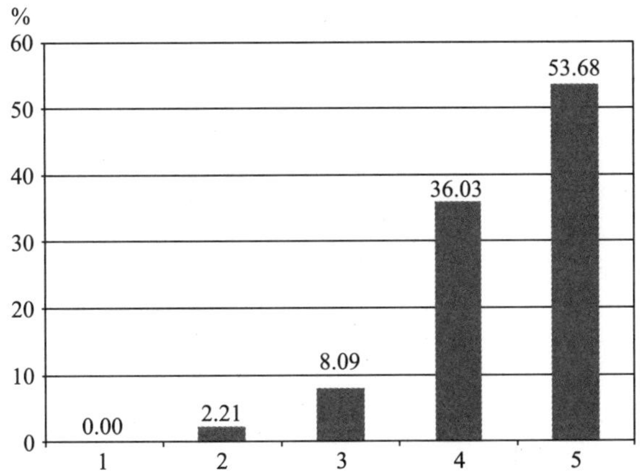

图 5 -51　天津市创业者样本参加与工作相关的活动题项 5

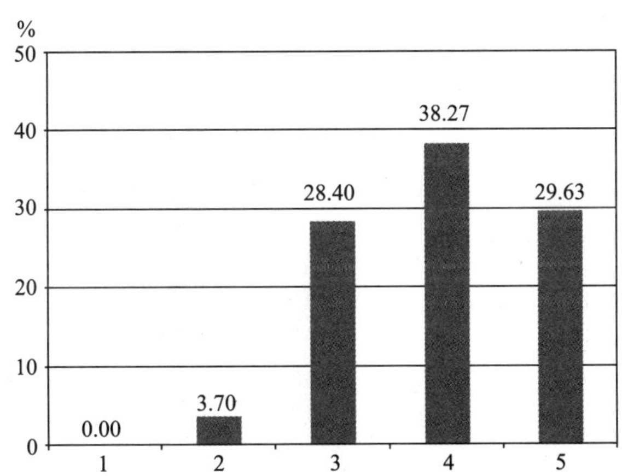

图 5 -52　河北省创业者样本参加与工作相关的活动题项 5

山东省的调查结果显示：创业者样本在总体上呈积极态度，其中积极参与的选项所占比例是最高的，超过 50% ，其次是不好说。如图 5 -53 所示：

辽宁省的调查结果显示：创业者样本在总体上呈积极态度，其中积极参与的选项所占比例是最高的，超过 50% ，其次是不好说。如图 5 -54 所示：

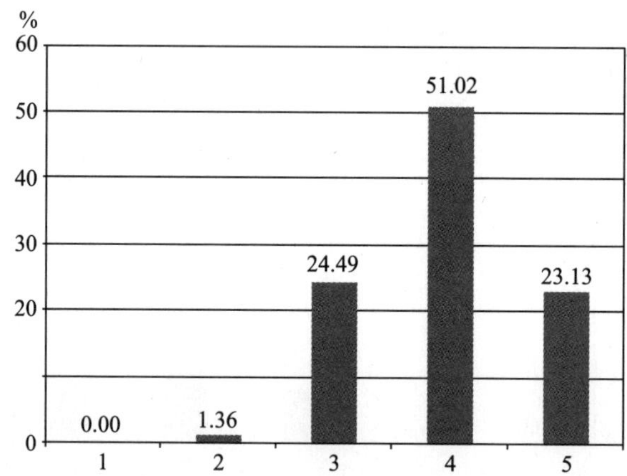

图 5－53　山东省创业者样本参加与工作相关的活动题项 5

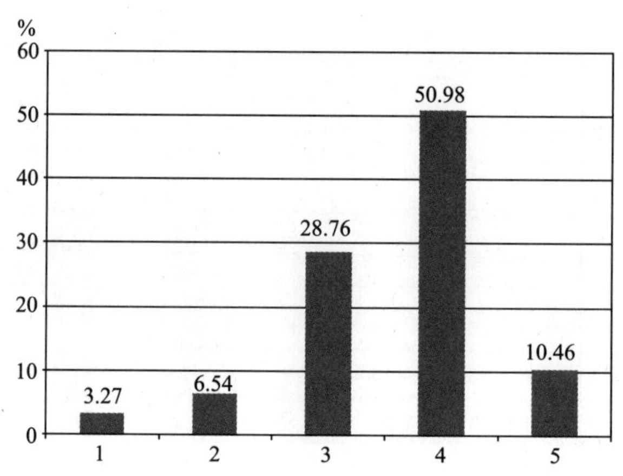

图 5－54　辽宁省创业者样本参加与工作相关的活动题项 5

经计算可得，全体样本在“要求您学习新技能或新知识的活动”方面的得分为 3. 83 分，北京市的得分为 3. 27 分，天津市的得分为 4. 41 分，河北省的得分为 3. 94 分，山东省的得分为 3. 96 分，辽宁省的得分为 3. 59 分。

（6）您已经积累了很多经验的活动

“您已经积累了很多经验的活动（1，完全未参与过；2，不太参与；3，不好说；4，积极参与；5，非常积极参与）”的调查结果显示：总创业者样本在总体上呈积极态度，其中积极参与的选项所占比例是最高的，超过 30%，其次是不好说。如图 5 - 55 所示：

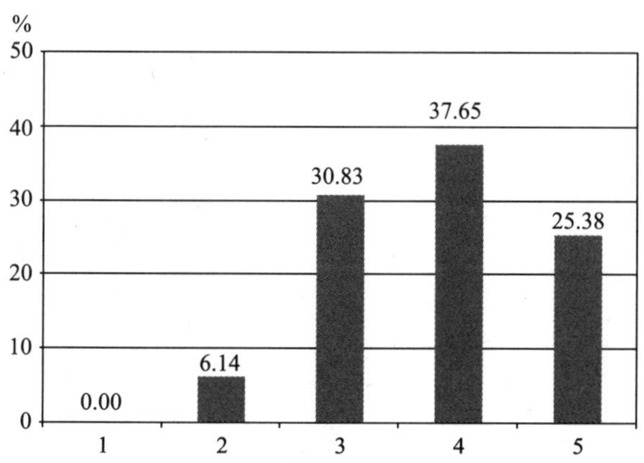

图 5 - 55　总创业者样本参加与工作相关的活动题项 6

北京市的调查结果显示：创业者样本在总体上呈积极态度，其中不好说的选项所占比例是最高的，超过 40%，其次是积极参与。如图 5 - 56 所示：

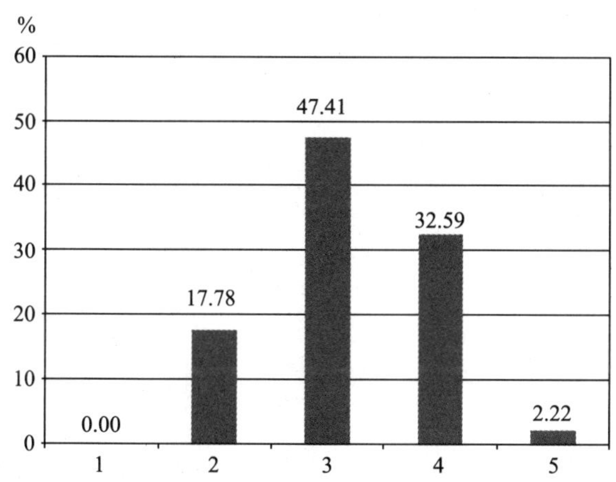

图 5 - 56　北京市创业者样本参加与工作相关的活动题项 6

天津市的调查结果显示：创业者样本在总体上呈积极态度，其中非常积极参与的选项所占比例是最高的，超过40%，其次是积极参与。如图5－57所示：

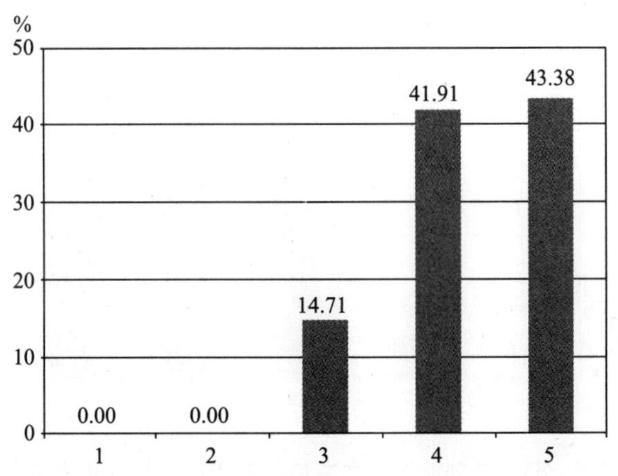

图5－57　天津市创业者样本参加与工作相关的活动题项6

河北省的调查结果显示：创业者样本在总体上呈积极态度，其中积极参与的选项所占比例是最高的，超过40%，其次是非常积极参与。如图5－58所示：

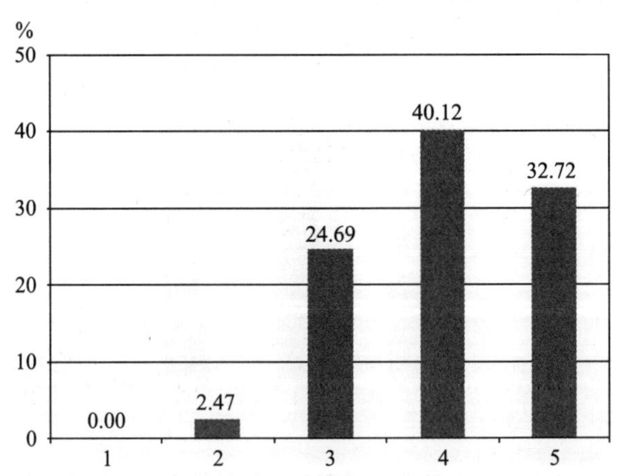

图5－58　河北省创业者样本参加与工作相关的活动题项6

山东省的调查结果显示：创业者样本在总体上呈积极态度，其中积极参与的选项所占比例是最高的，超过30%，其次是不好说。如图5－59所示：

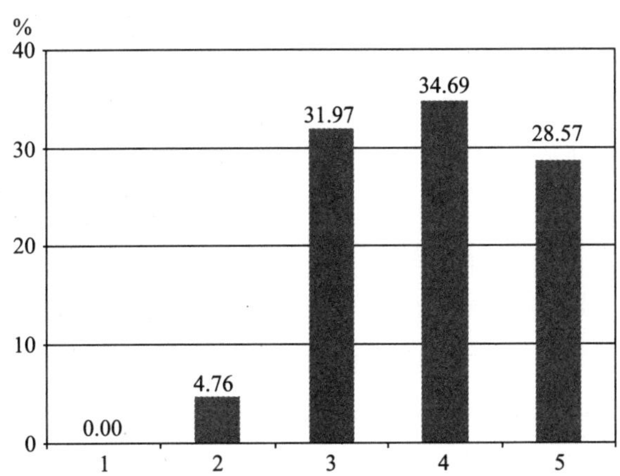

图5－59　山东省创业者样本参加与工作相关的活动题项6

辽宁省的调查结果显示：创业者样本在总体上呈积极态度，其中积极参与的选项所占比例是最高的，超过30%，其次是不好说。如图5－60所示：

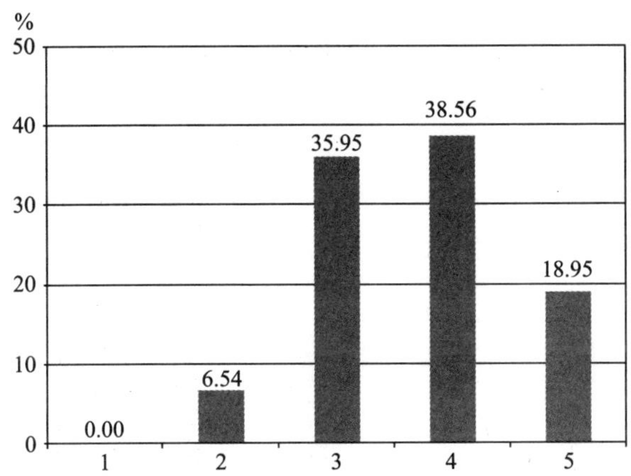

图5－60　辽宁省创业者样本参加与工作相关的活动题项6

经计算可得，全体样本在“您已经积累了很多经验的活动”方面的得分为3.82分，北京市的得分为3.19分，天津市的得分为4.29分，河北省的得分为4.03分，山东省的得分为3.87分，辽宁省的得分为3.70分。

我们把各个地区的探索式创新活动6个题项的得分汇总取平均值就得到了各个地区在探索式创新上的得分。数据显示，环渤海地区在探索式创新方面的得分为3.82分，其中北京市的得分为3.35分，天津市的得分为4.12分，河北省的得分为3.97分，山东省的得分为3.95分，辽宁省的得分为3.68分。

2. *开发式创新活动*

本书中的开发式创新活动强调对现有知识的提炼、整合和改进。本书中的开发式创新活动包括5个题项：为现有顾客提供现有产品/服务的活动，您清楚地知道如何实施它们的活动，主要专注于达到短期目标的活动，运用您现有的知识能够合理实施的活动，明显符合公司当前战略计划的活动。

（1）为现有顾客提供现有产品/服务的活动

“为现有顾客提供现有产品/服务的活动（1，完全未参与过；2，不太参与；3，不好说；4，积极参与；5，非常积极参与）”的调查结果显示：总创业者样本在总体上呈积极态度，其中积极参与的选项所占比例是最高的，接近50%，其次是不好说。如图5－61所示：

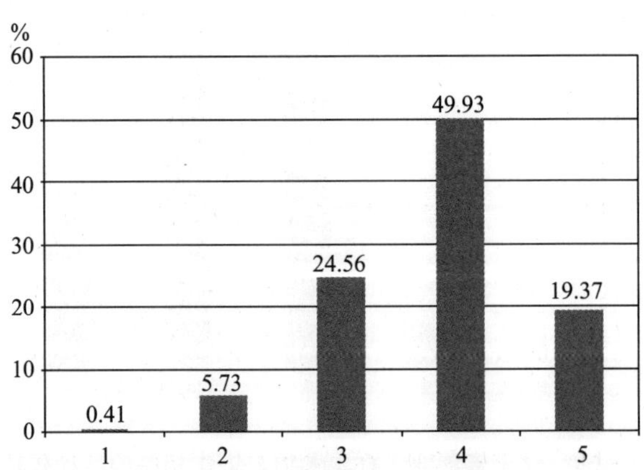

图5－61　总创业者样本参加与工作相关的活动题项7

北京市的调查结果显示：创业者样本在总体上呈积极态度，其中不好说的选项所占比例是最高的，超过50%，其次是积极参与。如图5-62所示：

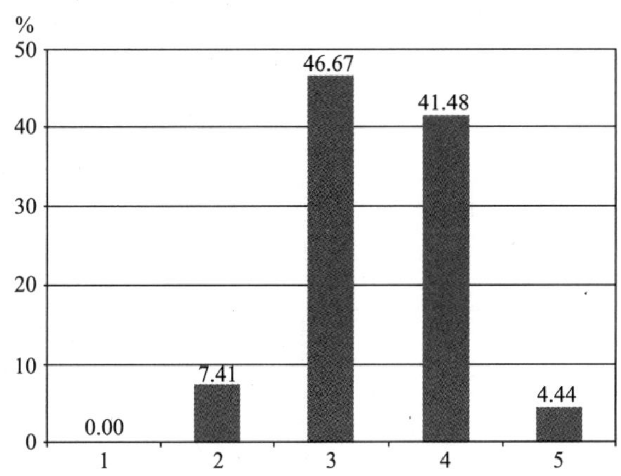

图5-62　北京市创业者样本参加与工作相关的活动题项7

天津市的调查结果显示：创业者样本在总体上呈积极态度，其中积极参与的选项所占比例是最高的，超过60%，其次是非常积极参与。如图5-63所示：

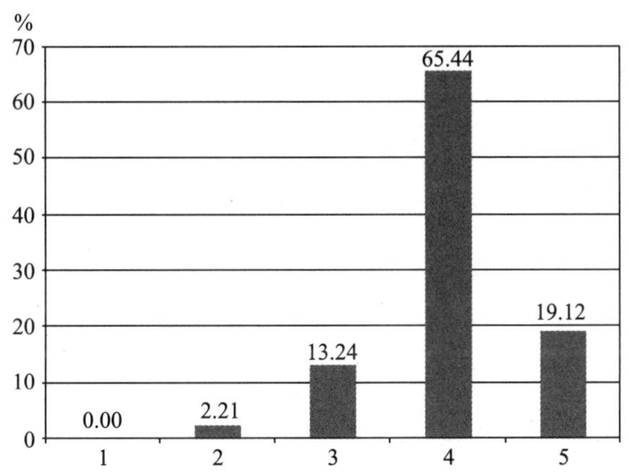

图5-63　天津市创业者样本参加与工作相关的活动题项7

河北省的调查结果显示：创业者样本在总体上呈积极态度，其中积极参与的选项所占比例是最高的，超过40%，其次是非常积极参与。如图5-64所示：

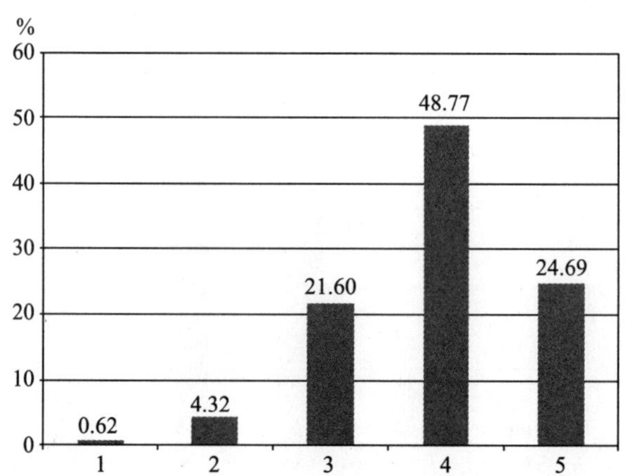

图5-64　河北省创业者样本参加与工作相关的活动题项7

山东省的调查结果显示：创业者样本在总体上呈积极态度，其中积极参与的选项所占比例是最高的，超过30%，其次是非常积极参与。如图5-65所示：

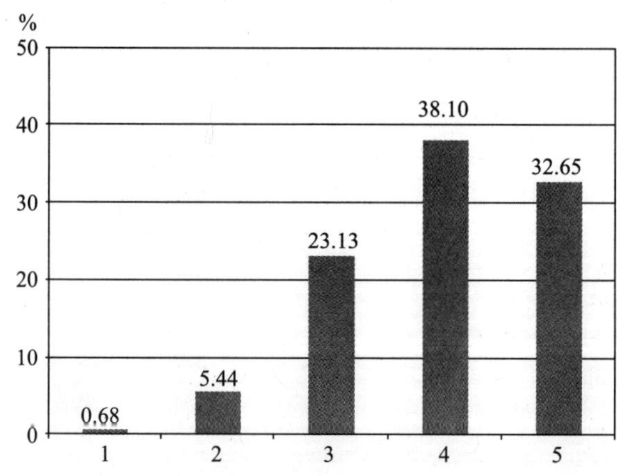

图5-65　山东省创业者样本参加与工作相关的活动题项7

辽宁省的调查结果显示：创业者样本在总体上呈积极态度，其中积极参与的选项所占比例是最高的，超过 50%，其次是不好说。如图 5－66 所示：

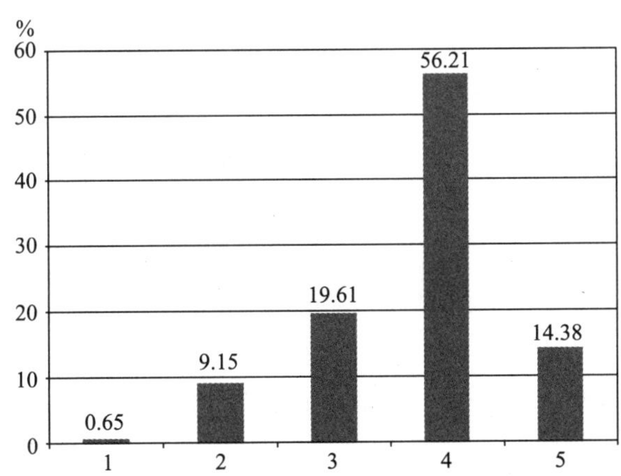

图 5－66　辽宁省创业者样本参加与工作相关的活动题项 7

经计算可得，全体样本在"为现有顾客提供现有产品/服务的活动"方面的得分为 3.82 分，北京市的得分为 3.43 分，天津市的得分为 4.01 分，河北省的得分为 3.93 分，山东省的得分为 3.97 分，辽宁省的得分为 3.75 分。

（2）您清楚地知道如何实施它们的活动

"您清楚地知道如何实施它们的活动（1，完全未参与过；2，不太参与；3，不好说；4，积极参与；5，非常积极参与）"的调查结果显示：总创业者样本在总体上呈积极态度，其中积极参与的选项所占比例是最高的，超过 40%，其次是不好说。如图 5－67 所示：

北京市的调查结果显示：创业者样本在总体上呈积极态度，其中不好说的选项所占比例是最高的，超过 50%，其次是积极参与。如图 5－68 所示：

天津市的调查结果显示：总创业者样本在总体上呈积极态度，其中积极参与的选项所占比例是最高的，超过 50%，其次是非常积极参与。如图 5－69 所示：

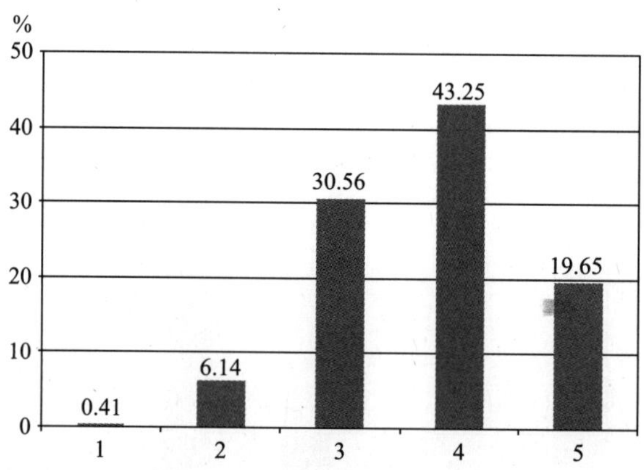

图 5－67　总创业者样本参加与工作相关的活动题项 8

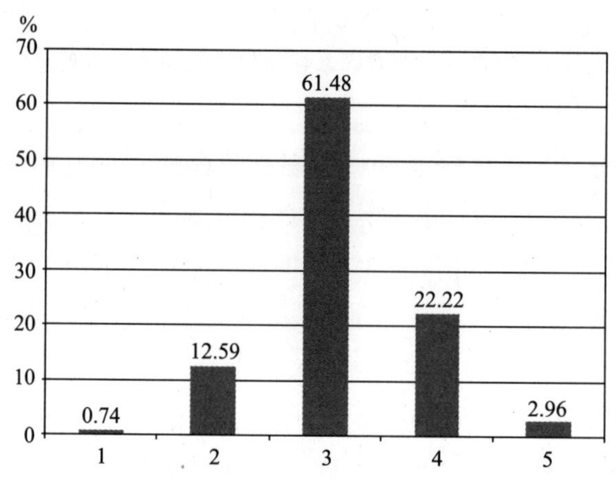

图 5－68　北京市创业者样本参加与工作相关的活动题项 8

河北省的调查结果显示：创业者样本在总体上呈积极态度，其中积极参与的选项所占比例是最高的，接近 50%，其次是非常积极参与。如图 5－70 所示：

山东省的调查结果显示：创业者样本在总体上呈积极态度，其中积极参与的选项所占比例是最高的，超过 40%，其次是非常积极参与。如图5－71所示：

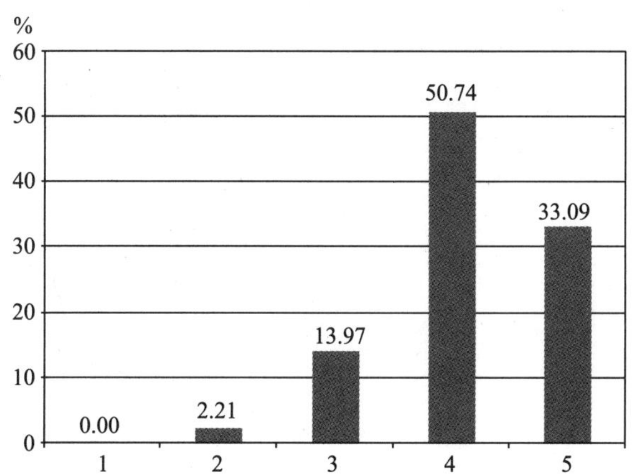

图5－69 天津市创业者样本参加与工作相关的活动题项8

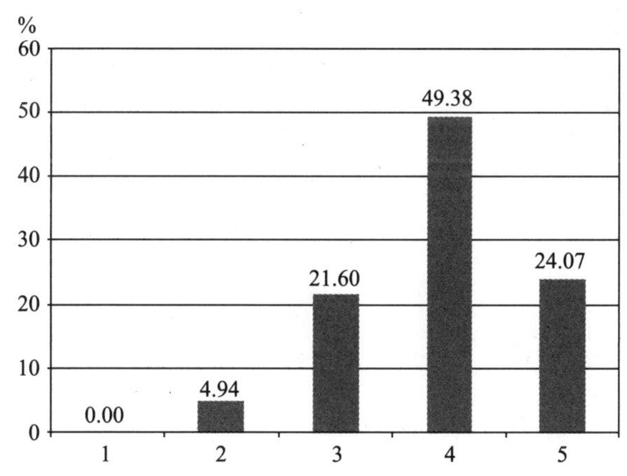

图5－70 河北省创业者样本参加与工作相关的活动题项8

辽宁省的调查结果显示：创业者样本在总体上呈积极态度，其中积极参与的选项所占比例是最高的，超过40%，其次是不好说。如图5－72所示：

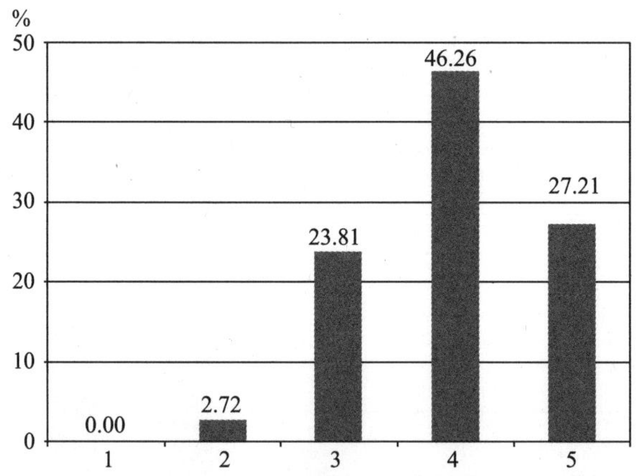

图 5－71　山东省创业者样本参加与工作相关的活动题项 8

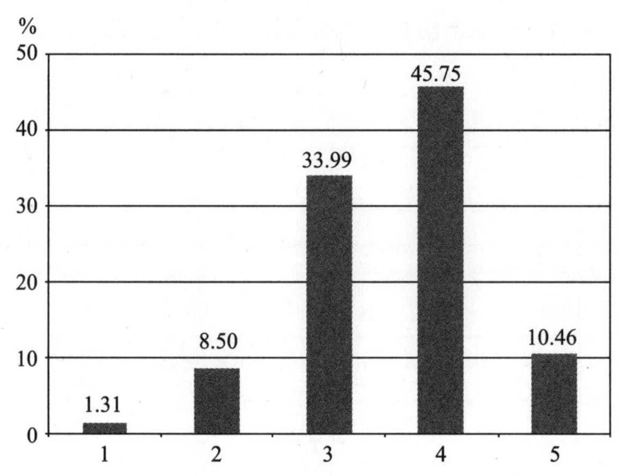

图 5－72　辽宁省创业者样本参加与工作相关的活动题项 8

经计算可得，全体样本在“您清楚地知道如何实施它们的活动”方面的得分为 3.76 分，北京市的得分为 3.14 分，天津市的得分为 4.15 分，河北省的得分为 3.93 分，山东省的得分为 3.98 分，辽宁省的得分为 3.56 分。

（3）主要专注于达到短期目标的活动

“主要专注于达到短期目标的活动（1，完全未参与过；2，不太参与；3，不好说；4，积极参与；5，非常积极参与)”的调查结果显示：创业者样本在总体上呈积极态度，其中积极参与的选项所占比例是最高的，超过40%，其次是非常积极参与。如图5－73所示：

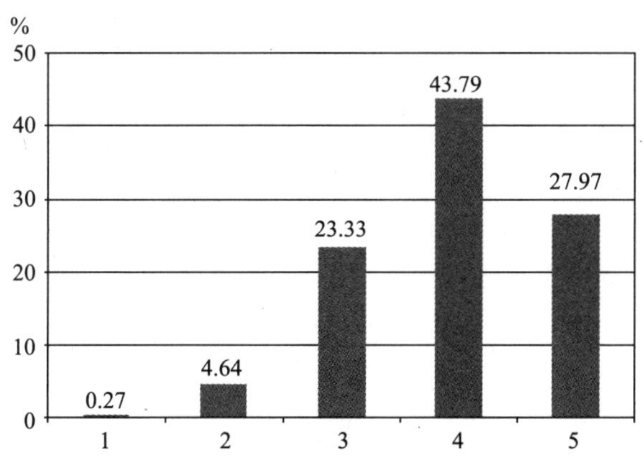

图5－73　总创业者样本参加与工作相关的活动题项9

北京市的调查结果显示：创业者样本在总体上呈积极态度，其中积极参与的选项所占比例是最高的，超过40%，其次是不好说。如图5－74所示：

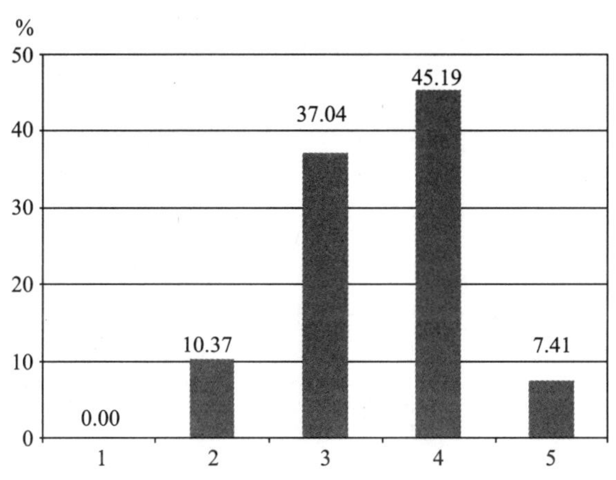

图5－74　北京市创业者样本参加与工作相关的活动题项9

天津市的调查结果显示：创业者样本在总体上呈积极态度，其中非常积极参与的选项所占比例是最高的，超过40%，其次是积极参与。如图5－75所示：

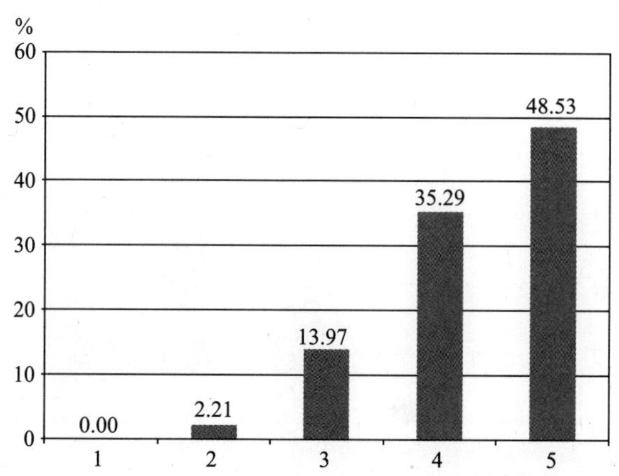

图5－75　天津市创业者样本参加与工作相关的活动题项9

河北省的调查结果显示：创业者样本在总体上呈积极态度，其中积极参与的选项所占比例是最高的，超过40%，其次是非常积极参与。如图5－76所示：

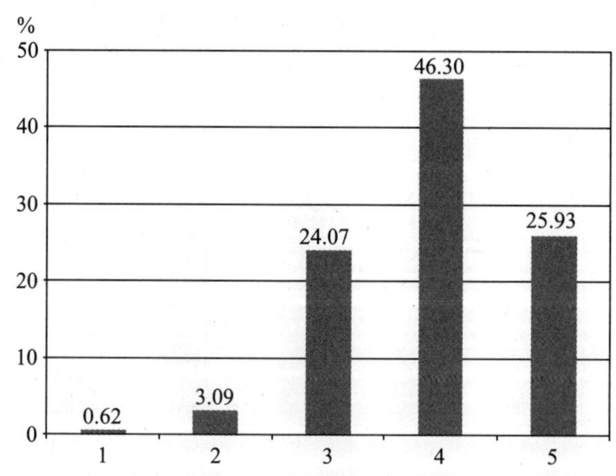

图5－76　河北省创业者样本参加与工作相关的活动题项9

山东省的调查结果显示：创业者样本在总体上呈积极态度，其中积极参与的选项所占比例是最高的，超过40%，其次是非常积极参与。如图5-77所示：

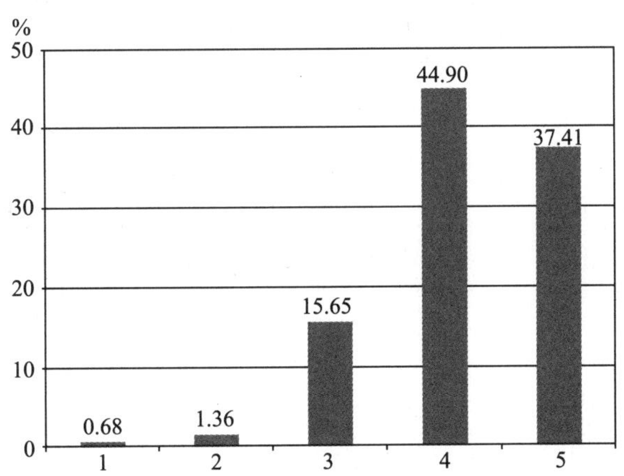

图5-77　山东省创业者样本参加与工作相关的活动题项9

辽宁省的调查结果显示：创业者样本在总体上呈积极态度，其中积极参与的选项所占比例是最高的，超过40%，其次是不好说。如图5-78所示：

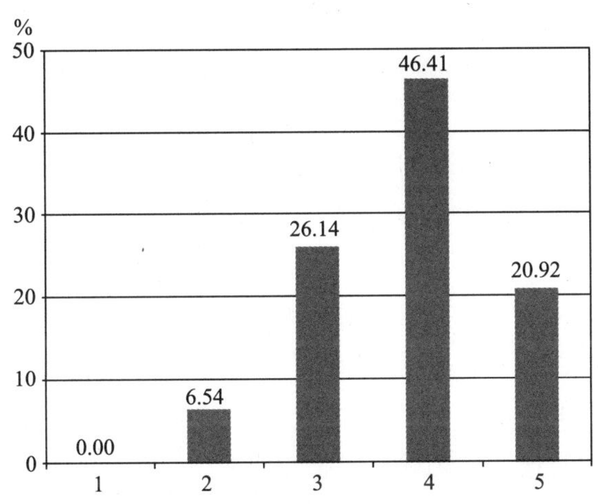

图5-78　辽宁省创业者样本参加与工作相关的活动题项9

经计算可得，全体样本在“主要专注于达到短期目标的活动”方面的得分为3.95分，北京市的得分为3.50分，天津市的得分为4.30分，河北省的得分为3.94分，山东省的得分为4.17分，辽宁省的得分为3.82分。

（4）运用您现有的知识能够合理实施的活动

“运用您现有的知识能够合理实施的活动（1，完全未参与过；2，不太参与；3，不好说；4，积极参与；5，非常积极参与）”的调查结果显示：总创业者样本在总体上呈积极态度，其中积极参与的选项所占比例是最高的，超过40%，其次是非常积极参与。如图5－79所示：

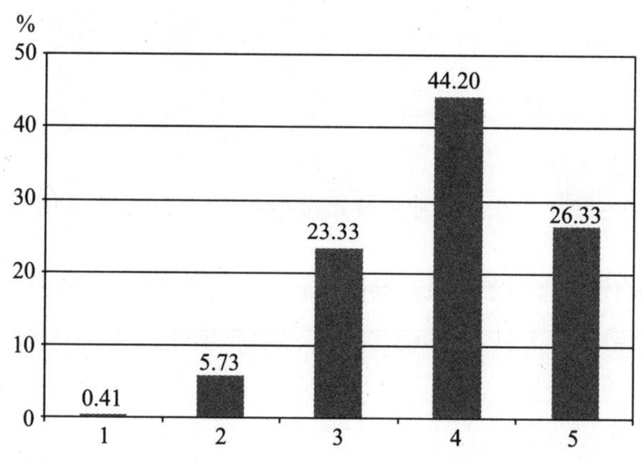

图5－79　总创业者样本参加与工作相关的活动题项10

北京市的调查结果显示：创业者样本在总体上呈积极态度，其中不好说的选项所占比例是最高的，超过40%，其次是积极参与。如图5－80所示。

天津市的调查结果显示：创业者样本在总体上呈积极态度，其中积极参与的选项所占比例是最高的，接近50%，其次是非常积极参与。如图5－81所示。

河北省的调查结果显示：创业者样本在总体上呈积极态度，其中积极参与的选项所占比例是最高的，超过40%，其次是非常积极参与。如图5－82所示。

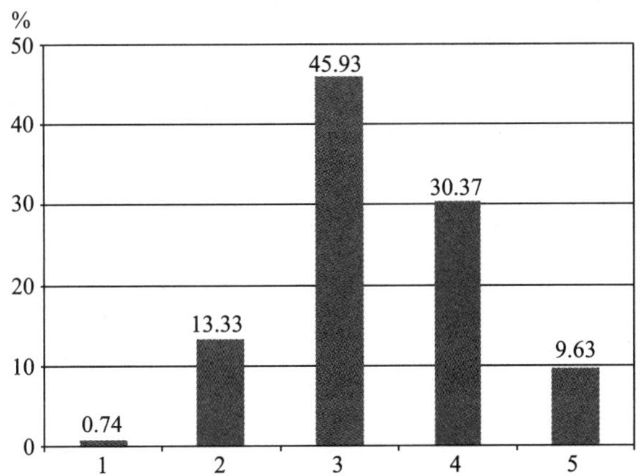

图 5-80　北京市创业者样本参加与工作相关的活动题项 10

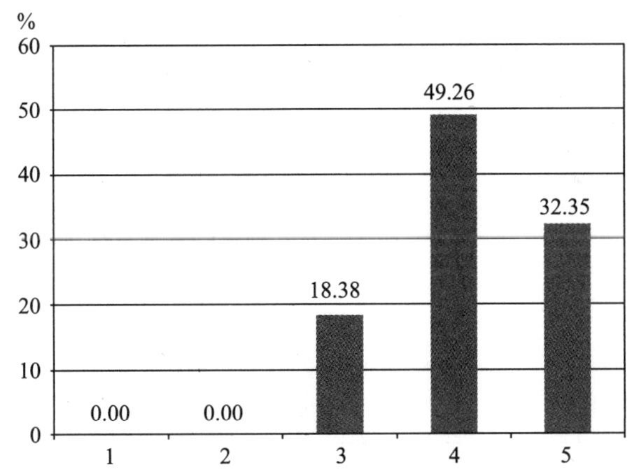

图 5-81　天津市创业者样本参加与工作相关的活动题项 10

山东省的调查结果显示：创业者样本在总体上呈积极态度，其中积极参与的选项所占比例是最高的，超过 40%，其次是非常积极参与。如图 5-83 所示：

辽宁省的调查结果显示：创业者样本在总体上呈积极态度，其中积极参与的选项所占比例是最高的，超过 40%，其次是不好说。如图 5-84 所示：

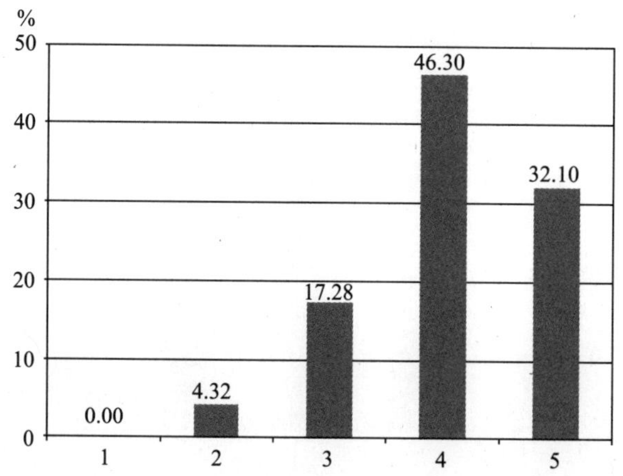

图 5－82　河北省创业者样本参加与工作相关的活动题项 10

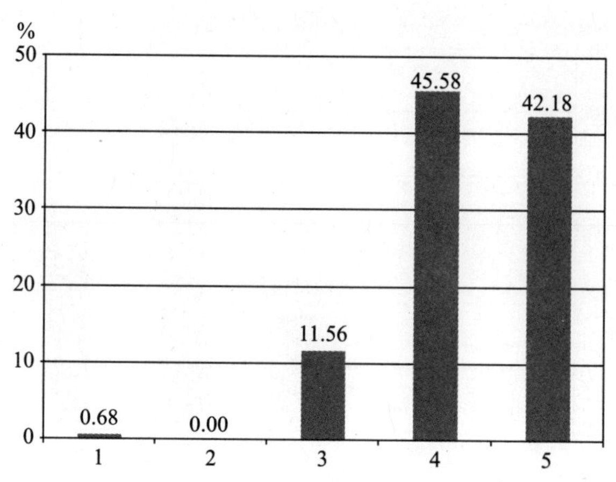

图 5－83　山东省创业者样本参加与工作相关的活动题项 10

经计算可得，全体样本在“运用您现有的知识能够合理实施的活动”方面的得分为 3. 90 分，北京市的得分为 3. 35 分，天津市的得分为 4. 14 分，河北省的得分为 4. 06 分，山东省的得分为 4. 29 分，辽宁省的得分为 3. 65 分。

（5）明显符合公司当前战略计划的活动

“明显符合公司当前战略计划的活动（1，完全未参与过；2，不太参与；3，不好说；4，积极参与；5，非常积极参与)”的调查结果显示：创业者样本在总体上呈积极态度，其中积极参与的选项所占比例是最高的，超过40%，其次是非常积极参与。如图5－85所示：

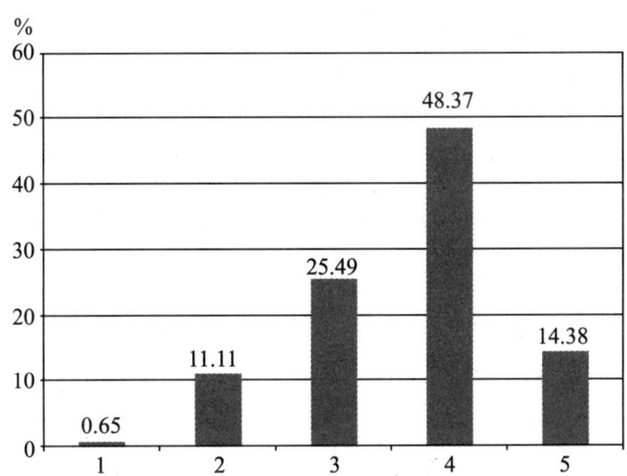

图5－84　辽宁省创业者样本参加与工作相关的活动题项10

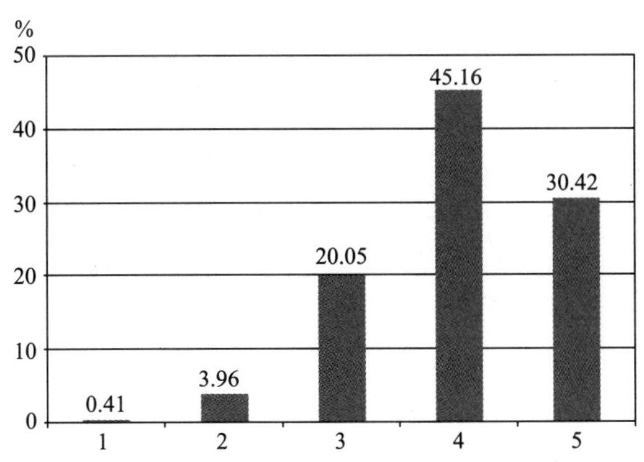

图5－85　总创业者样本参加与工作相关的活动题项11

北京市的调查结果显示：创业者样本在总体上呈积极态度，其中不好说的选项所占比例是最高的，超过30%，其次是积极参与。如图5－86所示：

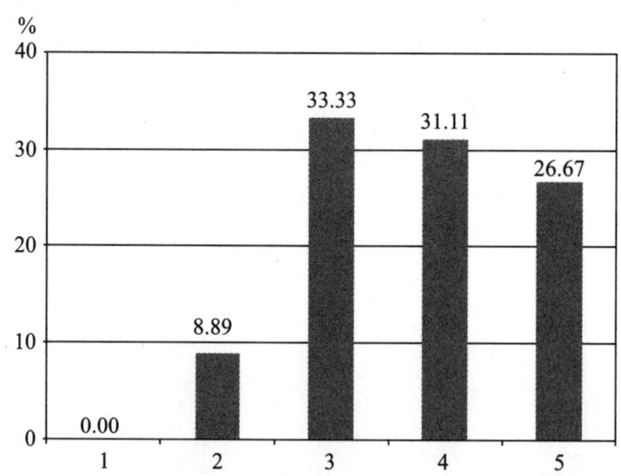

图 5－86　北京市创业者样本参加与工作相关的活动题项 11

天津市的调查结果显示：创业者样本在总体上呈积极态度，其中积极参与的选项所占比例是最高的，超过 40%，其次是非常积极参与。如图 5－87 所示：

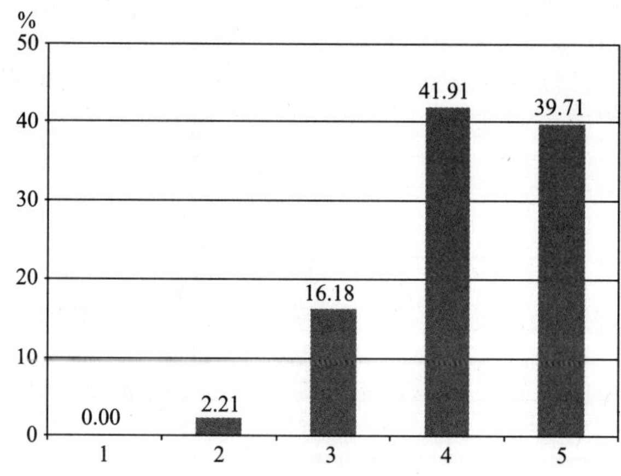

图 5－87　天津市创业者样本参加与工作相关的活动题项 11

河北省的调查结果显示：创业者样本在总体上呈积极态度，其中积极参与的选项所占比例是最高的，超过 40%，其次是非常积极参与。如图 5－88 所示：

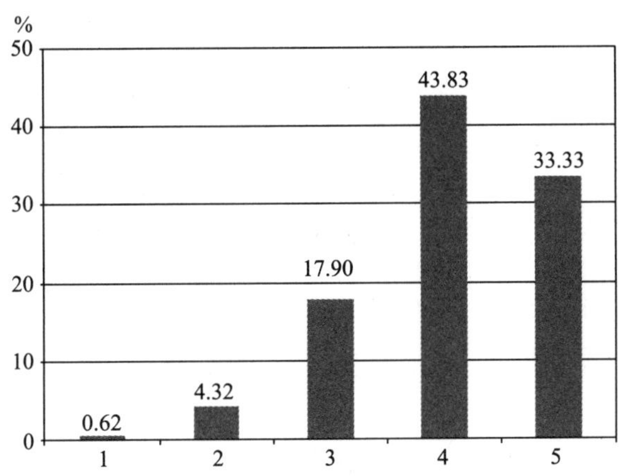

图 5－88　河北省创业者样本参加与工作相关的活动题项 11

山东省的调查结果显示：创业者样本在总体上呈积极态度，其中非常积极参与的选项所占比例是最高的，超过 40%，其次是积极参与。如图 5－89 所示：

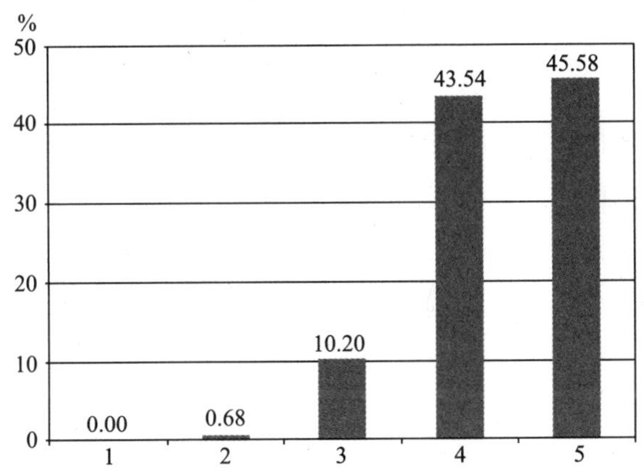

图 5－89　山东省创业者样本参加与工作相关的活动题项 11

辽宁省的调查结果显示：创业者样本在总体上呈积极态度，其中积极参与的选项所占比例是最高的，超过60%，其次是不好说。如图5－90所示：

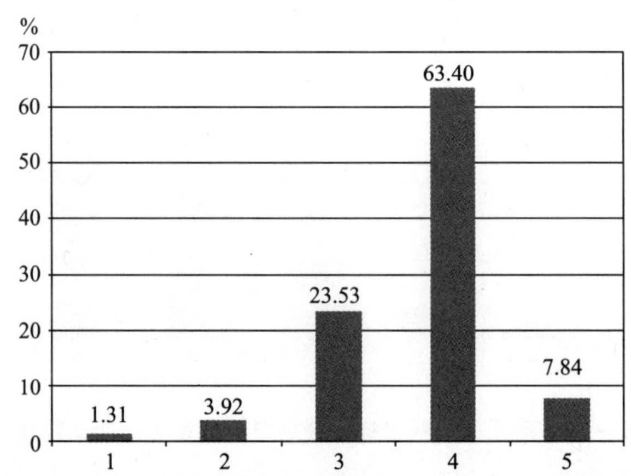

图5－90　辽宁省创业者样本参加与工作相关的活动题项11

经计算可得，全体样本在“明显符合公司当前战略计划的活动”方面的得分为4.01分，北京市的得分为3.76分，天津市的得分为4.19分，河北省的得分为4.05分，山东省的得分为4.34分，辽宁省的得分为3.73分。

我们把各个地区的开发式创新活动6个题项的得分汇总取平均值就得到了各个地区在开发式创新上的得分。数据显示，环渤海地区在开发式创新方面的得分为3.89分，其中北京市的得分为3.43分，天津市的得分为4.16分，河北省的得分为3.98分，山东省的得分为4.15分，辽宁省的得分为3.70分。

我们把各个地区的探索式创新活动与开发式创新活动得分汇总取平均值就得到了各个地区在创新活动上的得分。数据显示，环渤海地区在创新活动方面的得分为3.86分，其中北京市的得分为3.39分，天津市的得分为4.14分，河北省的得分为3.98分，山东省的得分为4.05分，辽宁省的得分为3.69分。

三　吸收能力

吸收能力是指企业在对外部信息价值认识的基础上，对信息进行获取、消化、转化以及利用的能力。吸收能力包括信息获取能力、信息消化能力、信息转化能力和信息利用能力四个方面。

1. 潜在吸收能力

信息获取能力和信息消化能力构成潜在吸收能力，本书所指的信息获取能力包括3个题项：经常与有关信息源接触并获得新知识，内部领导或员工经常拜访有关信息源，经常非正式（如，饭局等）地向有关信息源搜集知识；信息消化能力包括3个题项：对市场变化的识别很迟钝、能很快认清服务客户的新机会、能迅速地分析并描述市场需求的变化；

（1）获取维度——经常与有关信息源接触并获得新知识

“经常与有关信息源接触并获得新知识（1，非常不同意；2，有点不同意；3，不好说；4，有点同意；5，非常同意）”的调查结果显示：总创业者样本在总体上呈正面态度，其中有点同意的选项所占比例是最高的，超过30%，其次是非常同意。如图5－91所示：

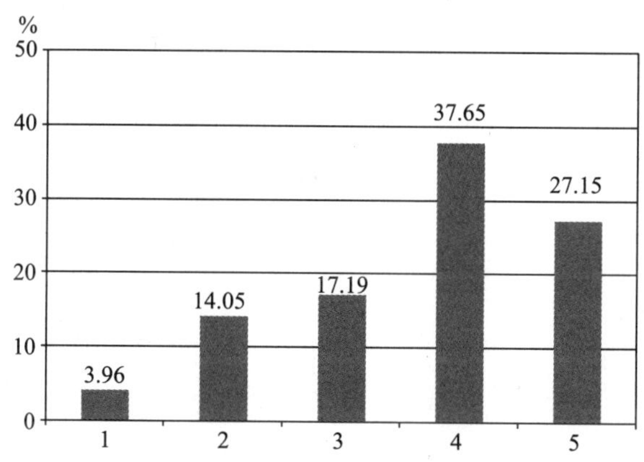

图5－91　总创业者样本技术/知识/信息的获取维度题项1

北京市的调查结果显示：创业者样本在总体上呈正面态度，其中有点同意的选项所占比例是最高的，超过 50%，其次是不好说。如图 5－92 所示：

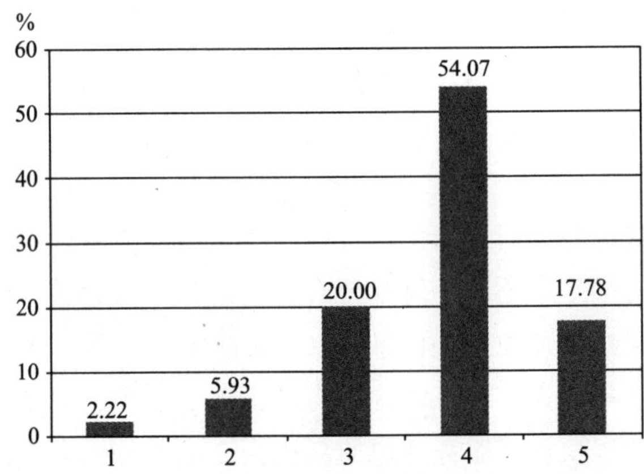

图 5－92　北京市创业者样本技术/知识/信息的获取维度题项 1

天津市的调查结果显示：创业者样本在总体上呈正面态度，其中非常同意的选项所占比例是最高的，超过 40%，其次是有点同意。如图 5－93 所示：

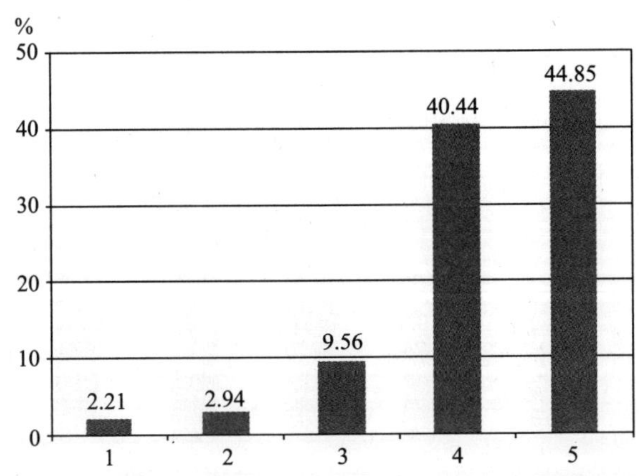

图 5－93　天津市创业者样本技术/知识/信息的获取维度题项 1

河北省的调查结果显示：创业者样本在总体上呈正面态度，其中非常同意的选项所占比例是最高的，超过40%，其次是有点同意。如图5－94所示：

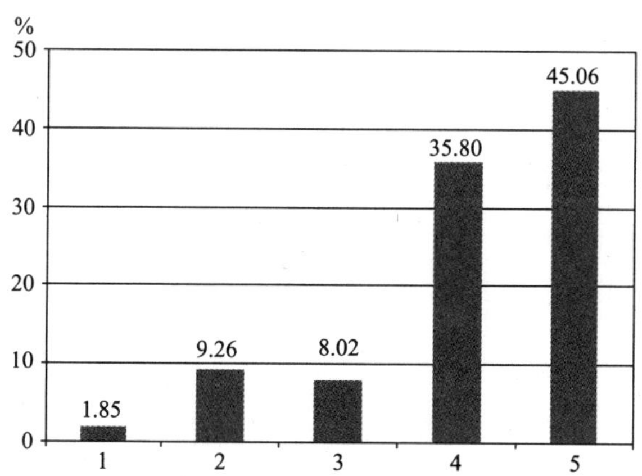

图5－94　河北省创业者样本技术/知识/信息的获取维度题项1

山东省的调查结果显示：创业者样本在总体上呈负面态度，其中有点不同意的选项所占比例是最高的，超过30%，其次是不好说。如图5－95所示：

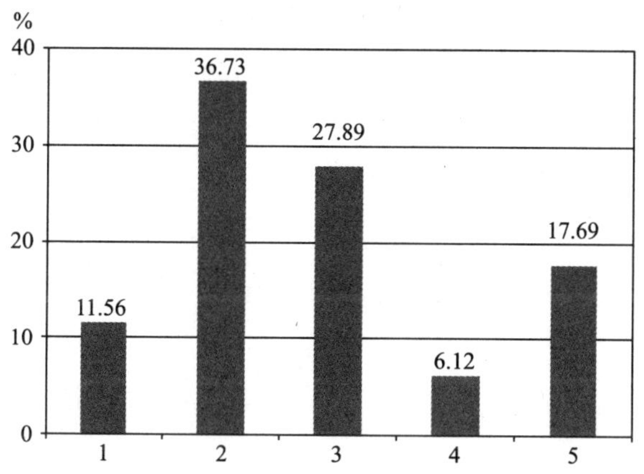

图5－95　山东省创业者样本技术/知识/信息的获取维度题项1

辽宁省的调查结果显示：创业者样本在总体上呈正面态度，其中有点同意的选项所占比例是最高的，超过50%，其次是不好说。如图5－96所示：

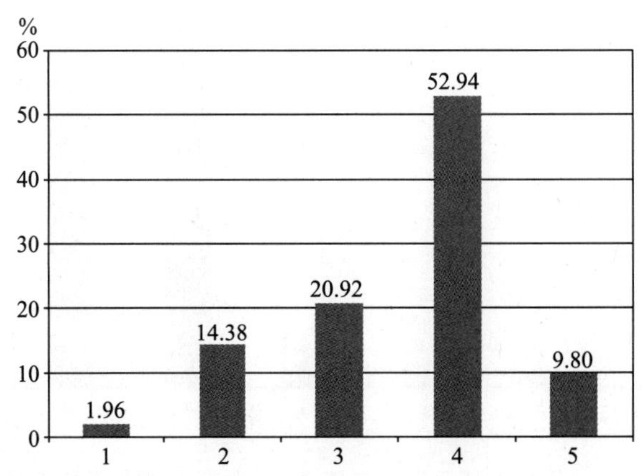

图5－96　辽宁省创业者样本技术/知识/信息的获取维度题项1

经计算可得，全体样本在“经常与有关信息源接触并获得新知识”方面的得分为3.70分，北京市的得分为3.79分，天津市的得分为4.23分，河北省的得分为4.13分，山东省的得分为2.82分，辽宁省的得分为3.54分。

（2）获取维度——内部领导或员工经常拜访有关信息源

“内部领导或员工经常拜访有关信息源（1，非常不同意；2，有点不同意；3，不好说；4，有点同意；5，非常同意）”的调查结果显示：创业者样本在总体上呈正面态度，其中有点同意的选项所占比例是最高的，超过40%，其次是不好说。如图5－97所示：

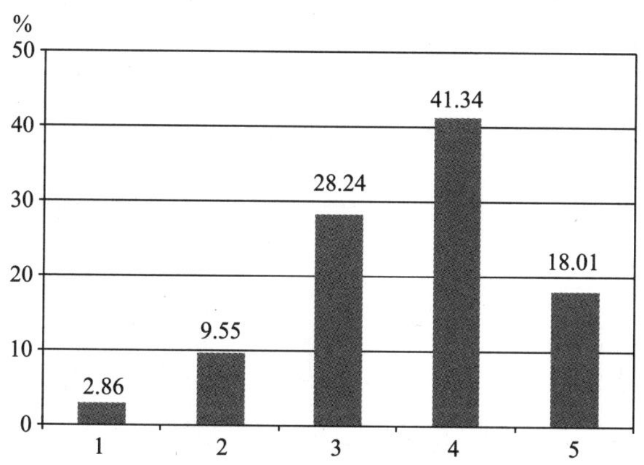

图 5-97　总创业者样本技术/知识/信息的获取维度题项 2

北京市的调查结果显示：创业者样本在总体上呈正面态度，其中有点同意的选项所占比例是最高的，超过 50%，其次是不好说。如图 5-98 所示：

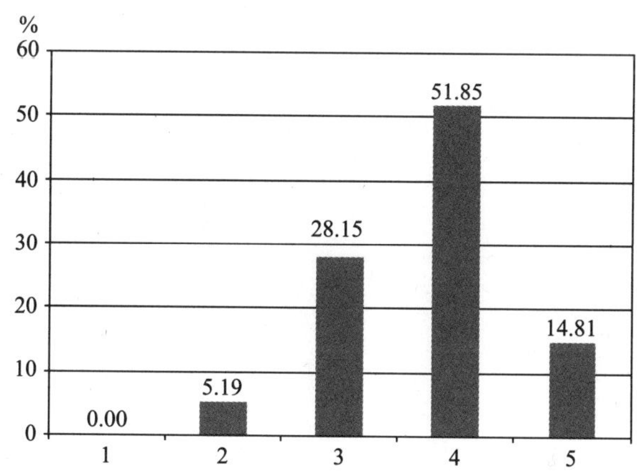

图 5-98　北京市创业者样本技术/知识/信息的获取维度题项 2

天津市的调查结果显示：创业者样本在总体上呈正面态度，其中有点同意的选项所占比例是最高的，超过 40%，其次是非常同意。如图 5-99 所示：

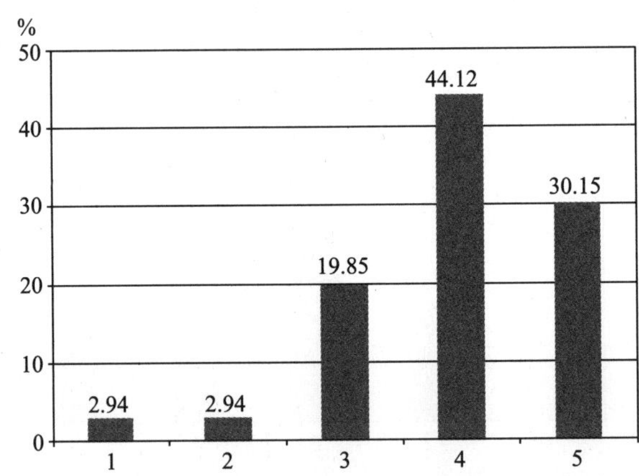

图5－99　天津市创业者样本技术/知识/信息的获取维度题项2

河北省的调查结果显示：创业者样本在总体上呈正面态度，其中有点同意的选项所占比例是最高的，超过30%，其次是不好说。如图5－100所示：

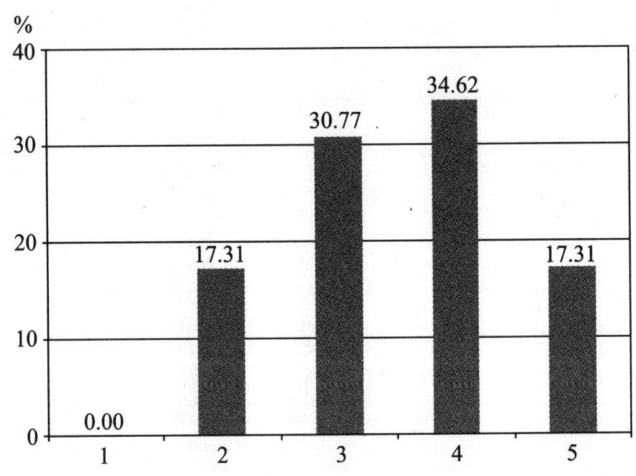

图5－100　河北省创业者样本技术/知识/信息的获取维度题项2

山东省的调查结果显示：创业者样本在总体上呈负面态度，其中不好说的选项所占比例是最高的，超过30%，其次是有点不同意。如图5－101所示：

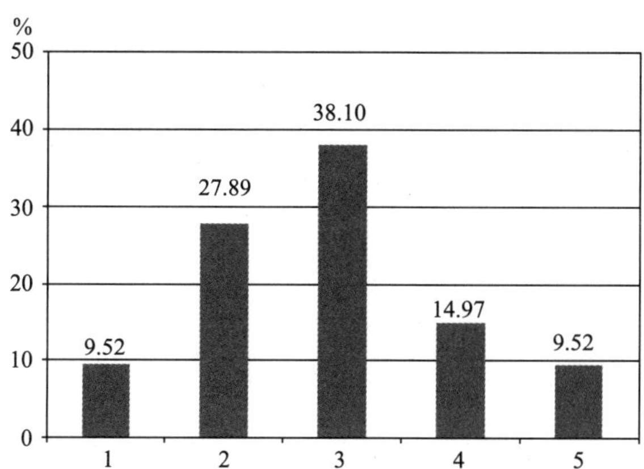

图 5-101　山东省创业者样本技术/知识/信息的获取维度题项 2

辽宁省的调查结果显示：创业者样本在总体上呈正面态度，其中有点同意的选项所占比例是最高的，超过 40%，其次是不好说。如图 5-102 所示：

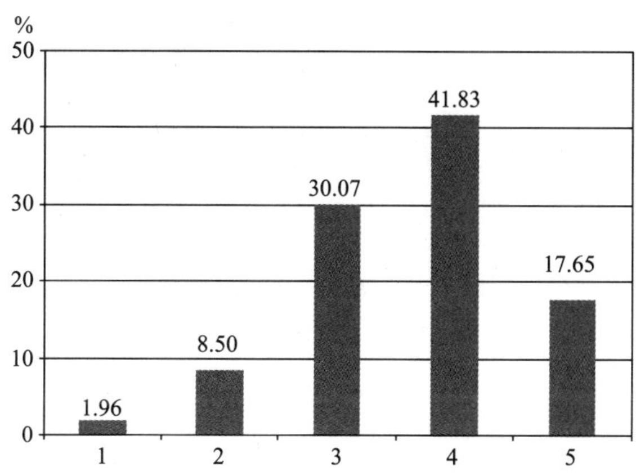

图 5-102　辽宁省创业者样本技术/知识/信息的获取维度题项 2

经计算可得，全体样本在“内部领导或员工经常拜访有关信息源”方面的得分为3.62分，北京市的得分为3.76分，天津市的得分为3.96分，河北省的得分为3.88分，山东省的得分为2.87分，辽宁省的得分为3.65分。

（3）获取维度——经常非正式（如，饭局等）地向有关信息源搜集知识

“经常非正式（如，饭局等）地向有关信息源搜集知识（1，非常不同意；2，有点不同意；3，不好说；4，有点同意；5，非常同意）”的调查结果显示：总创业者样本在总体上呈正面态度，其中有点同意的选项所占比例是最高的，超过30%，其次是不好说。如图5－103所示：

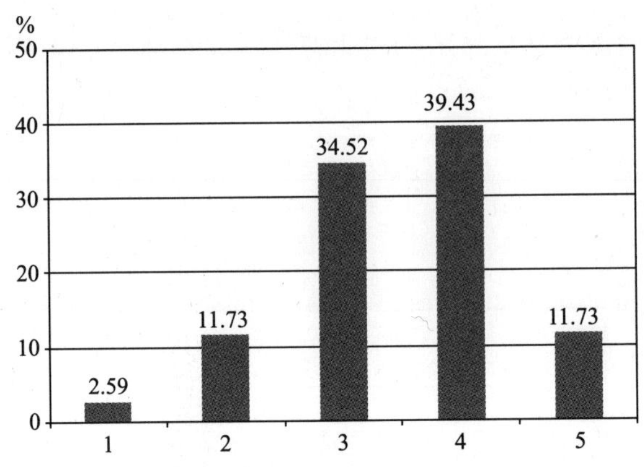

图5－103　总创业者样本技术/知识/信息的获取维度题项3

北京市的调查结果显示：创业者样本在总体上呈正面态度，其中有点同意的选项所占比例是最高的，超过40%，其次是不好说。如图5－104所示：

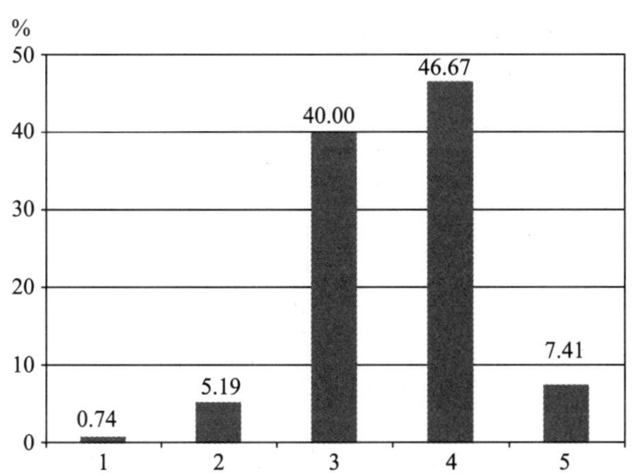

图 5－104　北京市创业者样本技术/知识/信息的获取维度题项 3

天津市的调查结果显示：创业者样本在总体上呈正面态度，其中有点同意的选项所占比例是最高的，超过 50%，其次是不好说。如图 5－105 所示：

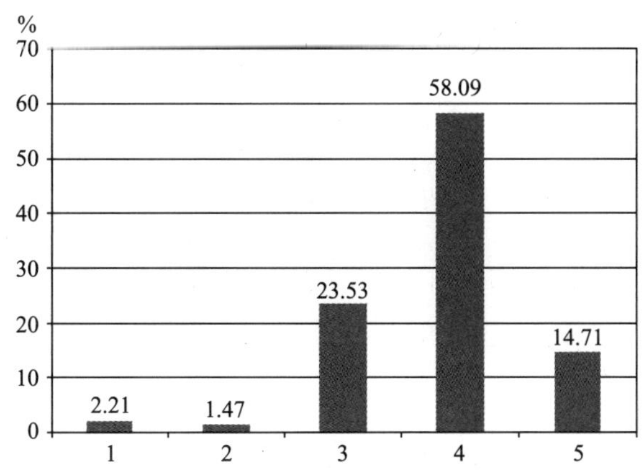

图 5－105　天津市创业者样本技术/知识/信息的获取维度题项 3

河北省的调查结果显示：创业者样本在总体上呈正面态度，其中有点同意的选项所占比例是最高的，超过 40%，其次是不好说。如图 5－106 所示：

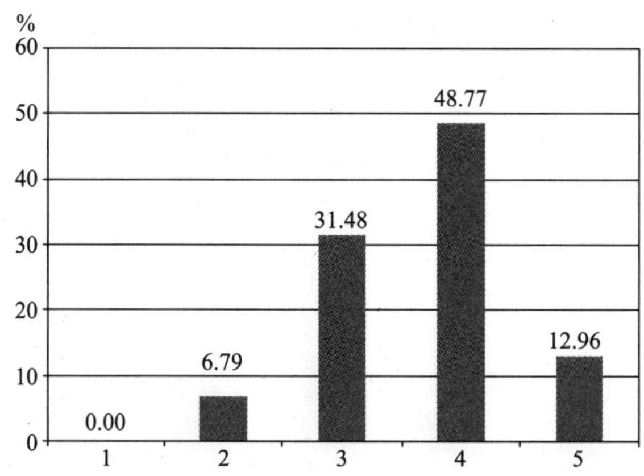

图 5 – 106　河北省创业者样本技术/知识/信息的获取维度题项 3

山东省的调查结果显示：创业者样本在总体上呈负面态度，其中不好说的选项所占比例是最高的，超过 30%，其次是有点不同意，占比也超过 30%。如下图所示：

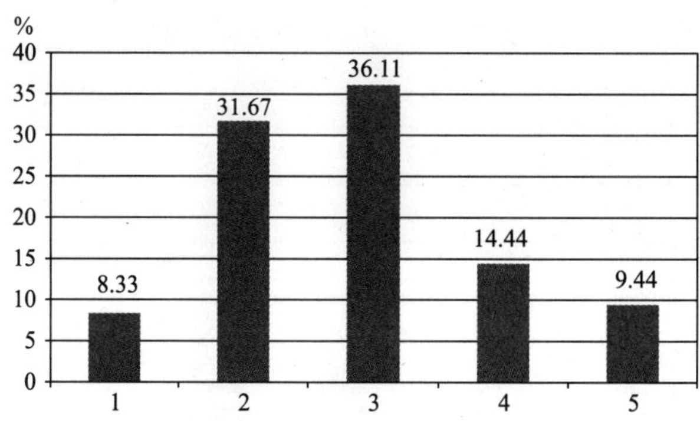

图 5 – 107　山东省创业者样本技术/知识/信息的获取维度题项 3

辽宁省的调查结果显示：创业者样本在总体上呈正面态度，其中不好说的选项所占比例是最高的，超过 30%，其次是有点同意。如图 5 – 108 所示：

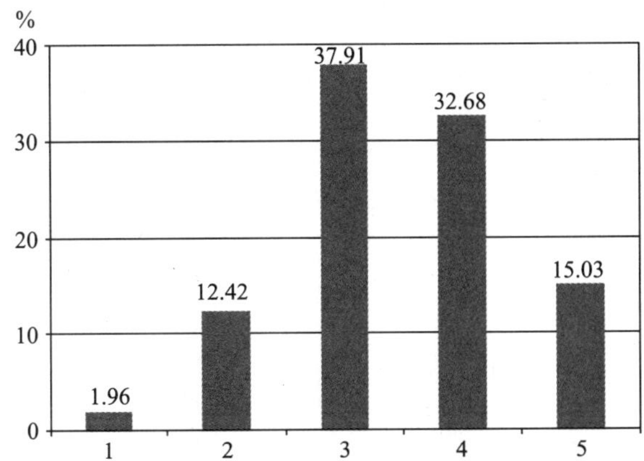

图5－108　辽宁省创业者样本技术/知识/信息的获取维度题项3

经计算可得，全体样本在“经常非正式（如，饭局等）地向有关信息源搜集知识”方面的得分为3.46分，北京市的得分为3.55分，天津市的得分为3.82分，河北省的得分为3.68分，山东省的得分为2.80分，辽宁省的得分为3.46分。

（4）消化维度——对市场变化的识别很迟钝

“对市场变化的识别很迟钝（1，非常不同意；2，有点不同意；3，不好说；4，有点同意；5，非常同意）”的调查结果显示：创业者样本在总体上呈正面态度，其中有点同意的选项所占比例是最高的，超过30%，其次是不好说。如图5－109所示：

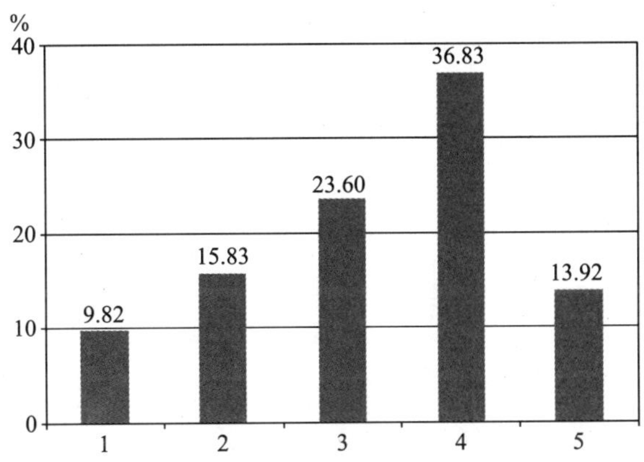

图5－109　总创业者样本技术/知识/信息的消化维度题项1

北京市的调查结果显示：创业者样本在总体上呈均衡态度，有点不同意、不好说和有点同意相差不大。如图 5－110 所示：

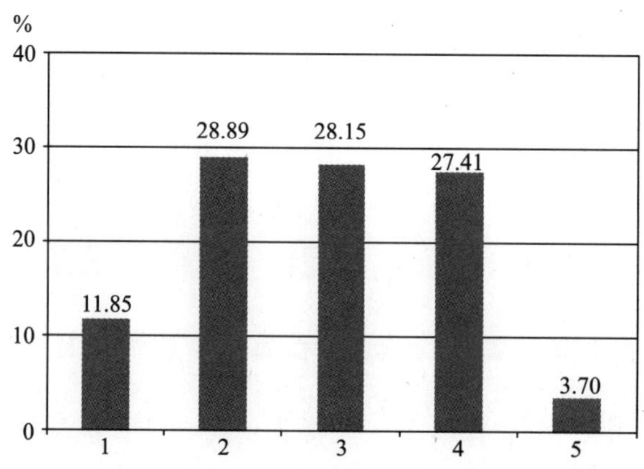

图 5－110　北京市创业者样本技术/知识/信息的消化维度题项 1

天津市的调查结果显示：创业者样本在总体上呈正面态度，其中非常同意的选项所占比例是最高的，超过 30%，其次是有点同意。如图 5－111 所示：

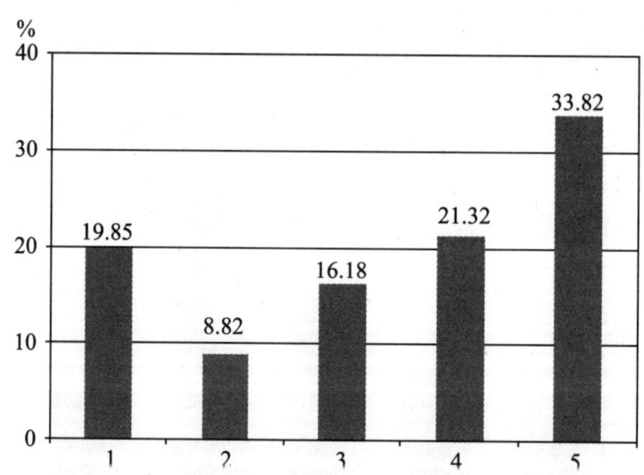

图 5－111　天津市创业者样本技术/知识/信息的消化维度题项 1

河北省的调查结果显示：创业者样本在总体上呈正面态度，其中有点同意的选项所占比例是最高的，超过50%，其次是不好说。如图5－112所示：

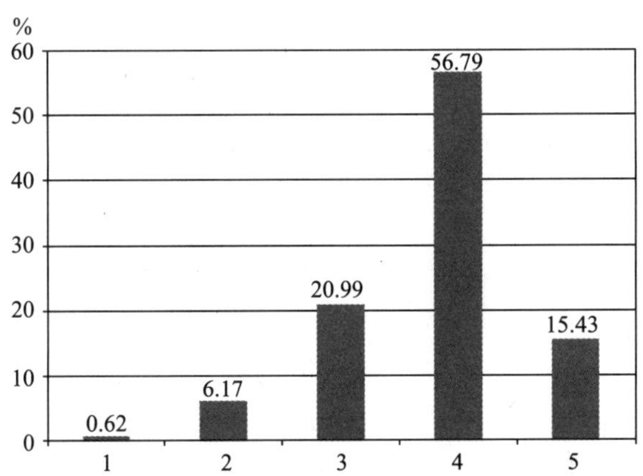

图5－112　河北省创业者样本技术/知识/信息的消化维度题项1

山东省的调查结果显示：创业者样本在总体上呈正面态度，其中有点同意的选项所占比例是最高的，超过30%，其次是不好说。如图5－113所示：

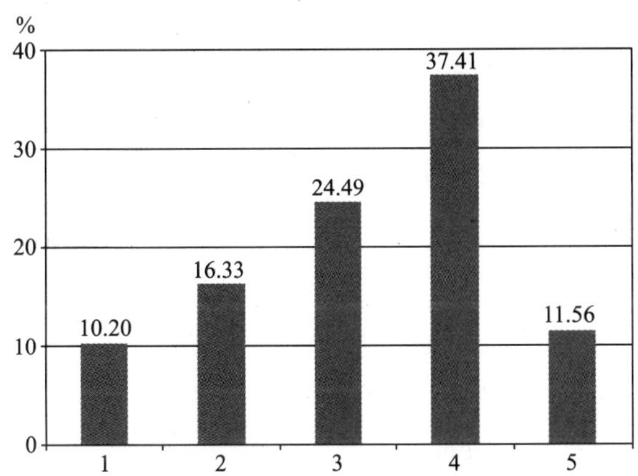

图5－113　山东省创业者样本技术/知识/信息的消化维度题项1

辽宁省的调查结果显示：创业者样本在总体上呈正面态度，其中有点同意的选项所占比例是最高的，超过30%，其次是不好说。如图5－114所示：

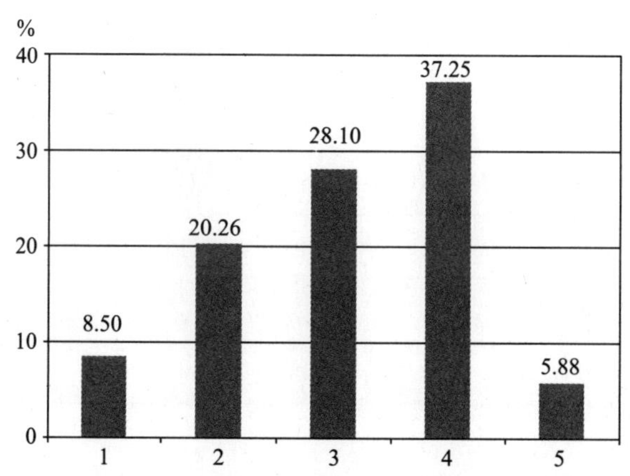

图5－114　辽宁省创业者样本技术/知识/信息的消化维度题项1

经计算可得，全体样本在“对市场变化的识别很迟钝”方面的得分为3.29分，北京市的得分为2.82分，天津市的得分为3.40分，河北省的得分为3.80分，山东省的得分为3.24分，辽宁省的得分为3.12分。

（5）消化维度——能很快认清服务客户的新机会

“能很快认清服务客户的新机会（1，非常不同意；2，有点不同意；3，不好说；4，有点同意；5，非常同意）”的调查结果显示：总创业者样本在总体上呈正面态度，其中有点同意的选项所占比例是最高的，超过40%，其次是不好说。如图5－115所示：

北京市的调查结果显示：创业者样本在总体上呈正面态度，其中不好说的选项所占比例是最高的，超过40%，其次是有点同意。如图5－116所示：

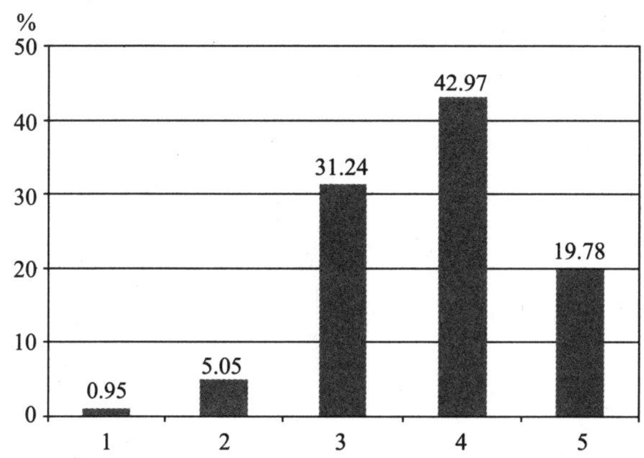

图 5－115　总创业者样本技术/知识/信息的消化维度题项 2

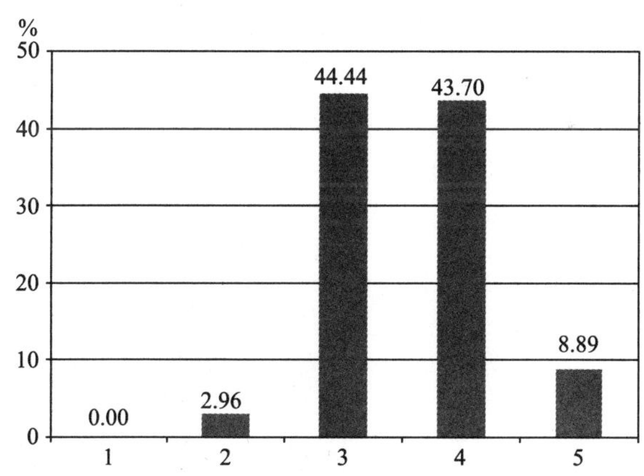

图 5－116　北京市创业者样本技术/知识/信息的消化维度题项 2

天津市的调查结果显示：创业者样本在总体上呈正面态度，其中有点同意的选项所占比例是最高的，超过 30%，其次是不好说。如图 5－117 所示：

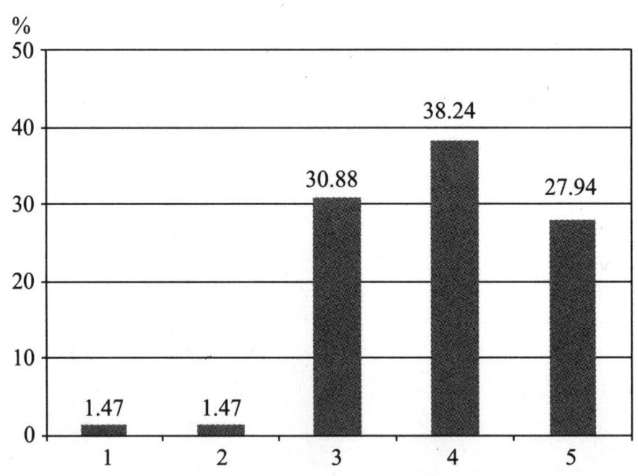

图 5－117　天津市创业者样本技术/知识/信息的消化维度题项 2

河北省的调查结果显示：创业者样本在总体上呈正面态度，其中有点同意的选项所占比例是最高的，超过 30%，其次是不好说。如图 5－118 所示：

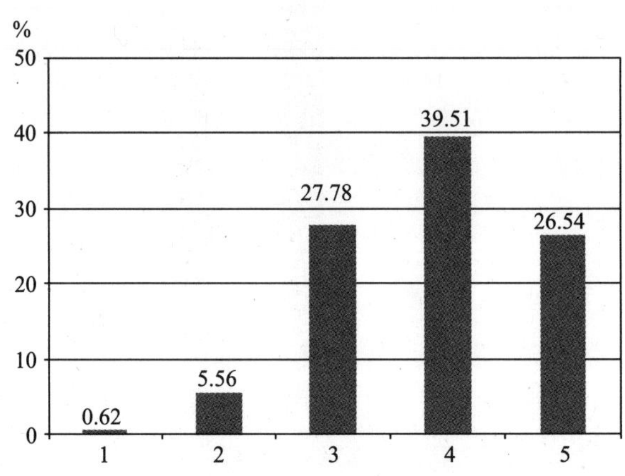

图 5－118　河北省创业者样本技术/知识/信息的消化维度题项 2

山东省的调查结果显示：创业者样本在总体上呈正面态度，其中有点同意的选项所占比例是最高的，超过 40%，其次是不好说。如图 5－119 所示：

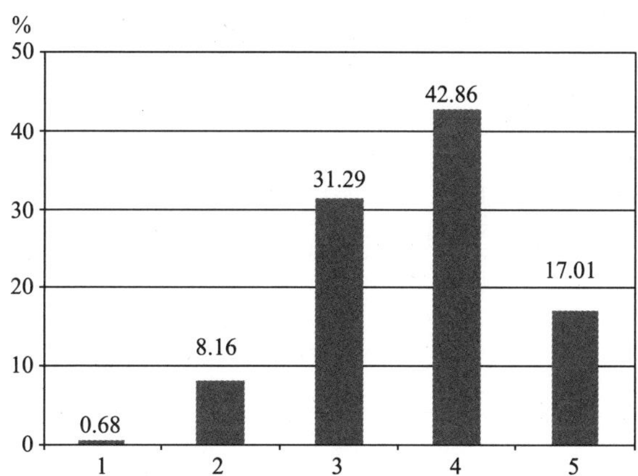

图5－119　山东省创业者样本技术/知识/信息的消化维度题项2

辽宁省的调查结果显示：创业者样本在总体上呈正面态度，其中有点同意的选项所占比例是最高的，超过50%，其次是不好说。如图5－120所示：

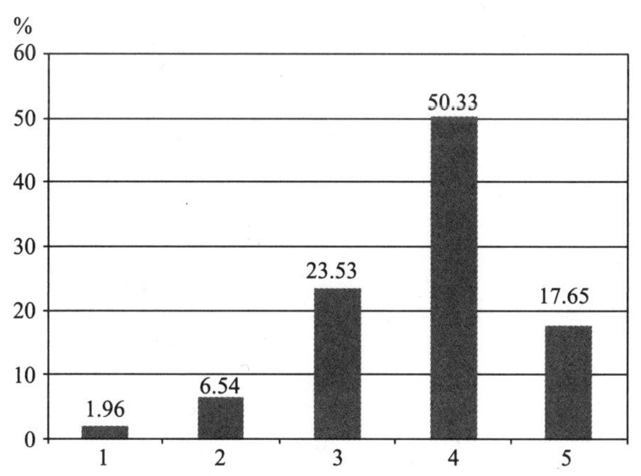

图5－120　辽宁省创业者样本技术/知识/信息的消化维度题项2

经计算可得，全体样本在“能很快认清服务客户的新机会”方面的得分为3.76分，北京市的得分为3.59分，天津市的得分为3.90分，河北省的得分为3.86分，山东省的得分为3.67分，辽宁省的得分为3.75分。

（6）消化维度——能迅速地分析并描述市场需求的变化

“能迅速地分析并描述市场需求的变化（1，非常不同意；2，有点不同意；3，不好说；4，有点同意；5，非常同意）”的调查结果显示：总创业者样本在总体上呈正面态度，其中有点同意的选项所占比例是最高的，超过40%，其次是不好说。如图5－121所示：

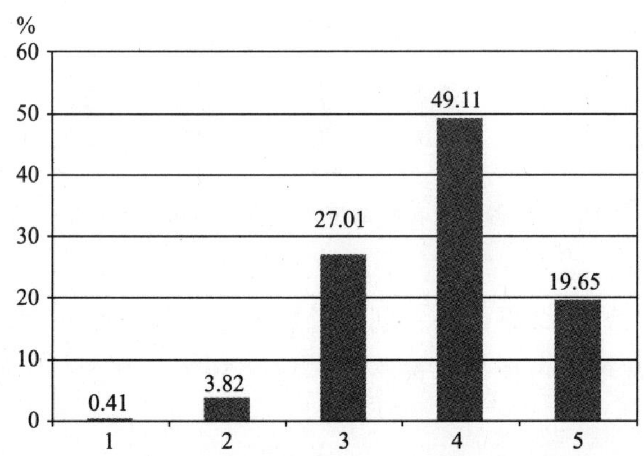

图5－121　总创业者样本技术/知识/信息的消化维度题项3

北京市的调查结果显示：创业者样本在总体上呈正面态度，其中不好说的选项所占比例是最高的，超过40%，其次是有点同意。如图5－122所示：

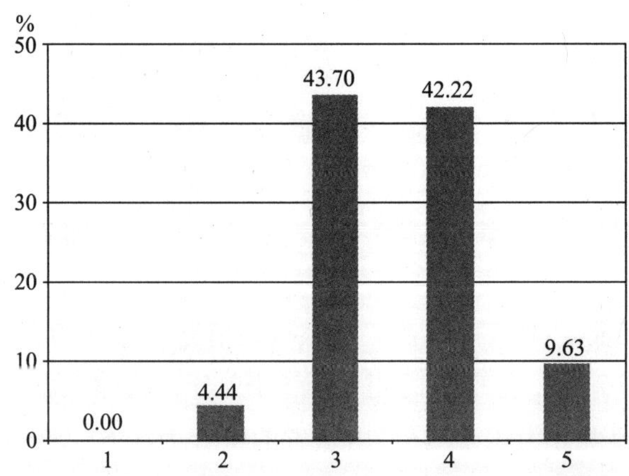

图5－122　北京市创业者样本技术/知识/信息的消化维度题项3

天津市的调查结果显示：创业者样本在总体上呈正面态度，其中有点同意的选项所占比例是最高的，超过50%，其次是不好说。如图5－123所示：

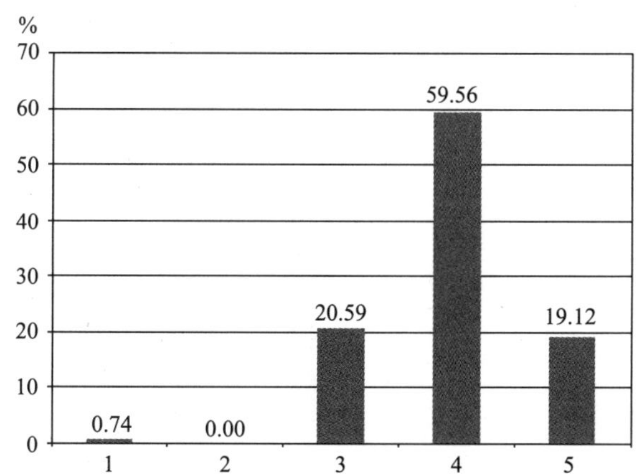

图5－123　天津市创业者样本技术/知识/信息的消化维度题项3

河北省的调查结果显示：创业者样本在总体上呈正面态度，其中有点同意的选项所占比例是最高的，超过40%，其次是非常同意。如图5－124所示：

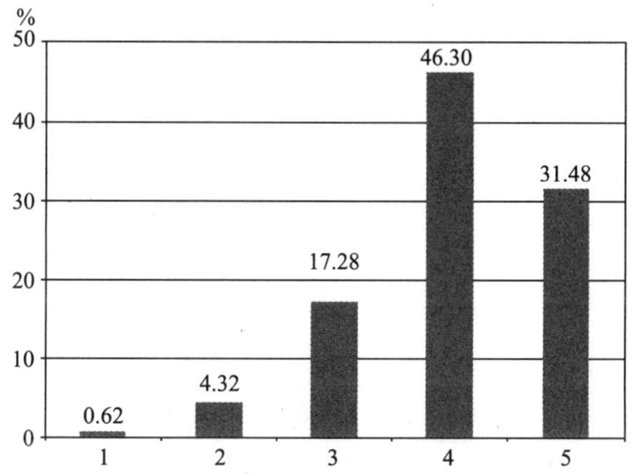

图5－124　河北省创业者样本技术/知识/信息的消化维度题项3

山东省的调查结果显示：创业者样本在总体上呈正面态度，其中有点同意的选项所占比例是最高的，超过40%，其次是不好说。如图5－125所示：

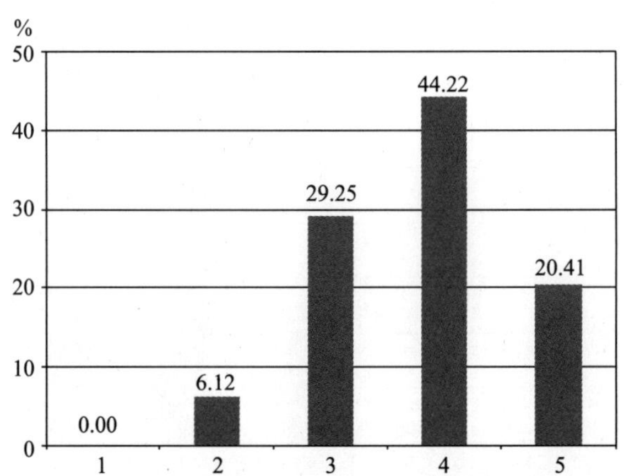

图5－125　山东省创业者样本技术/知识/信息的消化维度题项3

辽宁省的调查结果显示：创业者样本在总体上呈正面态度，其中有点同意的选项所占比例是最高的，超过50%，其次是不好说。如图5－126所示：

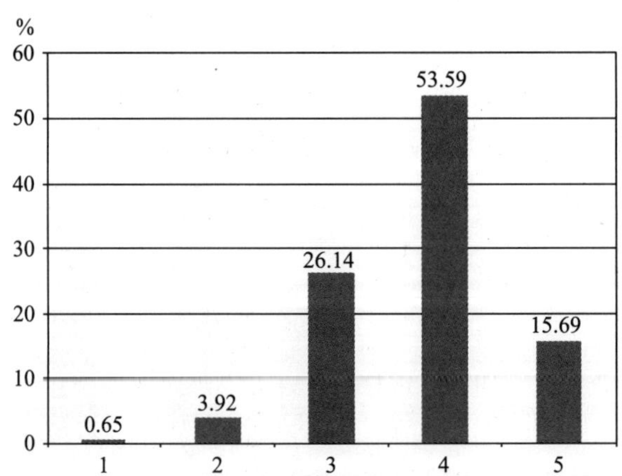

图5－126　辽宁省创业者样本技术/知识/信息的消化维度题项3

经计算可得，全体样本在“能迅速地分析并描述市场需求的变化”方面的得分为3.84分，北京市的得分为3.57分，天津市的得分为3.96分，河北省的得分为4.04分，山东省的得分为3.79分，辽宁省的得分为3.80分。

我们把各个地区的潜在吸收能力6个题项的得分汇总取平均值就得到了各个地区在潜在吸收能力上的得分。数据显示，环渤海地区在潜在吸收能力方面的得分为3.61分，其中北京市的得分为3.51分，天津市的得分为3.88分，河北省的得分为3.90分，山东省的得分为3.20分，辽宁省的得分为3.55分。

2. 现实吸收能力

信息转化能力和信息利用能力构成现实吸收能力，信息转化能力包括3个题项：经常考虑新产品/新服务对日新月异的市场需求的重要性，经常记录并储存新获得的知识以便今后使用，能够快速地识别外部新知识对企业已有知识的用途；信息利用能力包括3个题项：内部人员很清楚如何开展自己的工作，对企业内部的角色和权责有明确的分工，经常考虑如何更好地利用知识。

（1）转化维度——经常考虑新产品/新服务对日新月异的市场需求的重要性

“经常考虑新产品/新服务对日新月异的市场需求的重要性（1，非常不同意；2，有点不同意；3，不好说；4，有点同意；5，非常同意）”的调查结果显示：总创业者样本在总体上呈正面态度，其中有点同意的选项所占比例是最高的，超过40%，其次是非常同意。如图5－127所示。

北京市的调查结果显示：创业者样本在总体上呈正面态度，其中有点同意的选项所占比例是最高的，超过50%，其次是不好说。如图5－128所示。

天津市的调查结果显示：创业者样本在总体上呈正面态度，其中非常同意的选项所占比例是最高的，超过40%，其次是有点同意。如图5－129所示。

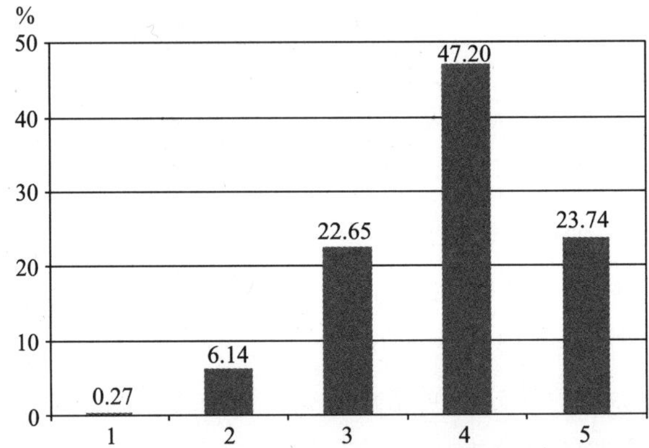

图 5-127　总创业者样本技术/知识/信息的转化维度题项 1

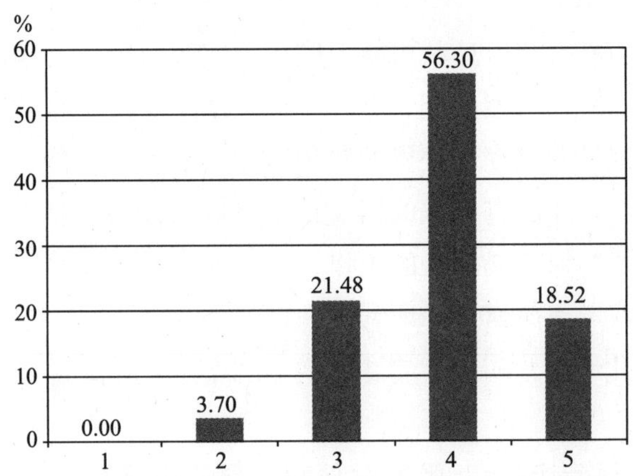

图 5-128　北京市创业者样本技术/知识/信息的转化维度题项 1

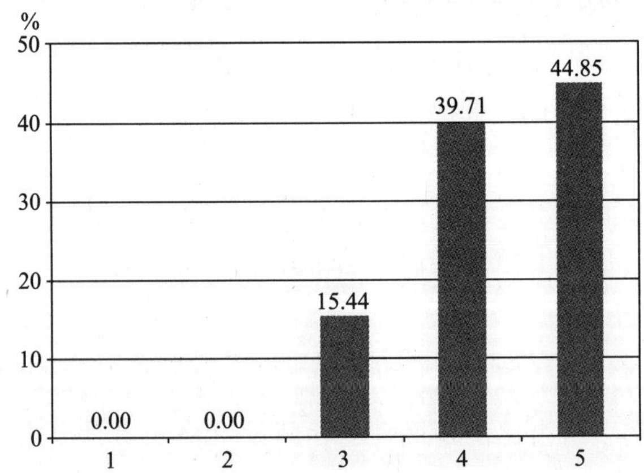

图 5-129　天津市创业者样本技术/知识/信息的转化维度题项 1

河北省的调查结果显示：创业者样本在总体上呈正面态度，其中有点同意的选项所占比例是最高的，超过40%，其次是非常同意。如图5－130所示：

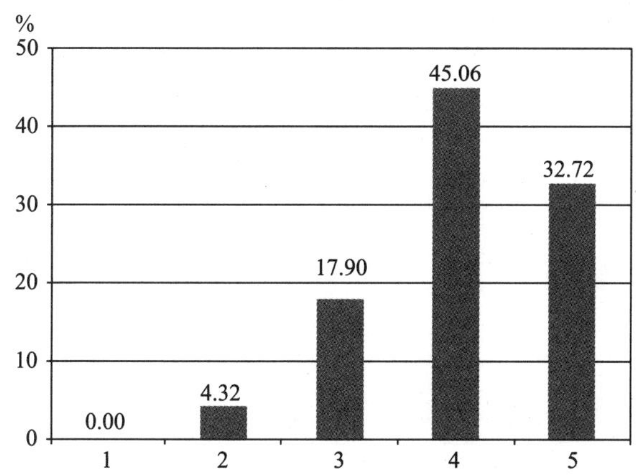

图5－130　河北省创业者样本技术/知识/信息的转化维度题项1

山东省的调查结果显示：创业者样本在总体上呈正面态度，其中有点同意的选项所占比例是最高的，超过40%，其次是不好说。如图5－131所示：

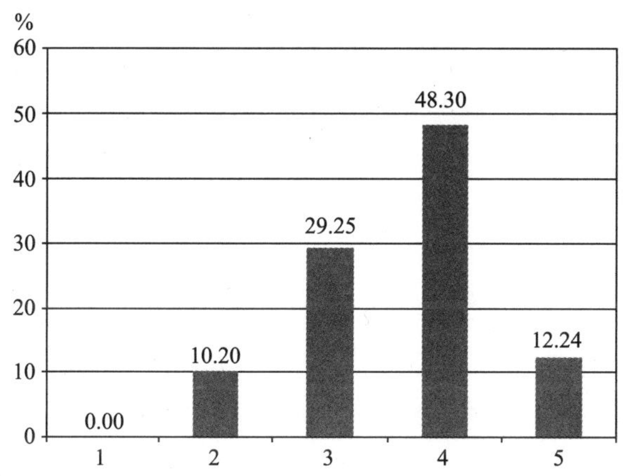

图5－131　山东省创业者样本技术/知识/信息的转化维度题项1

辽宁省的调查结果显示：创业者样本在总体上呈正面态度，其中有点同意的选项所占比例是最高的，超过40%，其次是不好说。如图5-132所示：

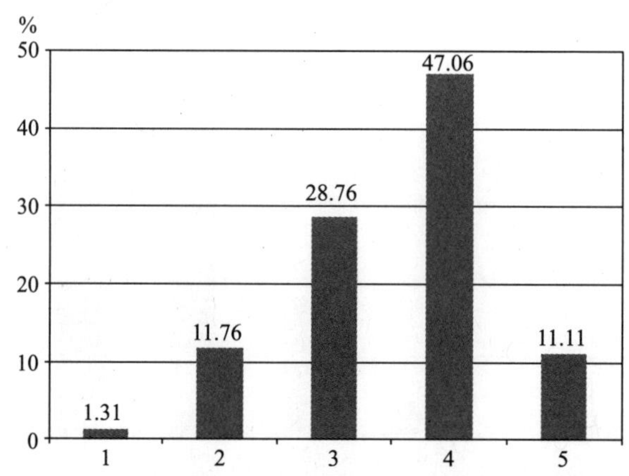

图5-132　辽宁省创业者样本技术/知识/信息的转化维度题项1

经计算可得，全体样本在“经常考虑新产品/新服务对日新月异的市场需求的重要性”方面的得分为3.88分，北京市的得分为3.90分，天津市的得分为4.29分，河北省的得分为4.06分，山东省的得分为3.63分，辽宁省的得分为3.55分。

（2）转化维度——经常记录并储存新获得的知识以便今后使用

“经常记录并储存新获得的知识，以便今后使用（1，非常不同意；2，有点不同意；3，不好说；4，有点同意；5，非常同意）”的调查结果显示：总创业者样本在总体上呈正面态度，其中有点同意的选项所占比例是最高的，超过40%，其次是不好说。如图5-133所示：

北京市的调查结果显示：创业者样本在总体上呈正面态度，其中有点同意的选项所占比例是最高的，超过50%，其次是不好说。如图5-134所示：

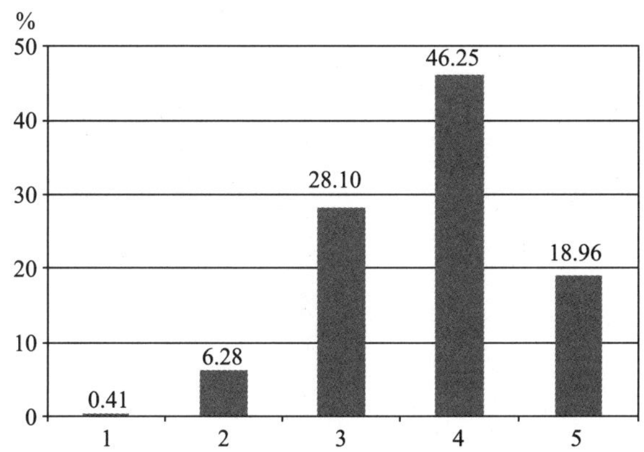

图 5－133　总创业者样本技术/知识/信息的转化维度题项 2

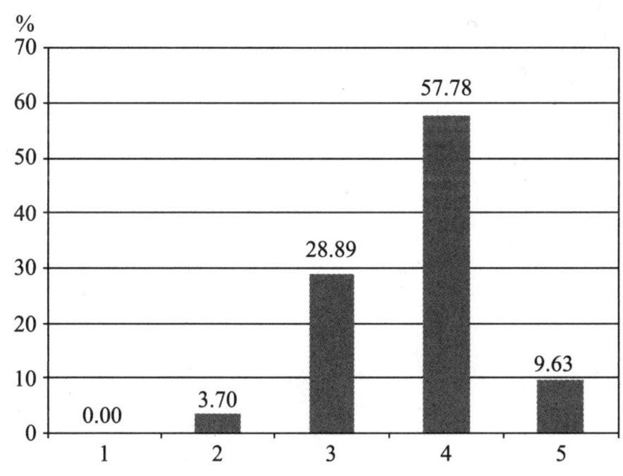

图 5－134　北京市创业者样本技术/知识/信息的转化维度题项 2

天津市的调查结果显示：创业者样本在总体上呈正面态度，其中有点同意的选项所占比例是最高的，超过 40%，其次是非常同意。如图 5－135 所示：

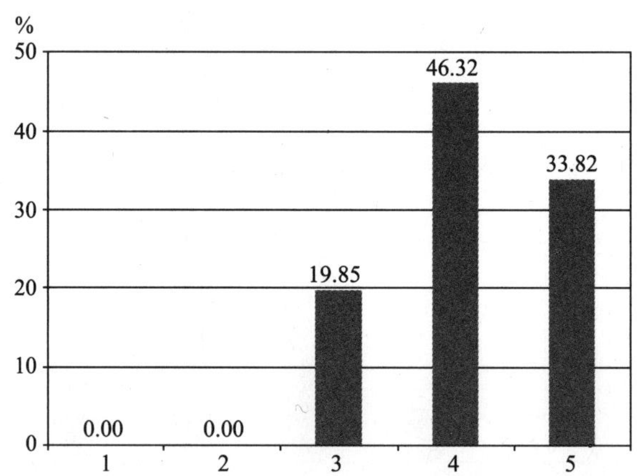

图 5 – 135　天津市创业者样本技术/知识/信息的转化维度题项 2

河北省的调查结果显示：创业者样本在总体上呈正面态度，其中有点同意的选项所占比例是最高的，超过 40%，其次是不好说。如图 5 – 136 所示：

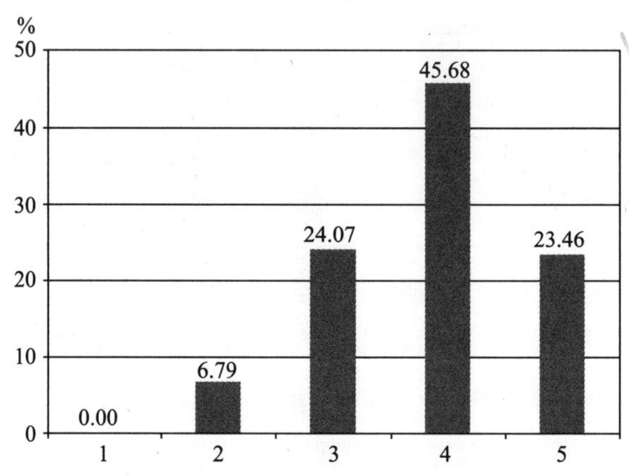

图 5 – 136　河北省创业者样本技术/知识/信息的转化维度题项 2

山东省的调查结果显示：创业者样本在总体上呈正面态度，其中不好说的选项所占比例是最高的，超过 30%，其次是有点同意。如图 5 – 137 所示：

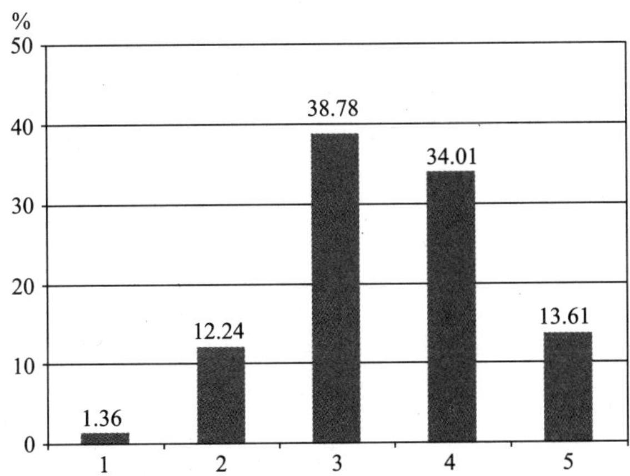

图 5－137　山东省创业者样本技术/知识/信息的转化维度题项 2

辽宁省的调查结果显示：创业者样本在总体上呈正面态度，其中有点同意的选项所占比例是最高的，超过 40%，其次是不好说。如图 5－138 所示：

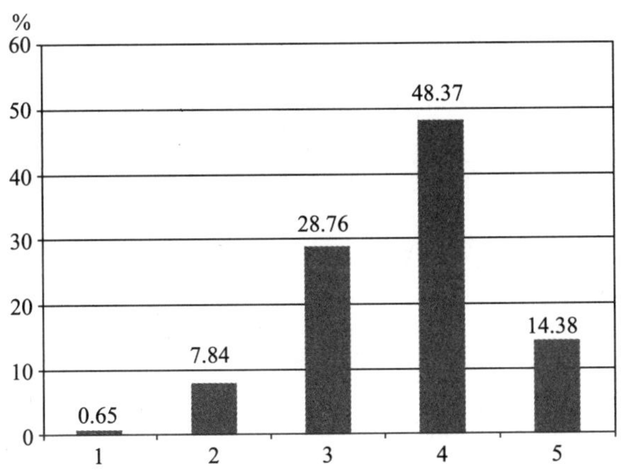

图 5－138　辽宁省创业者样本技术/知识/信息的转化维度题项 2

经计算可得，全体样本在“经常记录并储存新获得的知识以便今后使用”方面的得分为3.77分，北京市的得分为3.73分，天津市的得分为4.14分，河北省的得分为3.86分，山东省的得分为3.46分，辽宁省的得分为3.68分。

（3）转化维度——能够快速地识别外部新知识对企业已有知识的用途

“能够快速地识别外部新知识对企业已有知识的用途（1，非常不同意；2，有点不同意；3，不好说；4，有点同意；5，非常同意）”的调查结果显示：总创业者样本在总体上呈正面态度，其中有点同意的选项所占比例是最高的，超过40%，其次是不好说。如图5－139所示：

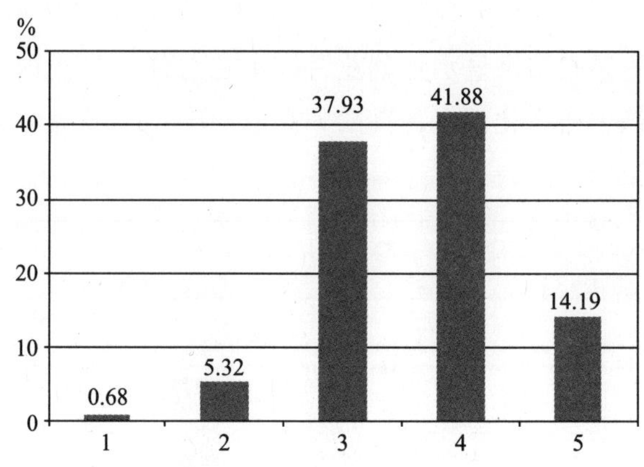

图5－139　总创业者样本技术/知识/信息的转化维度题项3

北京市的调查结果显示：创业者样本在总体上呈正面态度，其中不好说的选项所占比例是最高的，超过50%，其次是有点同意。如图5－140所示：

天津市的调查结果显示：创业者样本在总体上呈正面态度，其中有点同意的选项所占比例是最高的，超过50%，其次是不好说。如图5－141所示：

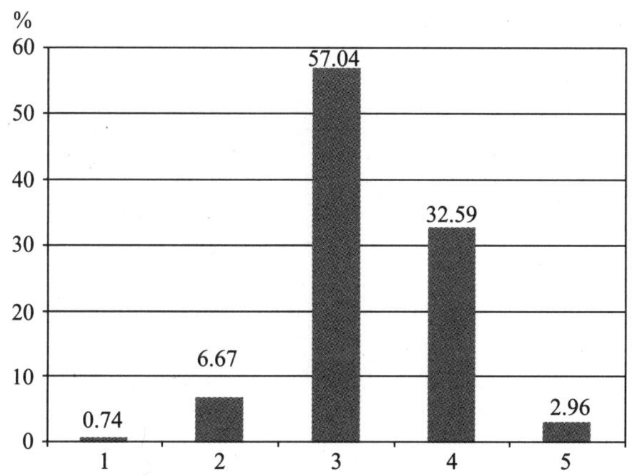

图 5 - 140　北京市创业者样本技术/知识/信息的转化维度题项 3

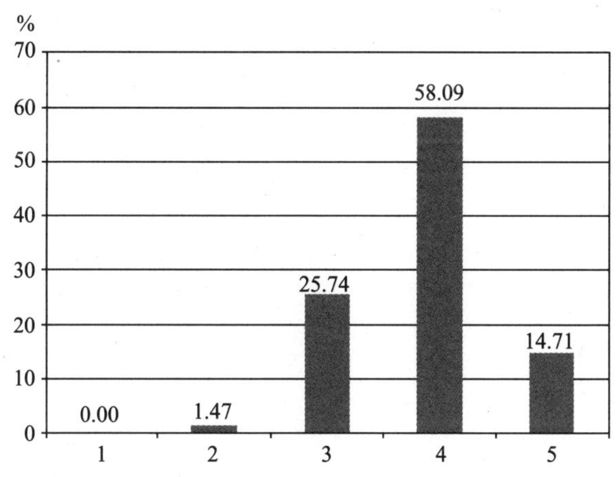

图 5 - 141　天津市创业者样本技术/知识/信息的转化维度题项 3

河北省的调查结果显示：创业者样本在总体上呈正面态度，其中不好说的选项所占比例是最高的，超过 30%，其次是有点同意。如图 5 - 142 所示：

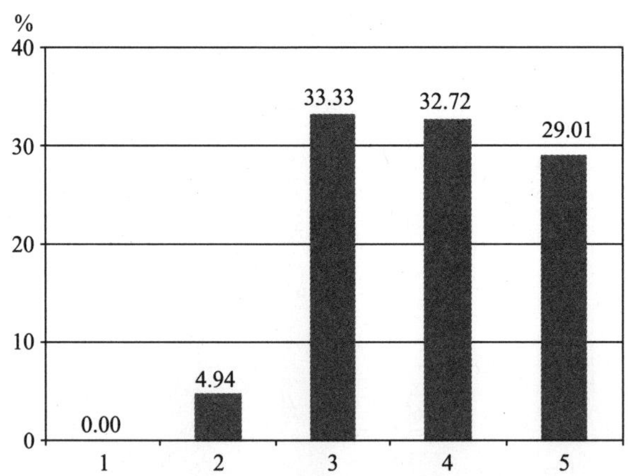

图 5－142　河北省创业者样本技术/知识/信息的转化维度题项 3

山东省的调查结果显示：创业者样本在总体上呈正面态度，其中有点同意的选项所占比例是最高的，超过 40%，其次是不好说。如图 5－143 所示：

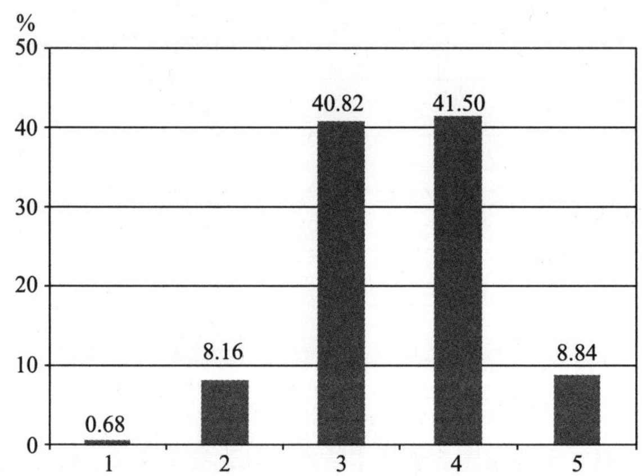

图 5－143　山东省创业者样本技术/知识/信息的转化维度题项 3

辽宁省的调查结果显示：创业者样本在总体上呈正面态度，其中有点同意的选项所占比例是最高的，超过 40%，其次是不好说。如图 5－144 所示：

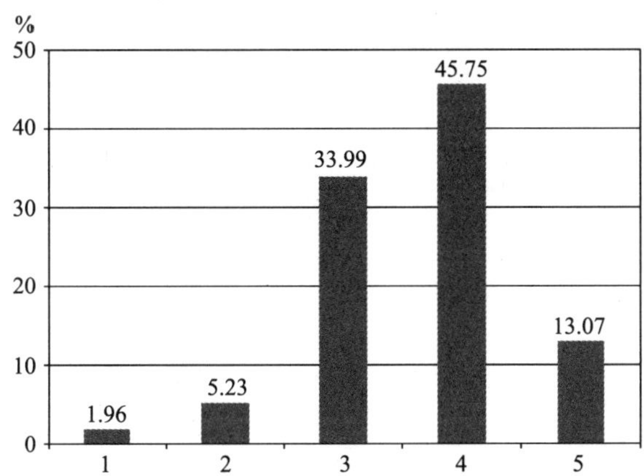

图 5－144　辽宁省创业者样本技术/知识/信息的转化维度题项 3

经计算可得，全体样本在“能够快速地识别外部新知识对企业已有知识的用途”方面的得分为 3. 64 分，北京市的得分为 3. 30 分，天津市的得分为 3. 86 分，河北省的得分为 3. 86 分，山东省的得分为 3. 50 分，辽宁省的得分为 3. 63 分。

（4）利用维度——内部人员很清楚如何开展自己的工作

“内部人员很清楚如何开展自己的工作（1，非常不同意；2，有点不同意；3，不好说；4，有点同意；5，非常同意）”的调查结果显示：总创业者样本在总体上呈正面态度，其中有点同意的选项所占比例是最高的，超过 50%，其次是非常同意。如图 5－145 所示：

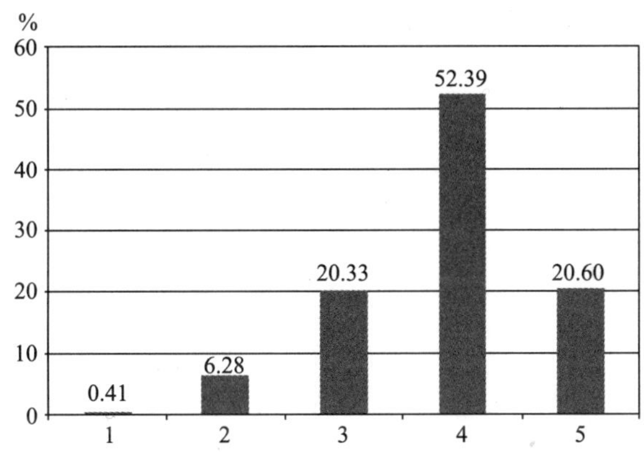

图 5－145　总创业者样本技术/知识/信息的利用维度题项 1

北京市的调查结果显示：创业者样本在总体上呈正面态度，其中有点同意的选项所占比例是最高的，超过60%，其次是不好说。如图5－146所示：

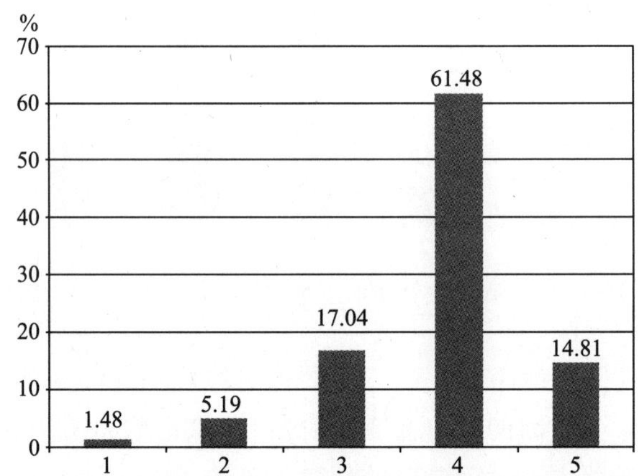

图5－146　北京市创业者样本技术/知识/信息的利用维度题项1

天津市的调查结果显示：创业者样本在总体上呈正面态度，其中有点同意的选项所占比例是最高的，超过40%，其次是非常同意。如图5－147所示：

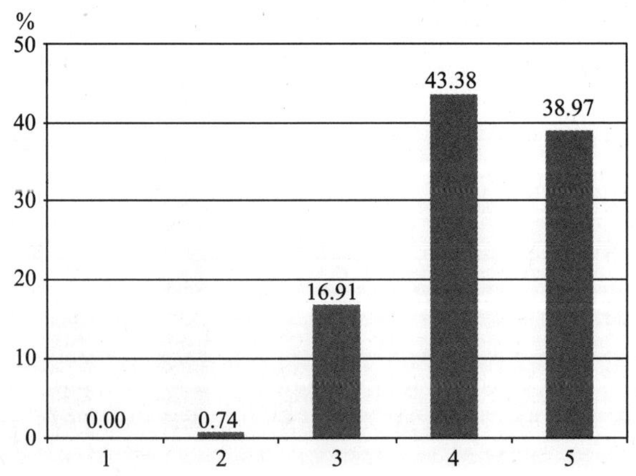

图5－147　天津市创业者样本技术/知识/信息的利用维度题项1

河北省的调查结果显示：创业者样本在总体上呈正面态度，其中有点同意的选项所占比例是最高的，超过50%，其次是非常同意。如图5－148所示：

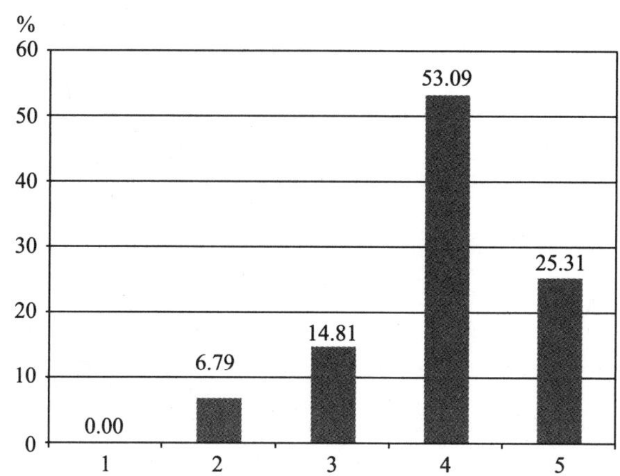

图5－148　河北省创业者样本技术/知识/信息的利用维度题项1

山东省的调查结果显示：创业者样本在总体上呈正面态度，其中有点同意的选项所占比例是最高的，接近50%，其次是不好说。如图5－149所示：

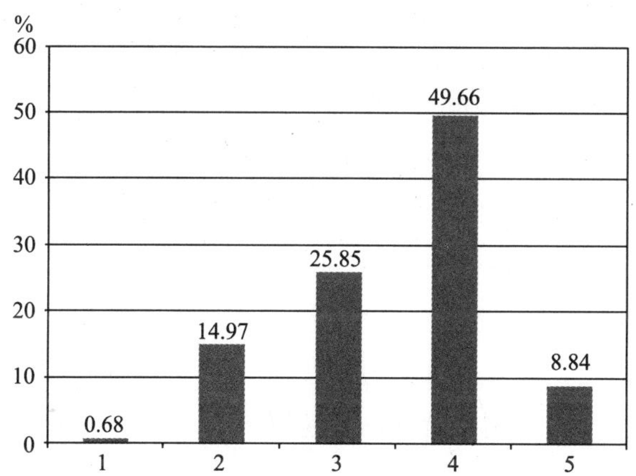

图5－149　山东省创业者样本技术/知识/信息的利用维度题项1

辽宁省的调查结果显示：创业者样本在总体上呈正面态度，其中有点同意的选项所占比例是最高的，超过50%，其次是不好说。如图5－150所示：

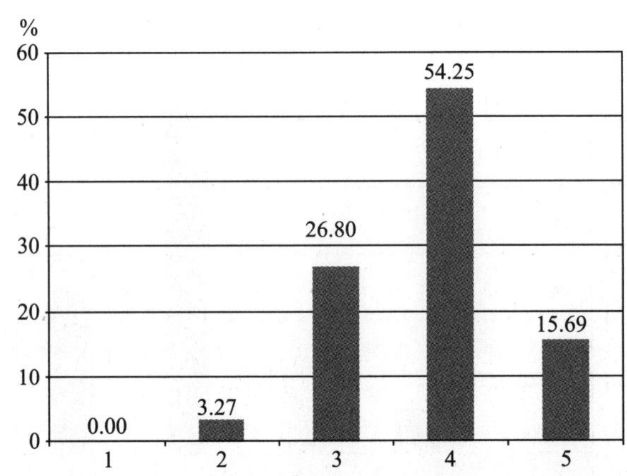

图5－150　辽宁省创业者样本技术/知识/信息的利用维度题项1

经计算可得，全体样本在“内部人员很清楚如何开展自己的工作”方面的得分为3.86分，北京市的得分为3.83分，天津市的得分为4.21分，河北省的得分为3.97分，山东省的得分为3.51分，辽宁省的得分为3.82分。

（5）利用维度——对企业内部的角色和权责有明确的分工

“对企业内部的角色和权责有明确的分工（1，非常不同意；2，有点不同意；3，不好说；4，有点同意；5，非常同意）”的调查结果显示：总创业者样本在总体上呈正面态度，其中不好说的选项所占比例是最高的，超过30%，其次是有点同意。如图5－151所示：

北京市的调查结果显示：创业者样本在总体上呈正面态度，其中不好说的选项所占比例是最高的，超过40%，其次是有点同意。如图5－152所示：

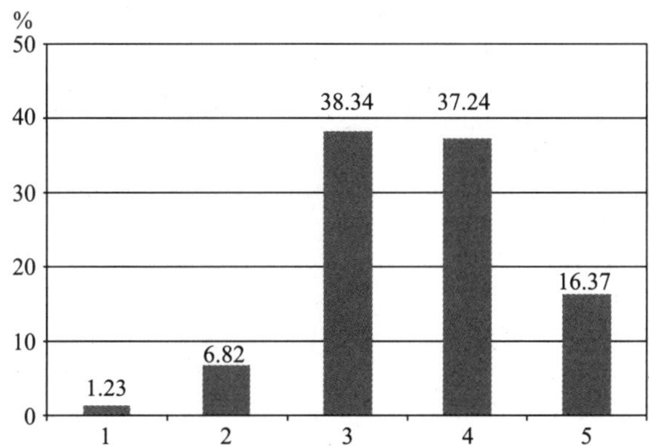

图 5 - 151　总创业者样本技术/知识/信息的利用维度题项 3

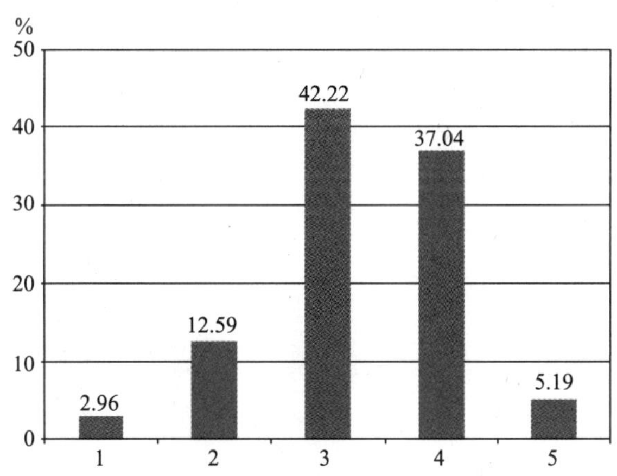

图 5 - 152　北京市创业者样本技术/知识/信息的利用维度题项 3

天津市的调查结果显示：创业者样本在总体上呈正面态度，其中有点同意的选项所占比例是最高的，接近 50%，其次是不好说。如图 5 - 153 所示：

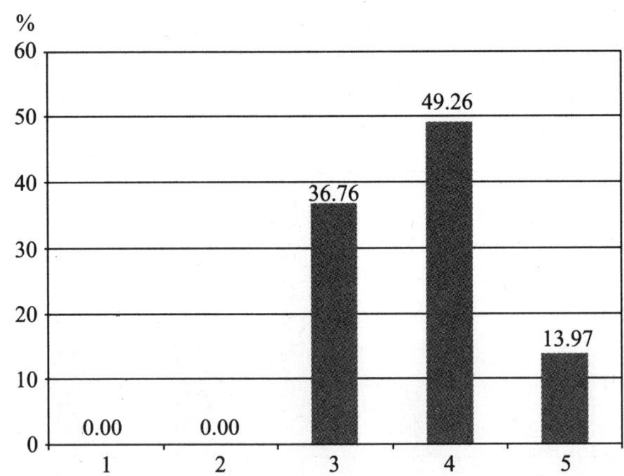

图 5－153　天津市创业者样本技术/知识/信息的利用维度题项 3

河北省的调查结果显示：创业者样本在总体上呈正面态度，其中有点同意的选项所占比例是最高的，超过 30%，其次是非常同意。如图 5－154 所示：

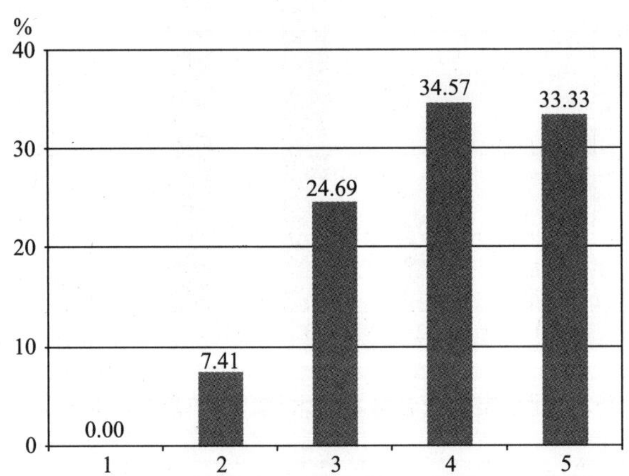

图 5－154　河北省创业者样本技术/知识/信息的利用维度题项 3

山东省的调查结果显示：创业者样本在总体上呈正面态度，其中不好说的选项所占比例是最高的，超过 50%，其次是有点同意。如图 5－155 所示：

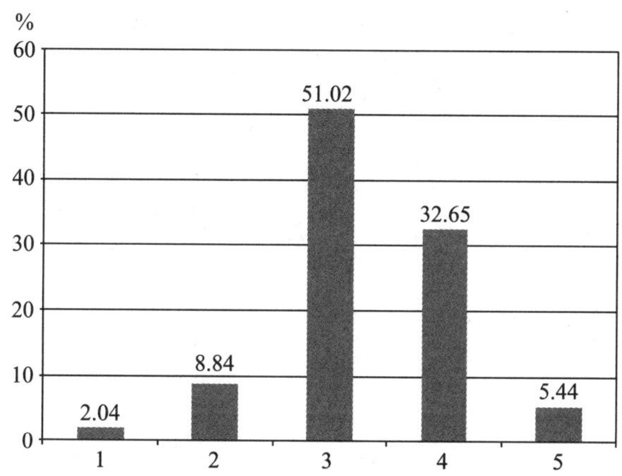

图 5－155 山东省创业者样本技术/知识/信息的利用维度题项 3

辽宁省的调查结果显示：创业者样本在总体上呈正面态度，其中不好说的选项所占比例是最高的，超过 30%，其次是有点同意。如图 5－156 所示：

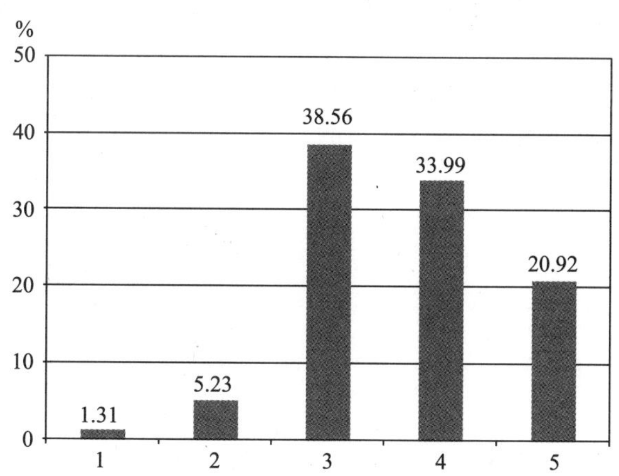

图 5－156 辽宁省创业者样本技术/知识/信息的利用维度题项 3

经计算可得，全体样本在“对企业内部的角色和权责有明确的分工”方面的得分为 3. 15 分，北京市的得分为 2. 18 分，天津市的得分为 3. 85 分，河北省的得分为 3. 88 分，山东省的得分为 2. 50 分，辽宁省的得分为 3. 26 分。

（6）利用维度——经常考虑如何更好地利用知识

“经常考虑如何更好地利用知识（1，非常不同意；2，有点不同意；3，不好说；4，有点同意；5，非常同意）”的调查结果显示：总创业者样本在总体上呈正面态度，其中有点同意的选项所占比例是最高的，超过40%，其次是不好说。如图5－157所示：

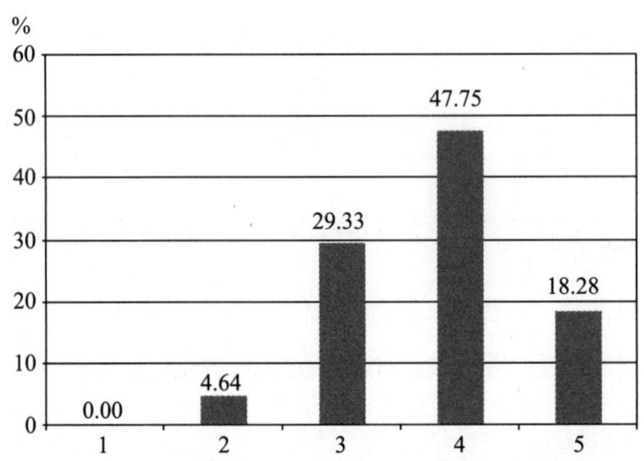

图5－157　总创业者样本技术/知识/信息的利用维度题项4

北京市的调查结果显示：创业者样本在总体上呈正面态度，其中有点同意的选项所占比例是最高的，超过50%，其次是不好说。如图5－158所示：

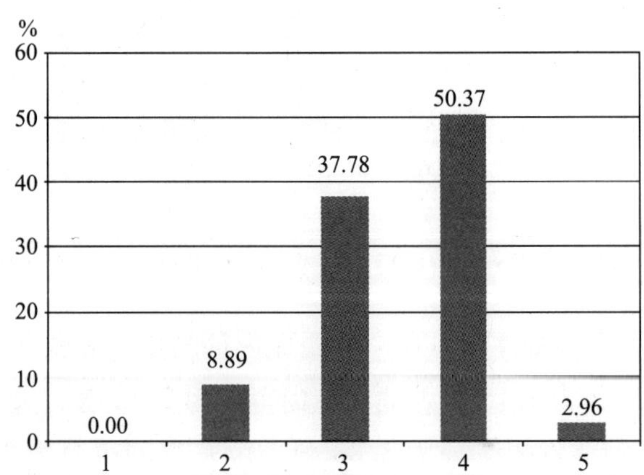

图5－158　北京市创业者样本技术/知识/信息的利用维度题项4

天津市的调查结果显示：创业者样本在总体上呈正面态度，其中有点同意的选项所占比例是最高的，接近50%，其次是不好说和非常同意，且比例相等。如图5－159所示：

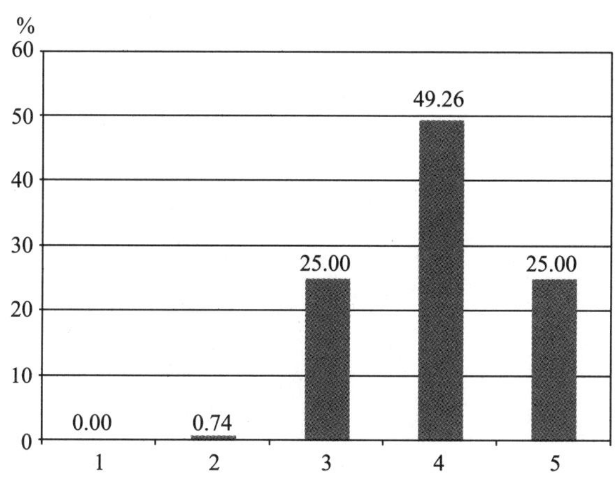

图5－159　天津市创业者样本技术/知识/信息的利用维度题项4

河北省的调查结果显示：创业者样本在总体上呈正面态度，其中有点同意的选项所占比例是最高的，超过40%，其次是非常同意。如图5－160所示：

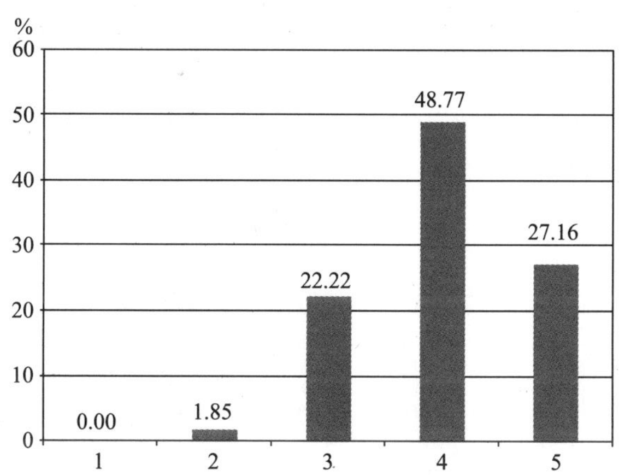

图5－160　河北省创业者样本技术/知识/信息的利用维度题项4

山东省的调查结果显示：创业者样本在总体上呈正面态度，其中有点同意的选项所占比例是最高的，超过40%，其次是不好说。如图5－161所示：

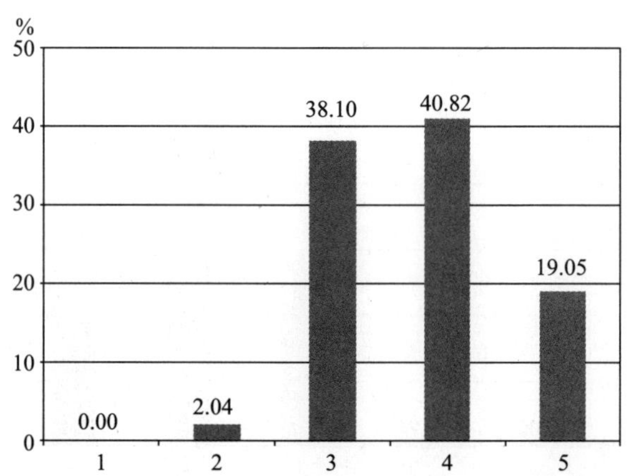

图5－161　山东省创业者样本技术/知识/信息的利用维度题项4

辽宁省的调查结果显示：创业者样本在总体上呈正面态度，其中有点同意的选项所占比例是最高的，接近50%，其次是不好说。如图5－162所示：

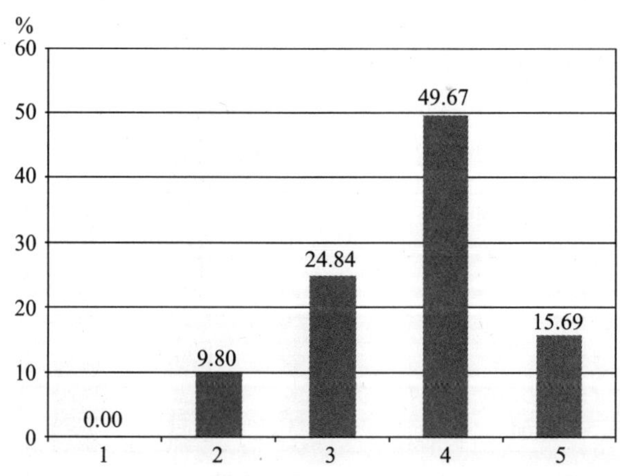

图5－162　辽宁省创业者样本技术/知识/信息的利用维度题项4

经计算可得，全体样本在“经常考虑如何更好地利用知识”方面的得分为3.61分，北京市的得分为3.29分，天津市的得分为3.77分，河北省的得分为3.94分，山东省的得分为3.31分，辽宁省的得分为3.68分。

我们把各个地区的现实吸收能力6个题项的得分汇总取平均值就得到了各个地区在现实吸收能力上的得分。数据显示，环渤海地区在现实吸收能力方面的得分为3.65分，其中北京市的得分为3.37分，天津市的得分为4.02分，河北省的得分为3.93分，山东省的得分为3.32分，辽宁省的得分为3.60分。

我们把各个地区的潜在吸收能力和现实吸收能力得分汇总取平均值就得到了各个地区在吸收能力上的得分。数据显示，环渤海地区在吸收能力方面的得分为3.63分，其中北京市的得分为3.44分，天津市的得分为3.95分，河北省的得分为3.92分，山东省市的得分为3.26分，辽宁省的得分为3.58分。

四　本章小结

本章主要关注环渤海地区创业种群创新程度的评测，包括创新产出、创新活动和吸收能力三个方面。我们将创新产出、创新活动和吸收能力的得分加总平均得到环渤海地区创业种群创新程度的指数为3.55。其中北京市创新程度的指数为3.11，天津市创新程度的指数为3.78，河北省创新程度的指数为3.63，山东省创新程度的指数为3.44，辽宁省创新程度的指数为3.76。

第六章　环渤海地区创业生态与创新指数

根据前面的多层次多维度的创业生态指数和创新指数的评测结果，我们进一步将不同维度和构成上的评测结果汇总平均就得到了环渤海地区的总体评测结果。

一　各维度评测结果汇总

各个层面不同评价指数的结果汇总如表6－1所示：

表6－1　　环渤海地区创业生态指数评价结果

<table>
<tr><td rowspan="2"></td><td rowspan="2"></td><td rowspan="2"></td><td>2011</td><td colspan="4">2013</td><td colspan="6">2015</td></tr>
<tr><td>（北京）</td><td>整体</td><td>北京</td><td>天津</td><td>河北</td><td>整体</td><td>北京</td><td>天津</td><td>河北</td><td>山东</td><td>辽宁</td></tr>
<tr><td rowspan="9">创业生态指数</td><td rowspan="3">创业种群活跃指数</td><td>新创企业的成长性</td><td>2.86</td><td>2.67</td><td>2.66</td><td>2.58</td><td>2.76</td><td>2.50</td><td>3.00</td><td>1.00</td><td>2.25</td><td>2.25</td><td>3.00</td></tr>
<tr><td>社会人群的创业倾向</td><td>3.59</td><td>3.64</td><td>3.97</td><td>3.45</td><td>3.50</td><td>—</td><td>—</td><td>—</td><td>—</td><td>—</td><td>—</td></tr>
<tr><td colspan="2">3.23</td><td>3.15</td><td>3.32</td><td>3.02</td><td>3.13</td><td>2.50</td><td>3.00</td><td>1.00</td><td>2.25</td><td>2.25</td><td>3.00</td></tr>
<tr><td rowspan="4">多重创业生态情境</td><td>家庭和社会情境</td><td>1.87</td><td>1.47</td><td>1.47</td><td>1.28</td><td>1.65</td><td>2.52</td><td>2.35</td><td>2.50</td><td>1.83</td><td>2.19</td><td>2.61</td></tr>
<tr><td>商业情境</td><td>3.40</td><td>3.26</td><td>3.38</td><td>3.14</td><td>3.25</td><td>3.10</td><td>2.88</td><td>3.40</td><td>2.99</td><td>3.06</td><td>3.15</td></tr>
<tr><td>制度情境</td><td>3.55</td><td>3.48</td><td>3.56</td><td>3.55</td><td>3.32</td><td>3.47</td><td>3.62</td><td>3.62</td><td>3.28</td><td>3.58</td><td>3.30</td></tr>
<tr><td colspan="2">3.04</td><td>2.73</td><td>2.80</td><td>2.66</td><td>2.74</td><td>3.03</td><td>2.95</td><td>3.17</td><td>2.70</td><td>2.94</td><td>3.02</td></tr>
<tr><td>空间环境</td><td colspan="2">5</td><td>3.73</td><td>4.80</td><td>4.20</td><td>2.20</td><td>3.24</td><td>4.60</td><td>4.20</td><td>2.00</td><td>2.60</td><td>2.80</td></tr>
<tr><td colspan="3">3.76</td><td>3.21</td><td>3.64</td><td>3.29</td><td>2.69</td><td>2.92</td><td>3.52</td><td>2.79</td><td>2.32</td><td>2.60</td><td>2.94</td></tr>
</table>

续表

<table>
<tr><td rowspan="2"></td><td rowspan="2"></td><td rowspan="2"></td><td>2011</td><td colspan="4">2013</td><td colspan="6">2015</td></tr>
<tr><td>（北京）</td><td>整体</td><td>北京</td><td>天津</td><td>河北</td><td>整体</td><td>北京</td><td>天津</td><td>河北</td><td>山东</td><td>辽宁</td></tr>
<tr><td rowspan="13">创新指数</td><td rowspan="5">创新产出</td><td>产品创新</td><td>—</td><td>—</td><td>—</td><td>—</td><td>—</td><td>2.40</td><td>1.00</td><td>2.00</td><td>2.00</td><td>2.00</td><td>5.00</td></tr>
<tr><td>工艺创新</td><td>—</td><td>—</td><td>—</td><td>—</td><td>—</td><td>2.20</td><td>2.00</td><td>2.00</td><td>2.00</td><td>2.00</td><td>3.00</td></tr>
<tr><td>组织创新</td><td>—</td><td>—</td><td>—</td><td>—</td><td>—</td><td>3.00</td><td>2.00</td><td>4.00</td><td>3.00</td><td>3.00</td><td>3.00</td></tr>
<tr><td>营销创新</td><td>—</td><td>—</td><td>—</td><td>—</td><td>—</td><td>5.00</td><td>5.00</td><td>5.00</td><td>5.00</td><td>5.00</td><td>5.00</td></tr>
<tr><td colspan="2">—</td><td>—</td><td>—</td><td>—</td><td>—</td><td>3.15</td><td>2.50</td><td>3.25</td><td>3.00</td><td>3.00</td><td>4.00</td></tr>
<tr><td rowspan="3">创新活动</td><td>探索式创新活动</td><td>—</td><td>—</td><td>—</td><td>—</td><td>—</td><td>3.82</td><td>3.35</td><td>4.12</td><td>3.97</td><td>3.95</td><td>3.68</td></tr>
<tr><td>开发式创新活动</td><td>—</td><td>—</td><td>—</td><td>—</td><td>—</td><td>3.89</td><td>3.43</td><td>4.16</td><td>3.98</td><td>4.15</td><td>3.70</td></tr>
<tr><td colspan="2">—</td><td>—</td><td>—</td><td>—</td><td>—</td><td>3.86</td><td>3.39</td><td>4.14</td><td>3.98</td><td>4.05</td><td>3.69</td></tr>
<tr><td rowspan="3">吸收能力</td><td>潜在吸收能力</td><td>—</td><td>—</td><td>—</td><td>—</td><td>—</td><td>3.61</td><td>3.51</td><td>3.88</td><td>3.90</td><td>3.20</td><td>3.55</td></tr>
<tr><td>现实吸收能力</td><td>—</td><td>—</td><td>—</td><td>—</td><td>—</td><td>3.65</td><td>3.37</td><td>4.02</td><td>3.93</td><td>3.32</td><td>3.60</td></tr>
<tr><td colspan="2">—</td><td>—</td><td>—</td><td>—</td><td>—</td><td>3.63</td><td>3.44</td><td>3.95</td><td>3.92</td><td>3.26</td><td>3.58</td></tr>
<tr><td colspan="3">—</td><td>—</td><td>—</td><td>—</td><td>—</td><td>3.55</td><td>3.11</td><td>3.78</td><td>3.63</td><td>3.44</td><td>3.76</td></tr>
</table>

从创业活动活跃程度来看，环渤海地区的创业活动程度总体上并不算特别优秀，创业生态指数为2.92分。就整个环渤海地区来看，新创企业的成长性整体偏弱，注意到我们在界定企业增长率的得分上，小于5%的增长率计为1分，5%—10%的增长率计为2分，10%—15%的增长率计为3分，因此可以说环渤海地区的企业增长率整体上也就在10%左右。其中天津市的企业增长率尤其不佳，它低于5%；北京市和辽宁市是相对较好的，它们超过了10%。

在支持创业活动的各项情境要素中，制度环境整体上得分是最高的，这也许是因为近年来随着“大众创业、万众创新”政策的不断推进，各地区在支持创业活动发展的软硬件设施方面确实取得了较明显的进步。家庭和社会情境和之前的创业生态调查结果类似，仍处于最低的水平。这说明，作为对于创业活动的影响最近和最直接的家庭和社会情境，创业者所能够获得的支持仍然并不明显。

从纵向的比较结果来看，调研结果显示，就北京市的样本而言，历年的创业生态得分总体上是下降的（2011 年，3. 76；2013 年，3. 64；2015 年，3. 52）。天津和河北的情况也基本类似。具体就每个维度来看，整体上呈下降趋势的元素包括新创企业成长性和空间环境。而家庭情境、社会情境和制度情境则有所上升。

从环渤海地区的横向比较来看，就整个创业生态指数的测量结果来看，北京市的创业生态是最优秀的，而辽宁居于第二。河北则是最低的。在每个具体的维度中，北京市的得分总体上都是最高的，这说明北京市的创业生态环境确实是比较优秀的。不过在家庭和社会情境、制度情境中，辽宁的得分都略超过了北京。在商业环境中，河北的得分超过了北京。这说明了在整个环渤海区域，不同地区的创业活动发展有其各自特色。

从创新产出指数来看，环渤海地区整体的创新产出为 3. 15，对于小微企业而言，这样的创新水平并不算低，这一数据所揭示的是环渤海地区的小微企业正在努力开展创新，并且取得了一定的成果。但是，创新产出在各个地区的分布并不均衡，其中，北京的创新产出为 2. 5，辽宁的创新产出为 4，天津、河北和山东在 3 左右。这样的结果显示了一个有趣的现象，虽然北京地区整体的创新资源和创新条件最为优越，但是北京地区小微企业的创新产出并不理想。深入剖析具体创新类型，可以发现北京与辽宁的差距主要表现在产品创新方面，北京地区的产品创新仅为 1，而辽宁地区的产品创新为 5。

从创新活动指数来看，环渤海地区整体的创新活动为 3. 86，由于创新活动的计分分布为 1—5 分，得分越高意味着创新活动越活跃，3. 86 的得分表明环渤海地区的小微企业积极地参与创新活动，就有较高的活跃程度。结合创新产出的结果来看，创新产出低的北京地区，小微企业的创新活动也相对不够活跃，北京的创新活动指数为 3. 39，再从创新活动类型来剖析，北京地区探索式创新活动和开发式创新活动呈现双低的局面；天津、河北和山东的创新活动的活跃程度基本与创新产出相匹配，创新活动指数分别为 4.14、3.98 和 4.05；但是相对于创新产出较高的辽宁地区，创新活动的活跃程度明显不佳，其创新活动指数为 3.69，而且从创新活动类型来剖析，辽宁地区探索式创新活动和开发式创新活动均不理想。

从吸收能力指数来看，环渤海地区整体的吸收能力为 3.63，吸收能力计分从 1 到 5，得分越高吸收能力越强，3.63 表明整体区域的小微企业吸收能力不弱。结合创新产出的结果来看，创新产出低的北京地区，小微企业的吸收能力不够强，北京的吸收能力为 3.44；天津和河北地区小微企业的创新产出与吸收能力相对匹配，天津和河北的吸收能力分别为 3.95 和 3.92；出现创新产出与吸收能力不一致的地区是辽宁和山东，创新产出高的辽宁地区，小微企业的吸收能力为 3.58，山东地区小微企业的吸收能力为 3.26。

总的来看，环渤海地区小微企业创新产出、创新活动和吸收能力的总体指数为 3.55，这样的创新表现也算得上是可圈可点。但是，不同地区的创新表现并不均衡，北京的总体表现最差，指数得分仅为 3.11，天津的总体表现最优，指数得分为 3.78，而创新产出较高的辽宁，总体表现居中，指数得分为 3.76。

深入挖掘指数背后的规律，可以发现当前的结果可能是国家政策因素和小微企业自身因素双重叠加的结果。此次调查的样本制造业占了很大的比重，北京为 64.3%，天津为 45.2%，河北为 73.3%，山东为 50.9%，辽宁为 50.9%。首先，北京地区小微企业创新表现较差可能跟北京的长期规划是将制造业逐步迁移出去有关，而辽宁地区小微企业创新产出水平高可能与东北工业振兴计划主要是为了振兴东北工业有关。其次，虽然辽宁地区创新产出较高，但是辽宁地区小微企业的创新活动不够活跃，吸收能力相对乏力，这可能是导致辽宁地区小微企业总体创新表现不够理想的原因。最后，天津地区拥有京津冀一体化承接北京资源的政策优势，同时天津地区小微企业创新活动和吸收能力都相对较高，国家政策因素与小微企业自身因素的有效平衡可能是天津地区小微企业创新表现最佳的原因。

二　总结和建议

本书应用创业活动活跃程度和创业情境的相关框架对于环渤海地区的创业生态数据进行了分析。数据显示，环渤海地区的创业活动程度总体上并不算特别优秀，其中，在新创企业成长性、家庭和社会情境、商业情境方面尤其偏弱。这些都说明环渤海地区的创业活动鼓励和发展有很大的提升空间。

基于本书的研究结果，在未来的发展中，至少有如下几个方面的工作值得进一步推进。

其一，创业活动的发展仍需要积极的政策扶持。创业活动作为区域经济发展和社会转型的有力工具已经得到了社会各界人士的共识。不过，从现实中创业活动的发展来看，仍有很多地方不尽如人意。企业的成长速度、面向企业的各项创业情境要素都有很大的提升空间。这些都应当成为未来创业政策的重点。当然，新创企业的成长速度并不是政策所能直接作用的，不过这可以作为观测区域新创企业活动程度的一个重要窗口，同时，它也是创业支持政策所体现出来的最终效果。

其二，在支持和发展创业活动的各项政策中，仍然应当把与创业活动距离更近，相关关系更直接的要素作为支持的重点。数据结果显示，在制度环境方面，当前我国创业活动已经拥有较明显的优势。不过在家庭和社会情境、商业情境上仍有较大的提升空间。这些都是创业政策的重点。

其三，创业活动的横向发展仍有很强的不均衡性。这也是本书所致力于开发和探讨的创业活动发展特征。数据显示，环渤海地区的创业活动发展具有很强的不均衡性，各个地区间无论是新创企业成长还是创业情境上都有很大的不同。如果要把区域的协调发展作为政策目标的话，未来仍有很多工作要做。

创新指数的结果表明，环渤海地区小微企业的创新表现算得上是可圈可点，有趣的是创新资源和创新条件优越的北京地区创新表现最差，而创新资源和创新条件相对较弱的辽宁地区创新表现却相对较好，同时具有政策有利因素和自身发展积极因素的天津地区创新表现最为优秀。基于本书的结论，对于环渤海地区小微企业的创新发展有以下建议。

其一，持续出台小微企业创新发展的配套政策。从北京迁出制造业政策对北京小微企业创新发展的影响，以及东北振兴政策对辽宁小微企业创新发展的影响来剖析，政策因素是影响小微企业创新发展最为显著的因素。政策上的支持明显会推动小微企业创新发展，政策上的不支持明显会抑制小微企业的创新发展。因此，未来很有必要出台更为精细化的政策，运用政策引导小微企业的创新良性平衡发展。

其二，鼓励小微企业更多地发挥主观能动性，更为积极地开展创新。从辽宁地区创新产出高但是创新活动、吸收能力水平低导致的总体创新表现不够好可以看出，小微企业开展创新的主观能动性至关重要。因此，除了配套政策的扶持外，小微企业还要更多地发挥主观能动性，更多地参与创新活动，不断地提升自身的吸收能力。